ACCESO GRATIS ***a la Lectura en la Nube***

Para visualizar el libro electrónico en la nube de lectura envíe junto a su nombre y apellidos una fotografía del código de barras situado en la contraportada del libro y otra del ticket de compra a la dirección:

ebooktirant@tirant.com

En un máximo de 72 horas laborales le enviaremos el código de acceso con sus instrucciones.

CONSIDERACIONES JURÍDICO-PROCESALES EN MATERIA DE INIMPUTABILIDAD EN COLOMBIA

DE LA INIMPUTABILIDAD Y OTROS DEMONIOS

CONSIDERACIONES JURÍDICO-PROCESALES EN MATERIA DE INIMPUTABILIDAD EN COLOMBIA

DE LA INIMPUTABILIDAD Y OTROS DEMONIOS

DIANA MAITE BAYONA ARISTIZÁBAL
Autora

tirant lo blanch
Bogotá, 2024

En caso de erratas y actualizaciones, la Editorial Tirant lo Blanch publicará la pertinente corrección en la página web www.tirant.com.

Bayona Aristizábal, Diana Maite, autora
Jurídico-procesales en materia de inimputabilidad en colombia
De la inimputabilidad y otros demonios / autora, Diana Maite Bayona Aristizábal. – Bogotá: Tirant lo Blanch, 2024.
244 páginas.
Incluye anexos – Incluye bibliografía.
ISBN 978-84-1056-532-6

1. Imputabilidad (Derecho penal) - Colombia 2. Responsabilidad penal - Colombia 3. Personas con discapacidades mentales - Situación legal - Colombia 4. Principio de oportunidad (Derecho penal) - Colombia

CDD: 345.86104 ed. 23 CO-BoBN– a1135281

Catalogación en la publicación – Biblioteca Nacional de Colombia

EDITA: TIRANT LO BLANCH
Calle 11 # 2-16 (Bogotá D.C.)
Telf.: 4660171
Email: tlb@tirant.com
Librería virtual: www.tirant.com/co/
ISBN: 978-84-1056-532-6
Si tiene alguna queja o sugerencia, envíenos un mail a: *atencioncliente@tirant.com*. En caso de no ser atendida su sugerencia, por favor, lea en *www.tirant.net/index.php/empresa/politicas-de-empresa* nuestro procedimiento de quejas.

Responsabilidad Social Corporativa: http://www.tirant.net/Docs/RSCTirant.pdf

Índice

Índice de Tablas

Índice de Figuras

El presente trabajo está dedicado a todas las personas con discapacidad en el mundo, a quienes con o sin ella, han sufrido las consecuencias del sistema penal, y a quienes han dedicado su vida a la defensa de los derechos y garantías de las personas con diversidad funcional, especialmente a activistas con discapacidad.

ABREVIATURAS

APA.	American Psychiatric Association.
C.I.	Coeficiente Intelectual.
C.P.	Código Penal Colombiano (Ley 599 de 2000).
C.P.C.	Constitución Política de Colombia.
C.P.P.	Código de Procedimiento Penal colombiano (Ley 906 de 2004).
CDPD.	Comité de Derechos de la Personas con Discapacidad.
CRPD.	Committee on the rights of persons with disabilities.
D.I.	Discapacidad Intelectual (incluye únicamente componente cognitivo).
D.Ps.	Discapacidad psíquica (incluye componentes cognitivos, afectivos, conductuales y sociales).
DSM5.	Manual de diagnóstico y estadística de trastornos mentales de la APA.
FGN.	Fiscalía General de la Nación.
G. MTA Y JR.	Grupo de Mecanismos de Terminación anticipada y Justicia Restaurativa de la Fiscalía General de la Nación.
PcD.	Personas con discapacidad.

Prefacio

En 1994, el premio nobel de literatura colombiano, Gabriel García Márquez, publicó su novela titulada *Del amor y otros demonios.* En ella, cuenta la historia de Sierva María de Todos los Ángeles, única hija del Marqués de Casalduero, criada por Dominga de Adviento, una esclava de la familia, y tras la muerte de esta, por la esclava Caridad del Cobre. En un paseo por el mercado, Sierva María fue mordida por un perro en su tobillo izquierdo (el animal había mordido a tres personas más). Era el día de su cumpleaños, así que, al retornar al patio de los esclavos, sus correspondientes inquilinos le prepararon una fiesta. Sierva María creció en ese lugar, así que durante el festejo bailó, cantó en lenguas; uso collares de santería e imitó sonidos de pájaros y animales. "En aquel mundo opresivo en el que nadie era libre, Sierva María lo era: sólo ella y sólo allí" (García Márquez, 1994, p. 12).

Su madre Bernarda, un par de días después de la fiesta, se percató de la herida en su tobillo izquierdo, que, para entonces, ya tenía costra y algunas escoriaciones. De inmediato pensó en el "mal de rabia" y temió por la honra de la familia así que prefirió dejar el tema de lado. Una semana después la criada fue al mercado y vio el cadáver de un perro colgado de un árbol para que se supiera que había muerto de mal de rabia. Era el perro que había mordido a Sierva María. Le contó a Bernarda, pero ella no se preocupó ya que la herida de su hija había secado y no existía rastro de las escoriaciones.

Un par de meses más tarde, el Marqués recibió la visita de una india que le informó que de las tres personas restantes a Sierva María que habían sido mordidas por el perro con mal de rabia, dos habían desaparecido y la otra había muerto por esa causa. El Marqués preguntó a Sierva María por el episodio y esta lo negó, pero Bernarda lo corroboró al instante —La relación madre-hija no era la mejor—, en todo caso dijo: "La niña no se va a morir, pero si tiene que morir ha de ser de lo que Dios Disponga" (García Márquez, 1994, p. 16).

El Marqués contactó a Abrenuncio, un médico judío para que revisara a la niña. Tras una valoración exhaustiva el médico concluyó que el pronóstico no era alarmante y que lo más probable era que Sierva María no hubiese contraído la rabia. Meses después Sierva María presentó fiebre. Su padre, fiel creyente de los designios de Dios, pensó que se trataba del mal de rabia. Llamó a abrenuncio y en efecto corroboró que su temperatura estaba por encima de lo normal pero que no debía precipitarse. De inmediato el Marqués ordenó la visita de otro doctor. Este abrió la herida. Luego vinieron otros más y le hicieron un sin número de intervenciones que en el transcurso de dos semanas ya habían dejado a Sierva María agonizante, a pesar de que la fiebre ya había cedido y al punto que todos los que la habían intervenido la abandonaron a su suerte con argumentos de locura y posesión demoniaca. La niña se retorcía del dolor por tanta invasión corporal.

El estado de Sierva María fue *voz populi*. El obispo pidió al Marqués un encuentro. En su conversación le insinuó que su hija estaba siendo poseída y que los médicos no podrían hacer nada contra esas fuerzas sobrenaturales. Le convenció de internarla con las monjas de Santa Clara. El Marqués obedeció. Con 12 años, 93 días después de haber sido mordida y sin síntomas de rabia, Sierva María llegó al convento. Una vez allí, le ordenaron quitarse el sombrero, la despojaron de su maleta, y con el tiempo, de sus pertenencias personales, y le cortaron su cabello que nunca había sido tocado.

Sierva María fue recibida con votos de pobreza, silencio y castidad. Su contacto con el exterior era mínimo y su lugar de reclusión era el último de los pabellones solitarios existentes en el convento. Las novicias la trataban como si no estuviera ahí. Tuvo contacto con un par de esclavas negras con quienes habló en lengua yoruba y ante quienes se presentó como María Mandinga, su nombre de negra. Fue llevada con la servidumbre y de inmediato empezó a hablar y a hacer lo que hacía con los esclavos de su casa.

El júbilo duró poco, la abadesa del convento la increpó a punta de rezos y ordenó a todos alejarse de ella. Fue recluida a su celda de reclusión entre gritos y pataleos.

Sierva María empezó a jugar el juego de las novicias. Imitaba voces del más allá y se burlaba de ellas mediante la personificación de espíritus malvados. Una vez le quitaron sus collares y la monja que los llevaba se cayó y se fracturó el cráneo. Nadie volvió a visitarla y en el entretanto se preparaba su exorcismo. Con el tiempo hizo migas con Martina, otra de las reclusas del convento. La única blanca con quien sentía confianza y quien además le enseñó a tejer. Serían amigas hasta el día que Martina se fugaría del convento.

El obispo ordenó que Cayetano Delaura, un padre de 36 años candidato a bibliotecario del Vaticano, se hiciera cargo de Sierva María. Al día siguiente fue a su encuentro. Una vez frente a la celda esbozó: "Aunque no estuviera poseída por ningún demonio, esta pobre criatura tiene aquí el ambiente más propio para estarlo" (García Márquez, 1994, p. 56). Cuando revisó a la niña se percató de que tenía morados, rasguños, que su piel se encontraba en carne viva por el amarre de las correas y por supuesto, la herida del tobillo continuaba ardiente e infectada de tanta manipulación. Sus visitas se hicieron cada vez más constantes y Sierva María empezó a sentir confianza en el clérigo.

Un día, transmitió al Obispo sus dudas sobre el estado de posesión de Sierva María, sostuvo: "creo que lo que nos parece demoníaco son las costumbres de los negros, que la niña ha aprendido por el abandono en que la tuvieron sus padres" (García Márquez, 1994, p. 62). Con el tiempo, Sierva María había abandonado el régimen carcelario y ya podía participar de otros espacios del convento. Cayetano Delaura visitó a Abrenuncio. Él le explicó el origen de la rabia y sus efectos. Concluyó que las probabilidades de que Sierva María la contrajera era muy pocas y culminó: "El único riesgo vigente, era que muriera como tantos otros por la crueldad de los exorcismos" (García Márquez, 1994, p. 77).

El 27 de abril, Sierva María fue sorprendida por un grupo de personas que la tomaron por la fuerza, le cortaron su cabellera, le pusieron una camisa de fuerza y la taparon con un trapo fúnebre: había llegado, sin anuncio, el momento de su exorcismo. El obispo en persona se encargaría de realizarlo. Una vez en la capilla del convento, los coros de las clarisas y el obispo con gritos descarnados desesperaron a Sierva María lo que hizo que gritara de terror durante la ceremonia. El obispo cayó al suelo por lo que pareció ser un exceso de energía para una persona de tan alta edad. La ceremonia culminó.

Una vez en la celda, Sierva María fue visitada por Cayetano. Seguía atada a la camisa de fuerza, llorando, con su cráneo pelado y tiritando de fiebre. La desató y ella entre lágrimas sólo pudo decir que el obispo era el diablo. El obispo, por sus problemas de salud, designó al padre Tomás de Aquino para reemplazarle en el exorcismo. Este padre conocía de lenguas y religiones africanas y vivió como esclavo entre esclavos, así que Sierva María lo recibió como su salvación. En su presencia:

> desarticuló los argumentos de las actas y le demostró a la abadesa que ninguno de ellos era determinante. Le enseño que los demonios de América eras los mismos de Europa, pero su advocación y su conducta eran distintas. Le explicó las cuatro reglas de uso para reconocer la posición demoniaca y le hizo ver qué fácil resultaba al demonio servirse de ellas para que se creyera lo contrario. (García Márquez, 1994, p. 88).

Una vez afuera, ordenó la salida de Sierva María del convento en cuestión de días, sino de horas. Lamentablemente, el Padre Tomás de Aquino, murió esa noche en el aljibe de su templo. La abadesa consideró que se su deceso se había producido por las obras demoniacas de Sierva María.

Cuando Martina finalmente se fugó del convento, Sierva María fue acusada de complicidad y llevada por la fuerza a una celda con candado en el pabellón de las enterradas vivas. Volvió el infierno del exorcismo. El obispo había decidido adelantarlo de nuevo. Su tortura duró alrededor de cinco días. Sierva María gritaba, hablaba en lenguas africanas y aullaba como pájaro. Por esos días tembló y los ganados se estremecieron. Todo fue achacado a la niña de 12 años. Al sexto día de exorcismo, Sierva María fue encontrada muerta en su celda.

El texto literario está ambientado en Cartagena de Indias, Colombia. Como toda obra literaria, son múltiples los elementos y los sentidos que esta posee. Sin embargo, solo se ha descrito la historia central de la mordida de Sierva María de los Ángeles con el objetivo de establecer una conexión —metafórica, aunque también podría ser un ejemplo ficcional— que retrata muy bien la pretensión de este texto. *De la inimputabilidad y otros demonios* es un libro en el que convergen variables como la discapacidad, la inimputabilidad y el proceso penal, que confluyen y se confunden entre sí, tal como sucede en la historia ficcional de Sierva María.

La inimputabilidad en sí misma es considerada como un concepto especializado de la psiquiatría forense que en el imaginario colectivo se presenta como un síntoma de impunidad o manipulación del sistema. La discapacidad es una característica de la persona que es diversa, mientras que el proceso penal es un escenario a través del cual se determina la responsabilidad o no de una persona, y como consecuencia de ello se impone una pena o una medida de seguridad, según sea el caso.

Sin embargo, y aunque la inimputabilidad siempre ha sido objeto de debate por los doctrinantes en todas las latitudes, su comprensión científica, su tratamiento y sus consecuencias reales devienen en un rito parecido al soportado por Sierva María. Un rito en el que participan médicos, abogados, familiares e instituciones, pero en el que nunca participan las personas que sufrirán las consecuencias del proceso; un rito sumamente invasivo en el que se disponen tratamientos, medicamentos y enclaustramiento; un rito caracterizado por la invisibilización absoluta del implicado y por la anulación de sus derechos y garantías. Así que la inimputabilidad en sí misma no es el único demonio que hay que repeler.

La toma de decisión en la novela se finca en argumentos de orden religioso propios de un modelo social de prescindencia o marginación: la persona diversa es muestra de fenómenos demoniacos y debe ser neutralizada. Dicha concepción se traduce en el derecho penal vigente, en el tratamiento jurídico y procesal que reciben las personas con diversidad funcional, pero en este, basado en un enfoque médico, la persona diversa debe ser rehabilitada y por tanto sometida a un tratamiento. En este mismo sentido, los factores familiares y sociales que rodearon la vida de Sierva María influyeron considerablemente en las decisiones sobre su vida; dichos factores se encuentran presentes en nuestros tiempos y son determinantes para el tratamiento de las personas diversas: El nobel destaca el honor familiar y la vergüenza colectiva. En el siglo XXI permanecen aún sentimientos de lástima y segregación.

Finalmente, el contexto de encierro, tortura, limitación de la libertad y anulación de la autonomía individual que tuvo que padecer María Mandinga y que finalmente le llevaron a su muerte, permanecen latentes en los espacios de privación de la libertad en el mundo, pero particularmente en nuestro país.

Introducción

A diario, se escuchan en los medios de comunicación historias que parecen ser sacadas de un cuento de terror, en tanto que evidencian circunstancias de violencia cruel y despiadada. Historias en las que los acontecimientos escapan a cualquier marco de comprensión lógica y racional; en las que los presuntos responsables aparentan un estado de descomposición personal o social ininteligibles para la mayoría de las personas. Durante las últimas décadas la publicidad de estos crímenes atroces ha permeado a la sociedad al punto tal que vivimos en una paranoia colectiva en la que, dicho sea de paso, se disminuye o se anula el sentimiento de solidaridad social por el temor a ser víctimas de tan "anormales" personajes.

Ese imaginario colectivo se agudiza cuando en el marco de los procesos judiciales contra estos individuos se ventilan situaciones relacionadas con la discapacidad psíquica. La gente cree —erróneamente— que invocar situaciones de esta naturaleza conlleva implícita la consecuencia de que no habrá lugar a responsabilidad, y por tanto el crimen —atroz, cruel, despiadado e incomprensible— quedará en la impunidad. Se alude a casos límite (entre la realidad y la ficción) porque son aquellos los que afectan mayormente el sentimiento social, en tanto que estos son cometidos —por lo general— contra poblaciones especialmente vulnerables, niños, niñas, personas de la tercera edad, mujeres, etc.

Como consecuencia de estos episodios —aunque ciertos y desafortunados—, las consideraciones en torno a la discapacidad, sobre todo a la discapacidad psíquica en abstracto, y las implicaciones de esta en el proceso penal, se interpretan en esa misma línea, tanto en las relaciones sociales como en el sistema judicial. Lo que ese imaginario colectivo no ha interiorizado es que el siglo XXI se caracteriza especialmente porque un número considerable de personas presenta características neurológicas, comportamentales, emocionales y/o mentales, constituyéndose en un grupo social amplio y diversificado.

El ver a las personas enfermas (los trastornos mentales o de la personalidad son enfermedades psiquiátricas) como seres ajenos a nuestra realidad, extraños y peligrosos, constituye la arista sobre la que se ha construido, desde el positivismo de finales del siglo XIX, toda la teoría jurídica en torno a su tratamiento. A diario también, la medicina ha identificado la presencia e incremento de enfermedades crónicas, congénitas, etc. Algunas de ellas tratables, otras, incurables (enfermedades huérfanas). Al punto tal que el estrés ha sido considerado como una patología. Por tanto, es una realidad que el diagnóstico de enfermedades mentales en el siglo XXI o el nacimiento de personas con enfermedades congénitas, crónicas o degenerativas a nivel cerebral, puede estar presente en un proceso penal.

Esa simbiosis que se presenta entre el incremento de la discapacidad y el populismo punitivo construido sobre imaginarios cinematográficos, son las bases sobre las que se ha cimentado que el sistema penal y como consecuencia de él, el penitenciario, impriman unas prácticas contrarias a los postulados nacionales e internacionales en materia de derechos humanos, tanto en el procedimiento, como en sus efectos, produciéndose una contrariedad con las formas jurídicas y, más grave aún, los derechos y garantías fundamentales de los ciudadanos.

> Por populismo, pues, se entiende la tendencia a una mayor severidad en la respuesta del Estado ante las conductas que afectan la vida en sociedad, lo que implica acudir al Derecho Penal mediante una mayor tipificación de conductas, el aumento en la intensidad de las penas y la disminución de los mecanismos que reduzcan o eliminen la respuesta penal. Bajo este imaginario, el Derecho Penal se ha transformado y varios le han dado una nueva denominación de "Derecho Penal Simbólico", más interesado en enviar mensajes a la sociedad para calmar la ansiedad que genera la conflictividad, **que en prevenir y solucionar los conflictos que dificultan la convivencia**. (Negrillas y subrayado propio) (Mestre Ordoñez, 2017, p. 113).

Es esto último, las prácticas jurídico-penales concebidas en tres elementos concretos, discapacidad, inimputabilidad y principio de oportunidad, lo que se pretende abordar en este texto. Así las cosas, se pretenden atender tres (3) fenómenos íntimamente ligados entre sí, que se pueden presentar, confluir y confundir en un proceso penal. Por un lado, la discapacidad psíquica, por otro lado, la salida alterna del principio de oportunidad y finalmente la inimputabilidad.

El primer capítulo comprende la figura de la inimputabilidad, su tratamiento en el procedimiento penal y sus diferencias con la discapacidad psíquica. Se desglosan los elementos de la inimputabilidad, en clave de trastorno mental e inmadurez psicológica, como las figuras forenses íntimamente relacionadas con la discapacidad, aunque la mayoría de las consideraciones son extensivas a las otras formas de inimputabilidad, diversidad sociocultural o evento similares. Su enfoque es eminentemente psiquiátrico. Incluso se distingue el tratamiento desde la psiquiatría clínica y la psiquiatría forense con miras a ilustrar las posibles causas que generan confusión en los escenarios jurídicos. Se desarrollan los aspectos procedimentales para su abordaje desde el punto de vista formal y probatorio. Finalmente, como novedad, se construye una categorización de las situaciones que pueden presentarse, para, a partir de allí, ilustrar al operador jurídico, sobre las consecuencias que deben seguirse en cumplimiento de determinados presupuestos.

> Entre el derecho y la psiquiatría, ha habido, hay y habrá muchos malentendidos y en otras oportunidades, desconfianza e incluso recelo (...) De ahí la gran diferencia que permite comprender las dificultades que generan la articulación de ambas ciencias. El derecho se estructura de lo general a lo particular y la psiquiatría de lo particular a lo general (...) (Corvelli *et al.*, 2009, p. 3)

El segundo capítulo desarrolla el principio de oportunidad en Colombia. En el mismo sentido, algunas de las consideraciones contenidas en el texto pueden extenderse a las otras salidas alternas contenidas en el sistema penal acusatorio colombiano. Sin embargo, el desarrollo específico se centra en el principio de oportunidad en tanto que, por un lado, las cifras demuestran que su aplicación real es mínima (por debajo del 1 % de las salidas del sistema penal) y, por otro lado, las causales y modalidades para su aplicación, conllevan un beneficio que pueden implicar una discriminación hacia personas con discapacidad, producto de la confusión existente con la inimputabilidad. El capítulo desarrolla los postulados normativos para su aplicación. Como aspecto novedoso, actualiza las causales contenidas en el artículo 324 de la Ley 906 de 2004 y aterriza sus postulados normativos a supuestos reales. Además, contempla una definición para la modalidad de interrupción y se definen sus diferencias con la modalidad de suspensión con miras a que la práctica sea acorde con la norma. Finalmente se interpretan las causales en consonancia con las modalidades para orientar al operador de la salida alterna.

> Esa visión según la cual el sistema penal debe fijar su centro de gravedad en el conflicto, en la afectación a la convivencia pacífica, y no en la escueta vulneración de la disposición normativa, implica una importante transformación de los métodos y de los objetos de análisis, que se refleja en la forma como se abordan los temas y como se proponen las respuestas. (Mestre Ordoñez, 2017 pp. 30-31).

El tercer y último capítulo hace énfasis en el derecho internacional de los derechos humanos. Es oportuno en la medida que define el modelo social de discapacidad y sus postulados como un cambio de paradigma en la comprensión tradicional de la figura. Contempla el concepto, alcance y elementos de la discapacidad, extensibles a las relaciones jurídicas y aterrizadas a las relaciones jurídico-penal. Incluye un análisis sobre la implementación de la Convención Internacional de los Derechos de las Personas con Discapacidad de las Naciones Unidas al contexto colombiano. Como aspecto novedoso, incluye un trabajo empírico adelantado ante la Fiscalía General de la Nación que articula los fenómenos de discapacidad y principio de oportunidad. Considerando que: "La legislación penal está desde la época del positivismo en deuda con seres humanos que solamente han tenido la desgracia y el defecto de nacer procesados" (Gutiérrez Ramírez, 2001, p.7).

Cada capítulo presenta unas conclusiones parciales sobre el fenómeno abordado.

La metodología seleccionada para adelantar esta investigación se circunscribe a un enfoque interdisciplinario que aborda el fenómeno de la inimputabilidad, la discapacidad y el principio de oportunidad; desde la dogmática jurídico- penal, la psiquiatría forense, el derecho internacional de los derechos humanos y el derecho procesal.

Para ello se ha desarrollado un enfoque epistemológico que inicia por lo que Curtis (2009) ha denominado investigación *"dogmática de lege data"*, en tanto que:

> tiene como punto de partida la identificación de un problema de interpretación de una o varias normas del ordenamiento jurídico vigente. Identificado el problema interpretativo, este tipo de investigación se dirige a esclarecer la naturaleza de ese problema, discutir alternativas interpretativas y ofrecer la que – a juicio de quien realiza el trabajo de investigación- constituye la mejor solución posible (...) este tipo de investigación reúne componentes descriptivos y prescriptivos (...) la identificación de un problema de interpretación implica la descripción de una indeterminación del derecho positivo – de un enunciado o un caso contenido en el derecho positivo susceptible de ser interpretado en varios sentidos (...) la propuesta interpretativa del autor también supone un aspecto descriptivo: el autor debe demostrar que la solución que propugna está contenida o puede derivarse del ordenamiento positivo. Sin embargo, lo característico de esta tarea dogmática es que no se detiene en la descripción de las alternativas interpretativas posibles en caso de indeterminación del derecho, sino, avanza un paso más allá, mediando a favor de una solución que se considera mejor —más justa, más adecuada, más razonable— que las alternativas rivales. (p. 43)

Este consiste entonces en el análisis hermenéutico de la normatividad y la jurisprudencia existente desde el bloque de constitucionalidad y el control de convencionalidad a través de un método de interpretación hermenéutico que se centra en el principio de legalidad, concebido, según lo ha indicado la corte constitucional y la doctrina, como *stricto sensu*:

> El texto superior, con fundamento en el bloque de constitucionalidad, está conformado por una serie de principios, preceptos y valores que irradian el derecho interno y las decisiones judiciales. De esta manera, todo el ordenamiento jurídico, tanto en su expedición, aplicación e interpretación, debe ajustarse y realizar una labor hermenéutica a la luz de las disposiciones de jerarquía superior que conforman el mencionado cuerpo normativo (...) (Corte Constitucional de Colombia, Sentencia C-147-17, p. 22)

Asimismo, se ha realizado un análisis doctrinario de la psiquiatría forense incorporando las clasificaciones aceptadas en Colombia sobre las distintas discapacidades psíquicas, en todo caso contrastando con la norma jurídica que contempla su reconocimiento en el marco de procesos penales. Sin embargo, el análisis procesal referido a principios nucleares del sistema penal acusatorio, como el principio de oportunidad y en general las salidas alternas, se soporta no solo en el análisis normativo, dogmático y doctrinal sobre este principio, sino además sobre las prácticas cotidianas del principio de oportunidad que son regladas por instrumentos administrativos como resoluciones de la Fiscalía General de la Nación.

El marco teleológico de este enfoque fue siempre el de los principios correctivos y orientadores de la política criminal conforme a nuestro modelo de Estado, es decir, el Estado social y democrático de derecho. De conformidad con este enfoque, la metodología es eminentemente cualitativa, aunque se citen estadísticas que no fueron construidas y soportadas en estudios de caso, ni en trabajo de campo, razón por la cual el análisis estadístico se circunscribió única y exclusivamente a la interpretación crítica que de ellas se realizó a lo largo de esta investigación, y a la consulta que se realizó a la institución oficial de la Fiscalía General de la Nación a través de derecho de petición.

Finalmente, hay un horizonte transdisciplinar que involucra a la sociología jurídica e incluso a la literatura para abordar el difícil tema de la discapacidad y de la psiquiatría forense que por su propia naturaleza trasciende el mero campo jurídico.

Para culminar, se realizan unas consideraciones finales tendientes a condensar la generalidad del texto y a dejar la puerta abierta a otros problemas que continuarán existiendo aún —en tanto que así está construido el sistema— con miras a profundizar en ellos para, quizás, proponer un sistema alternativo al derecho penal, como mecanismo más racional de resolución de conflictos sociales.

Capítulo 1.

Discapacidad psíquica e inimputabilidad

1.1. PRESUPUESTOS INICIALES

Quizás una de las instituciones más complejas del sistema penal es la inimputabilidad. No sólo porque se cimienta sobre disciplinas de las ciencias de la salud (psicología, psiquiatría) y/o las ciencias sociales (antropología, sociología), ajenas, desconocidas o tergiversadas para y por los abogados —principales actores del proceso penal—, sino porque la línea divisoria entre esta y la discapacidad psíquica es absolutamente delgada y, paradójicamente, las consecuencias entre una y otra, bastante disímiles.

Es por ello, que este capítulo pretender abordar lo que en lo sucesivo se denominará "discapacidad psíquica e inimputabilidad", con la pretensión de clarificar que no son lo mismo las patologías de naturaleza psíquica que las figuras forenses de la psiquiatría forense, las cuales en el Código Penal Colombiano se identifican como "trastorno mental" e "inmadurez psicológica" con capacidad para anular o disminuir la comprensión de la ilicitud de la conducta y/o la autodeterminación conforme a dicha comprensión. Estas últimas son las que, eventualmente, conllevan a determinar el fenómeno de la inimputabilidad.

Aunque las consideraciones generales en torno a la categoría jurídica de la inimputabilidad desde el punto de vista dogmático y procesal aplican también a las otras dos (2) causas legales ("diversidad sociocultural" o "eventos similares"), el desarrollo complejo alude a las figuras forenses de contenido mental, por cuanto, es sobre éstas sobre las que se ha generado una especie de tabú que es menester deconstruir tanto a nivel jurídico como a nivel social.

Esa ignorancia colectiva que considera que la inimputabilidad implica impunidad no puede estar más alejada de la realidad. Los efectos que dicho falso clamor social generan en el marco de procesos judiciales se traducen en la vulneración de los derechos fundamentales de las personas procesadas que presentan una deficiencia y/o una discapacidad psíquica. Es por esto que, "El derecho Penal no puede separarse mucho de la vida cotidiana, aunque algún distanciamiento sea siempre necesario, para que no se vincule a una falsa democracia que condena la idea de reinserción y clama por la pena de muerte" (Luís Callegari, Melo Reghelin Allegari, & Zaffari Cavedon, 2016, p. 51).

1.2. CONSIDERACIONES PREVIAS SOBRE TEORÍA DEL DELITO

De conformidad con la dogmática jurídico-penal, se tiene que el Derecho Penal colombiano, cimentado sobre el Código Penal, no se adscribe ciegamente a ningún esquema de teoría del delito de procedencia alemana (causalista, finalista, funcionalista) o a los postulados de las escuelas del delito de corte italiana (causalismo y positivismo). La normativa nacional permite inferir que la dogmática jurídico penal colombiana es algo así como un híbrido de elementos que pueden estar presentes —o no— en algunas de estas construcciones teóricas, en tanto que la discusión actual sobre modelos de justicia se centra en la teoría de la norma.

De conformidad con el artículo 9 del Código Penal Colombiano se tiene que para que una conducta sea punible esta debe ser **típica, antijurídica y culpable.** No se trata de ahondar en las categorías del delito ni de cuestionarlas —aunque haya mucho que decir sobre cada una de ellas—. Lo importante es situar al lector en el tratamiento jurídico penal colombiano a partir de la dogmática para identificar el momento en el que se realiza el análisis sobre imputabilidad o inimputabilidad y con ello entender su definición su extensión y sus elementos.

En ese sentido, el análisis de las categorías del delito se realiza por estadios. Primero se analiza si la conducta investigada reviste las características exigidas para que sea delictiva, esto es, que sea humana, consciente y voluntaria —entendida como intención de desplegar las fuerzas físicas (corporales) o psíquicas (incorporales) hacia un fin concreto—. Si no cuenta con alguna de estas condiciones, por fenómenos como caso fortuito o fuerza mayor (excluyen la voluntariedad), fuerza física irresistible (excluye la voluntariedad) o los actos reflejos (excluye la conciencia), estaremos frente a una excepción, y por tanto ese comportamiento, en concreto, no será objeto del derecho penal. Verificado el cumplimiento de los tres (3) presupuestos se analiza la conducta delictiva en términos de tipicidad; si la conducta es típica, se verificará la existencia de la antijuricidad (formal y material); si la conducta es típica y antijurídica (injusto) se realizará un abordaje de la culpabilidad. En este sentido:

> Frente al análisis de los elementos del delito, es indispensable que la defensa técnica al tener los conocimientos propios del derecho penal, se detenga de forma exhaustiva en cada uno de los componentes a observar, pues muchas veces la defensa material (que en la mayoría de casos no tiene conocimientos jurídicos) creerá que por la simple causación de un resultado típico se incurrió en un delito y que, por tanto, es responsable penalmente (Ospina Vargas, 2018b, p. 30).

Para que la conducta sea típica, el operador deberá verificar la presencia del tipo objetivo en el comportamiento analizado (en la teoría de la norma se denomina norma objetiva de valoración). El tipo objetivo corresponde a los elementos que componen los tipos penales, sujeto activo, sujeto pasivo, conducta o verbo rector, factores de imputación objetiva, elementos descriptivos y normativos. Si el comportamiento procesado se ajusta al supuesto de hecho contenido en el tipo penal endilgado y además supera los estadios de creación de riesgo jurídicamente desaprobado y concreción del riesgo en el resultado típico, podrá decirse que la conducta es típica, objetivamente hablando. Por ejemplo, el procesado dio muerte (verbo rector) a una persona (sujeto pasivo) por arma de fuego mediante tres disparos en el pecho. El procesado cometió conducta típica de homicidio.

Ello, no obstante, constituye la mitad del análisis. Para culminar el estado de la tipicidad es necesario, además, indagar en la subjetividad del autor material (en la teoría de la norma se denomina "norma subjetiva de determinación"). Sobre este particular la doctrina nacional ha esbozado que:

> Y lo anterior no puede ser entendido de otro modo, puesto que, presidiendo la normatividad constitucional y penal —artículos primeros— el principio de la dignidad del ser humano, necesariamente debe concluirse que **el contenido de voluntad e intelectualidad de la conducta hacen parte del tipo penal**, habida cuenta que dignidad en sentido materia significa entender al hombre como un ser capaz de orientarse por el sentido, por el valor y por la verdad (…) negrilla y subrayado fuera del texto. (Gómez Pavajeau, 2005).

El artículo 21 del C.P. reconoce tres (3) modalidades, a saber, el dolo para los tipos dolosos, la culpa para los tipos imprudentes y la preterintención. El dolo está consagrado en el artículo 22 del Código Penal Colombiano. Habrá dolo directo si la persona: "Conoce los hechos constitutivos de la infracción típica y quiere su realización". Habrá dolo eventual, si la persona "Conoce los hechos constitutivos de la infracción típica, prevé que la realización de la infracción penal es probable y deja el resultado librado al azar".

De lo anterior se colige que, aunque varía su consideración en intensidad y exigencia normativa según sus modalidades (que no en cuanto al resultado punitivo), el dolo se compone de dos (2) elementos: un elemento intelectivo o cognoscitivo ("conocer-saber") y un elemento volitivo —"querer": "quiere su realización" (dolo directo); "prevé su realización y deja su producción librada al azar" (dolo eventual)—. El sujeto que comete la conducta punible debe conocer y querer o dejar librada al azar, la realización del supuesto de hecho descrito en el tipo penal.

Sobre este particular Claus Roxin (1997) ha dicho que:

> Para caracterizar unitariamente las tres formas de dolo **(él incluye la modalidad de dolo de consecuencias necesarias que en Colombia se ha desarrollado doctrinal y jurisprudencialmente pero no se encuentra expresamente definido en la norma)** se emplea casi siempre la descripción del dolo como "saber y querer (conocimiento y voluntad)" de todas las circunstancias del tipo legal. A ese respecto, el requisito intelectual ("saber") y el volitivo ("querer") están en cada caso diferentemente configurados en sus relaciones entre sí. En el caso de la intención, en el lado del saber basta con la suposición de una posibilidad, aunque sólo sea escasa, de provocar el resultado, p.ej. en un disparo a gran distancia. Dado que se persigue el resultado y que por tanto el "querer" es muy pronunciado, cuando el disparo da en el blanco concurre de todos modos un hecho doloso consumado. En cambio, en el dolo directo (de segundo grado) el "saber" es todo lo exacto que es posible. Si quien realiza un atentado sabe con seguridad que la bomba que hará saltar por los aires a su víctima también causará la muerte a las personas de alrededor, se puede calificar de "querida" la muerte de éstas, aunque no la persiga y por tanto el momento volitivo sea menos intenso que en caso de intención. Y finalmente, en el dolo eventual la relación en la que se encuentran entre sí el saber y el querer es discutida desde su base (cft. Más detenidamente nm. 21 ss.): pero en cualquier caso, el mismo se distingue de la intención en que no se persigue el resultado y por tanto el lado volitivo está configurado más débilmente. (pp. 415-416).]

Por su parte, la culpa se encuentra consignada en el artículo 23 del C.P. Su consagración parte de la existencia de una infracción al deber objetivo de cuidado (en las actividades desplegadas por quien comete el delito), infracción que constituye lo que se conoce como tipo objetivo imprudente y que culmina con un resultado (jurídico, que no naturalista) para el bien jurídico tutelado. El tipo subjetivo imprudente se divide a su vez en lo que la doctrina y la jurisprudencia han denominado culpa consciente o con representación, y culpa inconsciente o sin representación. En ambas modalidades se parte de la base de que se ha infringido el deber objetivo de cuidado, la diferencia, *grosso modo*, radica en que en la primera, el sujeto que lo hace, se representa la posibilidad de producir un resultado típico pero confía en que no se dará, mientras que en la segunda, no lo hace y por tanto no confía, estando en la obligación de hacerlo por ser previsible, y a pesar de ello el resultado se produce.

Sobre este particular, la profesora Mirenxtu Corcoy Bidasolo (2013) expresa:

> El núcleo del tipo subjetivo imprudente puede comprenderse como: "conocimiento o cognoscibilidad de la posibilidad de realización típica". Concebido de esta forma el elemento subjetivo del tipo imprudente, el objeto del conocimiento en la culpa consciente es: "la posibilidad de realización típica", mientras que en la culpa inconsciente el objeto de conocimiento, en cuanto cognoscibilidad, es: "la posibilidad de conocimiento de la posibilidad de realización típica.

El artículo 24 del C.P. consagra la preterintención como aquella modalidad de comisión de la conducta punible, en la cual quien comete el delito tiene la intención de producir una lesión a un bien jurídico, pero el resultado efectivamente producido excede lo querido, no obstante haber sido previsible que ello podría ocurrir. La Corte Suprema de Justicia, en Sentencia del 12 de febrero de 2014, describió sus elementos de la siguiente manera:

> Así, la configuración de la conducta punible preterintencional requiere los siguientes requisitos: a) una acción dolosamente orientada a la producción de un resultado típico; b) verificación de un resultado típico más grave, al que no apuntaba la intención del agente, pero que era previsible por él; c) nexo de causalidad entre el uno y otro evento y d) homogeneidad entre uno y otro resultado o, lo que es igual, identidad del bien jurídico tutelado. (Sentencia SP1459, 2014).

Realizada la verificación de la presencia del tipo objetivo y el tipo subjetivo en cualquiera de las modalidades existentes, podrá decirse que la conducta es típica.

Agotado lo anterior, deberá verificarse si esa conducta es antijurídica desde el punto de vista formal y material (artículo 11 C.P.). La antijuricidad formal implica la contrariedad con la norma penal (por ello se sostiene que la tipicidad es indicio de la antijuridicidad); por regla general, si la conducta es típica es por consiguiente antijurídica formalmente. Es indicio, en tanto que puede desvirtuarse cuando se presentan causales de justificación, entendidas estas como las hipótesis en las que el derecho, habilita a una persona a cometer una conducta típica siempre que se presenten unos elementos específicos. Así, quien actúa en legítima defensa o en estado de necesidad justificante cometerá conducta típica pero no antijurídica formalmente hablando porque ha sido autorizado por el derecho para actuar en defensa de intereses propios o de un tercero. Luego, para que la conducta sea antijurídica desde el punto de vista formal es indispensable que el sujeto cumpla el verbo rector consagrado en el tipo, o al revés, viole la norma prohibitiva implícita en él (en tanto que los tipos penales están redactados positivamente: matas luego te haces merecedor de una pena).

Por su parte, la antijuricidad material exige, en consonancia con la protección de bienes jurídicos sobre la que reposa el derecho penal nacional, la efectiva puesta en peligro o lesión de estos (valoración jurídica). En consecuencia, no habrá antijuridicidad material si el comportamiento —objetivamente analizado— no alcanzó a vulnerar o poner efectivamente en peligro el bien jurídico tutelado.

Corroborados los estadios anteriores, se sigue el análisis de culpabilidad (elemento eminentemente subjetivo). El artículo 12 del C.P. exige que para que una persona sea declarada penalmente responsable ha debido actuar con culpabilidad. En términos muy enunciativos, la culpabilidad es el estadio en el que se le adjudica al procesado, como suyo, la conducta punible analizada en precedencia. Este estadio es el más importante (y el menos explorado en la literatura jurídico-penal moderna) en tanto que es en él en el que se puede reprochar a la persona la conducta típica y antijurídica que se le endilga. Se trata de atribuir al sujeto el contenido del injusto. Esa imputación personal, en términos de Mir Puig (2011), se construye sobre la base de tres (3) elementos.

El primero de ellos es la imputabilidad. Para que una persona pueda hacerse responsable de sus actos se requiere que actúe con libertad. Como aproximación al concepto, quien comete un acto con capacidad para comprender que este es de naturaleza ilícita y para autodeterminarse de conformidad con esa comprensión será imputable. Si, por el contrario, para el momento de la conducta estas capacidades se encuentran anuladas, esto es, no comprende la ilicitud, no puede autodeterminarse de acuerdo con esa comprensión, o aun comprendiéndola, su mente lo impulsa a actuar de la forma en que lo hace, será inimputable. ¿Qué pasa si sólo existe disminución (que no anulación) de las capacidades de comprensión y/o volición libre? Se presenta lo que se conoce como imputabilidad disminuida o semiimputabilidad.

Sobre este particular, la doctrina especializada plantea distintos caminos en torno a su tratamiento. El profesor Ricardo Mora Izquierdo (2015), por ejemplo, considera que el Código Penal Colombiano no trae una distinción entre la anulación y la disminución de las capacidades, y, por tanto, basta con que haya disminución para que la persona se considere inimputable, por lo que la consecuencia deberá ser la medida de seguridad.

Otra postura considera que debería crearse un tratamiento autónomo para estas personas que no son del todo imputables ni del todo inimputables; a este respecto:

> En la imputabilidad disminuida están presentes, aunque afectadas las capacidades del conocer, comprender y autodeterminarse, y no devienen de un diagnóstico psicopatológico, sino que proceden del espectro de la sanidad mental en cuanto a la expresión de los estados mentales de las estructuras disfuncionales de la personalidad. Esto implicaría, que para ellos, se debe analizar la postura mixta en el uso de las sanciones penales: penas y medidas de seguridad de manera conjunta o bien solamente la segunda de acuerdo a la valoración del juez. (Martínez Uzeta, 2020, p. 93).

Finalmente, están quienes consideran que debe darse tratamiento de imputable y por ende someterle a una pena de prisión, pero atenuada. Lo anterior en tanto que,

> Quienes se adhieren a esta posición, afirman que la imputabilidad disminuida implica que el autor es capaz de entender el carácter

> ilícito del hecho o de determinarse de acuerdo con esa comprensión, pero, para lograr ese resultado, debe poner en práctica una fuerza de voluntad mucho mayor que un sujeto mentalmente normal. Por ello, la consecuencia debe ser la imposición de una pena atenuada. (Castillo, 2010, pp. 497-498, citado por Quirós, 2016, p. 39).

Compartimos la postura del profesor Mora Izquierdo (2015), en tanto que la definición legal utiliza la expresión "no tuviere" para deprecar la inimputabilidad, sin distinguir si se requiere de una disminución o de una completa anulación de las capacidades. A este respecto la doctrina nacional ha dicho

> Desde el punto de vista jurídico, la imputación es, atribuir a una persona humana o jurídica como propio (sic) una determinada conducta activa u omisiva, con consecuencias jurídicas (...) Desde el punto de vista jurídico-penal, la imputabilidad es una especial calidad personal o condición que se le asigna a una persona **por un acto consciente y voluntario imputable** (...) El imputable es ya la persona en concreto a quien se puede imputar una conducta realizada externamente en forma activa u omisiva. (Negrilla y subrayado propios) (Gutiérrez Ramírez, 2001, p. 19).

En Colombia, contrario a lo que ocurría con el Código Penal de 1980, en el que la imputabilidad era un presupuesto de la culpabilidad —a este respecto véase Gaitán Mahecha (1982)—, en el Código Penal vigente se erige como uno de los elementos de la culpabilidad. Esta aclaración es importante en la medida que, siendo un elemento de la culpabilidad, las personas con afectaciones psíquicas pueden actuar condicionadas por las hipótesis excluyentes de culpabilidad como la insuperable coacción ajena, el miedo insuperable, e incluso, el error de prohibición, con independencia de que sea o no sea inimputables.

Este fenómeno nos permite realizar una aclaración inicial. Una persona con discapacidad psíquica puede actuar impulsado por una insuperable coacción ajena y no ser inimputable porque su comportamiento no se corresponde con las figuras forenses para deprecarla, caso en el cual, la definición jurídica de su proceso, como en el caso de cualquier otra persona amparada por esa excluyente de responsabilidad, habrá de ser la absolución. Otra cosa es que, objetivamente se evidencie una insuperable coacción ajena, pero, en el abordaje de la psiquiatría forense se concluya que la persona padeció un trastorno mental permanente que le disminuyó o anuló su capacidad de comprensión y/o de autodeterminación, caso en el cuál, podría deprecarse la inimputabilidad. Por ahora dejémoslo hasta aquí.

Sobre la imputabilidad como elemento de la culpabilidad Mir Puig (2011) ha dicho:

> De presupuesto previo de la culpabilidad, esta categoría pasa a erigirse en condición central de la reprochabilidad, puesto que el núcleo de la culpabilidad ya no se ve en la voluntad defectuosa —de la que la imputabilidad sería un presupuesto—, sino en las condiciones de atribuibilidad del injusto, y estas condiciones giran en torno a la idea del «poder actuar de otro modo». (p. 539)

La segunda se denomina "conciencia potencial de la antijuridicidad", entendida como la capacidad de tener o haber tenido la oportunidad de actualizar, al momento de la conducta, su naturaleza injusta (artículo 32 Numeral 11 inciso 2 del C.P.). Zaffaroni (1981) distingue muy bien la capacidad del contenido injusto del comportamiento del dolo, en los siguientes términos:

> El "conocimiento" de la antijuridicidad -que para nosotros pertenece a la culpabilidad y no al dolo, tiene una naturaleza por entero diferente de la del conocimiento de los elementos del tipo objetivo que es requerido en el dolo, toda vez que la llamada "consciencia de la antijuridicidad" no puede ser más que una mera posibilidad de conocimiento (nunca un conocimiento efectivo) (...) para que pueda reprochársele una conducta a un sujeto, basta con que éste haya tenido la posibilidad de saber que era antijurídica, aunque de hecho, nunca lo haya sabido. (Zaffaroni, 1981, p. 305).

Elimina la conciencia de la antijuricidad lo que se conoce como "error de prohibición", en el cual la persona actúa pensando (convencida) que su comportamiento es conforme a derecho (artículo 32 Numeral 11 inciso 1 del C.P.). En suma:

> Reina acuerdo en la doctrina actual en requerir para la presencia de delito que el sujeto sepa o pueda saber que su hecho se halla prohibido por la ley. No basta que quien actúa típicamente conozca la situación típica, sino que hace falta, además, saber o poder saber que su actuación se halla prohibida. Es preciso, en otras palabras, el conocimiento, o su posibilidad, de la antijuridicidad del hecho. Cuando tal conocimiento falta se habla de «error de prohibición» (...) Dicho error será vencible o invencible según que haya podido o no evitarse con mayor cuidado. También se admite pacíficamente que el error invencible ha de determinar la impunidad, mientras que el error vencible debe conducir —al menos en principio— a una pena inferior. (Mir Puig, 2011, p. 553).

A la par de estos elementos, se realiza el juicio de reproche o de exigibilidad de una conducta ajustada a derecho, en el cual el funcionario judicial verifica los pormenores fácticos, personales, familiares, sociales, etc., con miras a determinar el *quantum* de pena a imponer (siguiendo los lineamientos del artículo 61 del Estatuto Penal). En el también llamado juicio de responsabilidad, podría presentarse circunstancias de extrema consideración en las que se determina sin asomo de duda que "la persona, en las condiciones en la que actuó porque no tenía otra posibilidad" o, dicho de otro modo, "cualquier persona en la misma situación hubiese actuado de la misma manera". En Colombia estos supuestos son el miedo insuperable (numeral 9 del artículo 32 del C.P.) y la insuperable coacción ajena (numeral 8 del artículo 32 del C.P.).

En la legislación penal colombiana las consideraciones sobre inimputables se encuentran contenidas en el inciso 2 del artículo 9° de la Ley 599 de 2000, así: i) los inimputables cometen una conducta típica y antijurídica, si actúan con dolo o con culpa, en tanto que el dolo se presenta con relación al conocimiento de los elementos del tipo (no sobre la antijuridicidad, el injusto de su comportamiento). Por ejemplo, sabe que va a matar y quiere matar, pero no sabe que matar está mal o no puede evitar hacerlo; ii) No actuaron en el marco de una causal de ausencia de responsabilidad. Esto significa que, aunque los inimputables no actúan con culpabilidad en el sentido pleno de la etiología (y de la categoría dogmática), su comportamiento es reprochable, pero a diferencia de los imputables que tiene como consecuencia jurídica la imposición de una pena, éstos, reciben como consecuencia la imposición de una medida de seguridad que varía según la modalidad de inimputabilidad que se trate. Sobre este particular la Corte Suprema de Justicia esbozó que:

> El inimputable no actúa culpablemente, porque en él se encuentra suprimida la capacidad de valorar adecuadamente la juridicidad o antijuridicidad de sus acciones, y de regular su conducta de conformidad con esa valoración, debido a factores internos del individuo, como un desarrollo mental deficitario, un trastorno biopsíquico transitorio o permanente, obnubilación de conciencia, o fallas graves de acomodamiento sociocultural, eventos en los que no puede formularse un juicio de reproche por no ser exigible una acción adecuada a derecho. (Corte Suprema de Justicia de Colombia, Sentencia 34412, 2011a).

El artículo 32 del Código Penal Colombiano contempla las causales de ausencia de responsabilidad, entre las que se encuentran: hipótesis de ausencia de conducta (por ejemplo, caso fortuito o fuerza mayor), ausencia de tipicidad (como el error de tipo o consentimiento del titular del bien jurídico), causales de ausencia de antijuridicidad (legítima defensa o estado de necesidad justificante) o de ausencia de culpabilidad (como el error de prohibición o la insuperable coacción ajena). Ello significa que, en la dogmática colombiana, un inimputable puede actuar amparado en una causal de atipicidad o de justificación, situaciones que, de probarse en juicio, darán lugar a absolución. En relación con las causales de inculpabilidad, habrá que determinarse si la persona era o no imputable al momento del hecho para, o reconocerle la causal de inculpabilidad y en consecuencia absolver, o definirse su estado de inimputabilidad y en consecuencia imponer una medida de seguridad. Por ello, la doctrina ha considerado que:

> La diferencia entre inimputables e imputables cobra relevancia al momento de impartir sanción ya que a los primeros se les impone medidas de seguridad y a los segundos, pena, pero la diferenciación entre uno y otro solo se establece luego de corroborado el injusto, pero no indica necesariamente esta diferenciación de

> inmediato responsabilidad penal porque luego de corroborar si estamos en presencia de un imputable o un inimputable **hay que estudiar la culpabilidad en uno y otro**, y después la necesidad de pena en imputables y la necesidad de medida de seguridad en inimputables (...) La culpabilidad como categoría dogmática es una garantía que es obligatorio estudiarla tanto a imputables como a inimputables. (Vega Arrieta, 2015, pp. 67-71).

En consecuencia, aun cuando los inimputables no son declarados culpables judicialmente, sí deben analizarse, respecto de ellos, los elementos de la culpabilidad, en tanto que su situación influye a efectos de definir si se hará acreedor de una pena o de una medida de seguridad; o, por el contrario, si ha actuado en el marco de una causal de ausencia de responsabilidad, entre las que se incluyen las causales de inculpabilidad, justificación y atipicidad. Claro, si se analiza desde el punto de vista dogmático tal planteamiento, habrá de concluirse que los inimputables no actúan con culpabilidad, en tanto que ellos no cuentan con consciencia de la antijuridicidad del comportamiento.

1.3. LA FIGURA DE LA INIMPUTABILIDAD EN COLOMBIA

El Código Penal Colombiano vigente consagra la categoría jurídica (que no médica, ni psiquiátrica) de la inimputabilidad, en el artículo 33, en los siguientes términos:

> Es inimputable quien en el momento de ejecutar la conducta típica y antijurídica no tuviere la capacidad de comprender su ilicitud o de determinarse de acuerdo con esa comprensión, por inmadurez sicológica, trastorno mental, diversidad sociocultural o estados similares (...) No será inimputable el agente que hubiere preordenado su trastorno mental. (Ley 599 de 2000, artículo 33).

La doctrina ha considerado que esta definición legal involucra cinco (5) criterios relacionados entre sí para deprecar la inimputabilidad en una persona que comete un injusto,

> Y de acuerdo a la inimputabilidad, esta norma establece claramente: **un criterio temporal**: "...en el momento de ejecutar...", **un criterio rector**: "...la conducta típica y antijurídica...", **un criterio valorativo**: "...capacidad de comprender su ilicitud o de determinarse de acuerdo con esa comprensión...", un criterio condicional: "...inmadurez psicológica, trastorno mental, diversidad sociocultural o estados similares", **un criterio de exclusión**: "No será inimputable el agente que hubiere preordenado su trastorno mental. (Negrilla y subrayado propios) (Trespalacios Gaviria & Escobar Córdoba, 2015, p. 4).

El criterio rector exige para el análisis de la inimputabilidad la existencia de una conducta típica y antijurídica. Así las cosas, se debe estar en presencia de una persona que ha cometido una conducta contenida en un tipo penal (Ej. Homicidio) y ha lesionado o puesto efectivamente en peligro un bien jurídico (Ej. vida de una persona), sin justa causa. Por tanto, si la persona actúa en el marco de un error de tipo o amparado en una causal de justificación no habrá que analizarse la imputabilidad. No obstante, en Colombia, de conformidad con el artículo 32 de la Ley 599 de 2000, también existen causales de inculpabilidad, que se analizan en el mismo estadio que la imputabilidad. En ese orden de ideas, habrá que analizarse la inimputabilidad de forma paralela para determinar si la persona no conocía y/o comprendía la ilicitud de su comportamiento, o, por el contrario, actuó amparado, concretamente en una causal de inculpabilidad.

Sobre el reconocimiento de causales de justificación y exculpantes en personas que padecen discapacidad psíquica (que no inimputabilidad, aunque pudiese llegar a serlo), encontramos que:

> No existe ningún obstáculo, sin embargo, para aceptar que un sujeto que padezca trastorno mental o inmadurez psicológica, pueda actuar justificadamente (sic) o que en su acción ha concurrido circunstancia de exclusión de la culpabilidad, sin que sea dable calificarlo sólo por ese padecimiento como inimputable. Con relación a las causas de justificación por cuanto son de naturaleza preponderantemente objetivas y frente a las causales de inculpabilidad porque si ellas realmente se presentaron, la causa determinante del no fue ni el trastorno mental o la inmadurez, sino la presencia

> de una cualquiera de las razones expresamente señaladas en el artículo 40 del Código Penal **(causales de inculpabilidad en el derogado Decreto-Ley 100 de 1980)**, esto es, porque en este supuesto no se da la necesaria relación causal entre la inimputabilidad y el hecho, que conduzca a destacar su incapacidad de ser culpable, sino que fue una razón diversa como el caso fortuito, la fuerza mayor, la coacción o el error, la que condujo a esa persona a la realización del comportamiento típicamente antijurídico. (Negrilla y subrayado propios) (Corte Suprema de Justicia de Colombia, 1986, p. 12).

Véase que la Corte habla de trastorno mental e inmadurez psicológica como figuras de la psiquiatría forense. En este punto vale la pena hacer unas aclaraciones: i) la discapacidad psíquica puede ser abordada tanto por la psiquiatría clínica como por la psiquiatría forense, cada una como ramas de la psiquiatría pero con fundamentos, procedimientos, bases científicas, definiciones operacionales, con significado específico y propio dentro de la ciencia psiquiátrica; ii) Sólo la psiquiatría forense está llamada a intervenir en el abordaje de las figuras forenses de "trastorno mental" e "inmadurez psicológica", en tanto que son éstas aquellas con que tienen un uso preciso y adecuado dentro de las actividades jurídicas y procesales; iii) Una persona puede ser objeto de valoración a través de las figuras forenses enunciadas y ello no implicará *per se* que sea inimputable porque no cumple con los requisitos de disminución o anulación de sus capacidades de comprensión y autodeterminación. Por ello, tal y como acertadamente lo enuncia la Corte, una persona puede padecer trastorno mental o inmadurez psicológica y aun así actuar amparada por una causal eximente de responsabilidad, hoy contempladas en el artículo 32 de la Ley 599 de 2000, porque su estado psíquico, a partir de un análisis psiquiátrico forense, no cumple con las condiciones para que el juez decrete la inimputabilidad.

El criterio de temporalidad es el más importante y el menos explorado y comprendido al momento de determinar y valorar en sede judicial. A este respecto es importante aclarar que, una cosa es el análisis de las condiciones mentales del sujeto, antes, durante y después del acto ilícito, bajo las figuras forenses enunciadas, que corresponde efectuarlo al psiquiatra forense (examen psiquiátrico, exámenes paraclínicos, anamnesis, etc.) y que constituye la base de la opinión pericial que se discutirá en juicio oral, y otra cosa es que, de conformidad con los elementos materiales probatorios obrantes en el proceso (entre los que puede incluirse o no, la declaración del perito con base en la opinión pericial), el juez se convenza de que para el momento del acto lícito, y no antes, ni después, el sujeto tuvo las condiciones que exige el artículo 33 del C.P. con miras a decretar o no la inimputabilidad. El criterio temporal alude a esta última variable.

El criterio valorativo comprende dos (2) elementos de alcance psicológico íntimamente relacionados entre sí. Un elemento cognoscitivo o intelectivo, denominado capacidad de conocimiento y comprensión, y un elemento volitivo, denominado capacidad de autorregulación de la conducta de conformidad con la comprensión previa que se tiene de ella (Betancur, 1983).

La "capacidad de conocimiento" implica que la persona enjuiciada haya conocido y comprendido, en el momento de su acción típica, que la ley no le permitía actuar de la manera como lo hizo. La doctrina especializada ha esbozado sobre este elemento que:

> La comprensión de la criminalidad no sólo es conocer la norma, sino la capacidad de internalizarla o introyectarla, y sólo en esos supuestos se le puede exigir. El sujeto debe ser capaz de comprender la norma, y que el orden jurídico reprime a quienes cometen los actos que se le reprochan (Corvelli et al., 2009, p. 554).

Por ello, dicha capacidad involucra el análisis de tres (3) factores -de forma secuencial- 1. APREHENSIÓN: Entendida como la

> capacidad para tomar los estímulos del medio ambiente y asimilarlos en el aparato psíquico (...) 2. COMPRENSIÓN: (...) capacidad para realizar funciones de análisis y síntesis de los contenidos aprehendidos previamente (...) 3. DISCERNIMIENTO: (...) Capacidad para hacer discriminaciones y catalogar los contenidos entre lo lícito y lo ilícito, lo bueno y lo malo, etc. (Mora Izquierdo, 2001, pp 23-25).

Las funciones psíquicas superiores pueden estar comprometidas en cada uno de estos factores. Basta con que se presente la alteración de uno de ellos para hablar de disminución o anulación de la capacidad de conocimiento, según sea el caso.

La capacidad de autorregulación o volición libre implica la posibilidad que tiene el sujeto de actuar libre y voluntariamente. También se ha denominado incapacidad de dirección de las acciones a "La imposibilidad de acción conforme con la comprensión de la criminalidad del acto se da cuando el sujeto no puede adecuar su acción a lo que comprende. Los casos que pueden presentarse como ejemplificativos son las conductas impulsivas y las compulsiones" (Corvelli *et al.*, 2009, p. 555). Es por ello que esta capacidad involucra dos (2) componentes: 1. CONACIÓN: "la persona comprende las motivaciones conscientes de la conducta", y 2. VOLICIÓN: "Energía que acompaña la decisión de actuar de determinada manera y a los actos idóneos para comentar la actuación escogida" (Mora Izquierdo, 2001, pp 28-29).

Aquí también las funciones psíquicas superiores pueden estar afectadas en estos dos componentes. Basta con que se presente la alteración de uno de ellos para hablar de disminución o anulación de la capacidad de determinarse, según sea el caso.

En términos jurídicos estas capacidades (de conocimiento y volición libre) se traducen en el libre albedrío (principio de culpabilidad). Sobre él, la Corte Suprema de Justicia, Sala de Casación Penal, en Sentencia del 14 de julio de 1987, expresó que:

> A su base se encuentra la idea de libertad, no en el sentido absoluto de que hablen los clásicos, sino de libertad como posibilidad de escogencia entre el camino conforme a derecho y el camino contrario a derecho y entendiendo al hombre como ser acongojado por el medio ambiente y sus circunstancias, pero nunca absolutamente determinado como lo creen quienes le niegan la posibilidad de escogencia a que nos referimos. (Corte Suprema de Justicia de Colombia, 1987b, p. 46).

En el mismo sentido, la doctrina nacional sostiene que: "La libertad sería así efecto del encuentro entre la conciencia y la voluntad, de modo que sólo pueden ser responsables las personas libres que comprendiendo lo que es ilícito prefieran proceder en favor de la ilicitud" (Moya Vargas, en proceso de publicación, p. 4).

Por la redacción de la norma parece que el análisis de las capacidades exigidas para ser inimputable, o de la disminución o ausencia de ellas para ser inimputable, también debe realizarse de forma secuencial, es decir, para verificar la capacidad de volición libre, primero debe determinarse que el individuo cuenta con los tres elementos de la capacidad de conocimiento, sin afectación. Ello es así porque la capacidad de volición libre está influida por el conocimiento que se tenga de la conducta típica y antijurídica, en el momento de delinquir.

Si se comprueba la disminución o la anulación de cualquiera de estas capacidades, se presentaría lo que se conoce como semiinimputabilidad, o imputabilidad disminuida, limitada o aminorada. Sobre este particular la doctrina ha esbozado que:

> La imputabilidad disminuida es sinónimo de capacidad mental parcial o incompleta, indistintamente de la intensidad de la disminución, siendo relevante que si una persona presenta una disminución en su capacidad se indague en qué consiste esta, a efectos de concluir si posee capacidad suficiente para comprender el carácter ilícito de los hechos o de adecuarse a esa comprensión (imputable) o, si por el contrario, la disminución le impidió tener capacidad suficiente a nivel cognoscitivo y/o volitivo (inimputable). (Quirós, 2016, p. 45).

El criterio de exclusión por su parte alude al fenómeno de la preordenación del comportamiento también conocida como *actio libera in causa*, entendido este como la provocación de una alteración psíquica, de manera voluntaria por el agente que comete el injusto. Si el ponerse en dicha situación se hace como parte del plan para delinquir se procesará al individuo a título de dolo; si, por el contrario, lo hace como infracción al deber objetivo de cuidado responderá a título de culpa (Mora Izquierdo, 2015).

El juez deberá analizar las circunstancias previas a la materialización de la conducta punible, en tanto que es en ese estadio en el que se presenta la preordenación. Se trata de un criterio de exclusión expresa o legal en tanto que, aunque la persona desde la psiquiatría presenta una alteración psíquica, desde el punto de vista legal, evidencia el libre albedrío del agente para ponerse en esa condición, y en consecuencia para responder por los actos que cometa bajo el influjo de esta (artículo 33 inciso 2 de la Ley 599 de 2000).

La Corte Suprema de Justicia, en sentencia del 13 de octubre de 1982 definió el concepto sub examine en los siguientes términos:

> inimputable es, al contrario, la persona que al realizar la conducta típica no estaba en condiciones de conocer y comprender su antijuridicidad o de autorregularse conforme a dicha comprensión por inmadurez psicológica, trastorno mental o fenómenos socioculturales **(aludiendo al código penal de 1980)**; la presencia comprobada de una cualquiera de estas fuentes le impide al sujeto darse cuenta de que está destruyendo, disminuyendo o poniendo en peligro determinado interés jurídico típicamente protegido por fuera de las situaciones en que pudiera haberlo (sic) lícitamente, o lo inhabilita para comportarse de manera jurídica o jurídicamente indiferente a pesar de percatarse de la ilicitud de su conducta (Negrilla y subrayado propios). (Corte Suprema de Justicia de Colombia, 1982, p. 2-3).

El criterio condicional (referido a condiciones o variedades), enunciado en precedencia, concibe las formas en las que puede presentarse la inimputabilidad asociada a factores psíquicos. Para los efectos de este trabajo se tomarán en consideración las figuras forenses denominadas trastorno mental e inmadurez psicológica.

Ambas figuras forenses presentan un alcance de naturaleza psiquiátrica, pues su significado, contenido, alcance y tratamiento dependen de la psiquiatría forense como rama de la medicina especializada en el abordaje de fenómenos **psíquicos** desde el punto de vista judicial y procesal. Se reitera lo enunciado en precedencia en relación con la psiquiatría clínica. No se puede confundir, o mejor asemejar, el abordaje de las patologías mentales que se adelanta por la psiquiatría clínica con el abordaje que se realiza por la psiquiatría forense, en tanto que, esta última es una ciencia que usa su propio lenguaje, con significados precisos, y de forma autónoma e independiente de la psiquiatría clínica (Mora Izquierdo, 2020b).

Asimismo, se reitera que la declaratoria de inimputabilidad no corresponde al profesional de la psiquiatría forense que emite el juicio sobre las condiciones mentales del procesado, sino al juez de conocimiento, de conformidad con los demás elementos de prueba que obren en el proceso. Así se encuentra expresamente definido por el Código de Procedimiento Penal Colombiano en su artículo 421 que reza: "Las declaraciones de los peritos no podrán referirse a la inimputabilidad del acusado. En consecuencia, no se admitirán preguntas para establecer si, a su juicio, el acusado es imputable o inimputable" (Ley 906 de 2004, art. 421). En consecuencia, el perito forense (psiquiatra o psicólogo) podrá manifestarse con relación a los aspectos mentales desde el punto de vista forense pero nunca catalogar ese diagnóstico en un estado de imputabilidad o inimputabilidad (concepto jurídico).

1.4. TRASTORNO MENTAL

Insistiendo en la diferencia existente entre la psiquiatría clínica y la forense, el abordaje de un trastorno mental o patología psíquica (de manera abstracta) puede efectuarse a través de dos (2) vías principales, a saber: i) un abordaje clínico, que comprende las enfermedades psiquiátricas con miras a evaluar y tratar a los pacientes que las padecen. Este abordaje se dirige a los profesionales de la salud pública y de los investigadores del campo clínico (Ejemplo, Asociación Americana de Psiquiatría DSM5). En este instrumento se define al trastorno mental como especie de discapacidad intelectual. ii) Un abordaje forense, propio de los órganos de justicia, que se presenta en el marco de un proceso y bajo normas de naturaleza, alcance y consecuencias judiciales. La Psiquiatría Forense es "el conjunto de conocimientos médico psiquiátricos, psicológicos y biológicos necesarios para la resolución de los problemas que plantea el derecho, tanto en la práctica de las leyes como en su perfeccionamiento" (Corvelli *et al.*, 2009). **Este segundo abordaje es el que se presenta en el marco de un proceso penal y el único con efectos en el marco de la imputabilidad.**

Hecha la aclaración, y analizando el fenómeno desde la psiquiatría clínica, según la Guía de consulta de los criterios diagnósticos del DSM 5[1]

> Un trastorno mental es un síndrome caracterizado por una alteración clínicamente significativa del estado cognitivo, la regulación emocional o el comportamiento de un individuo, que refleja una disfunción de los procesos psicológicos, biológicos o del desarrollo que subyacen en su función mental. Habitualmente los trastornos mentales van asociados a un estrés significativo o una discapacidad, ya sea social, laboral o de otras actividades importantes. Una respuesta predecible o culturalmente aceptable ante un estrés usual o una pérdida, tal como la muerte de un ser querido, no constituye un trastorno mental. Un comportamiento socialmente anómalo (ya sea político, religioso o sexual) y los conflictos existentes principalmente entre el individuo y la sociedad, no son trastornos mentales salvo que la anomalía o el conflicto sean el resultado de una disfunción del individuo, como las descritas anteriormente. (Asociación Americana de Psiquiatría, 2014, p. 5).

En cambio, el concepto psiquiátrico-forense del trastorno mental,

> Es cualquier perturbación o disturbio del funcionamiento psíquico que **altera en forma grave**, ya sea permanentemente o transitoria **el área intelectivo- cognoscitiva, afectivo-emocional y/o volitivo-conativa de la personalidad de un individuo**, al punto de **impedirle**, en el momento de su acto delictivo, gozar del pleno uso de sus facultades mentales superiores, tener pleno conocimiento de causa, medido como la capacidad para distinguir entre lo licito y lo ilícito y de darse cuenta de las consecuencias de sus actos, y libre capacidad de volición, entendida como la facultad de determinar sus acciones de acuerdo con el conocimiento previo que tenga de

---

1 Manual de diagnóstico y estadística de trastornos mentales, Quinta edición (DSM-5) de 2013, publicada por la American Psychiatric Association (APA).

> las mismas (Negrilla y subrayado propios) (Mora Izquierdo, s. f., p. 20) (Cfr. Mora Izquierdo, 1982, p. 15).

Véase cómo la definición del trastorno mental varía considerablemente entre la psiquiatría clínica que lo trata como una especie de discapacidad psíquica y la psiquiatría forense que lo denomina específicamente como trastorno mental. Por estas razones, la APA, en la declaración cautelar para el empleo del DSM-5 con fines forenses, advirtió que:

> En la mayoría de los casos, el diagnóstico clínico de un trastorno mental del DSM-5, como una discapacidad intelectual (trastorno del desarrollo intelectual), una esquizofrenia, un trastorno neurocognitivo mayor, una ludopatía o una pedofilia, no implica que un individuo con dicha afección cumpla los criterios legales de existencia de un trastorno mental ni los de una norma legal concreta (por ejemplo, competencia, responsabilidad criminal o discapacidad) (...) Incluso cuando la reducción de la capacidad de control del propio comportamiento sea una característica del trastorno, el diagnóstico en sí mismo no demuestra que un individuo en particular sea (o haya sido) incapaz de controlar su comportamiento en un momento dado (Asociación Americana de Psiquiatría, 2014, p. 14).

Regresando al concepto forense de trastorno mental, que es el que nos interesa para los fines de este acápite, se tiene que: i) se trata de una perturbación o disturbio del funcionamiento psíquico del individuo en sus áreas intelectivo-cognoscitivo (conocimiento), afectivo-emocional (sentimientos) o conductual (comportamiento); ii) que esa perturbación o disturbio debe ser grave, con miras a excluir aquellas alteraciones mentales propias de la normalidad estadística; iii) que puede ser permanente o transitorio; iv) que disminuya o anule la capacidad de comprensión o de volición libre.

Con fines pedagógicos, explicaremos las clases de trastorno mental, siguiendo la clasificación esbozada por el profesor Ricardo Mora Izquierdo (2015) en su seminario de psiquiatría forense. Los trastornos mentales pueden agruparse principalmente en tres (3) grupos:

A. Trastorno mental permanente. Entendido como aquel que una vez generado en la psiquis del individuo permanece con él por el resto de su vida. Se asemeja[2] desde el abordaje clínico a una enfermedad mental permanente.

B. Trastorno mental transitorio. Se presenta únicamente durante la comisión de la conducta punible (ni antes ni después).

B.1. Trastorno mental transitorio con base patológica. La persona presenta una patología o enfermedad previa, pero se exacerba o aparece una manifestación patológica mayor para el momento de la conducta típica, de forma tal que afecta, disminuyendo o anulado, la capacidad de comprensión y/o determinación.

B.2. Trastorno mental transitorio sin base patológica. La persona no presentaba una enfermedad o patología previa, pero en el momento de la conducta típica, se genera en el cerebro una especie de *"corto circuito"* que afecta, disminuyendo o anulado, la capacidad de comprensión y/o determinación. Así:

> En rigor, son trastornos en que pueden hallar una causa inmediata, necesaria y fácilmente evidenciable, de aparición relativamente brusca y de corta duración, que termina en la curación sin dejar secuelas (…) Se produce por el choque de un agente exterior, cualquier sea su naturaleza, pero peculiar para cada individuo. (Corvelli *et al.*, 2009, p. 203)

C. Trastorno mental preordenado. Se presenta cuando la persona voluntariamente alcanza un estado de alteración psíquica por ingesta de medicamentos, bebidas embriagantes, alucinógenos o cualquier otra sustancia con capacidad de afectar el aparato síquico de forma tal que anula o disminuye la capacidad de comprensión y/o determinación. Como ya se esbozó en precedencia, esta clase de alteración psíquica no genera inimputabilidad por expresa consagración legal.

---

2 "Que semeja o se parece a alguien o algo" (ASALE & RAE, s. f.).

A este respecto, la Corte Suprema de Justicia en sentencia de 1984 y refiriéndose al derogado artículo 32 del Código Penal de 1980 expuso que:

> El trastorno mental como causa de inimputabilidad no puede ser preordenado según el artículo 32 de Código Penal pues cuando el agente provoca con el propósito de cometer un delito determinado responde como persona imputable a título de dolo, y si lo hace, por imprudencia o negligencia, habiendo previsto o estando en condiciones de prever que puede, aunque no quiere, delinquir, responde como persona imputable a título de culpa (...) En otras palabras, cuando el acusado sabe que en sus manos está provocarse a sí mismo un trastorno mental, eficaz para cometer dentro de este estado perturbador de sus facultades intelectuales y volitivas un determinado delito, o cuando por negligencia o imprudencia habiendo previsto o pudiendo prever el resultado antijurídico que no quiere causar, procede, en ambos casos, a desatar el estímulo respectivo, debe responder como cualquier imputable, solo que en el primero responderá por dolo y, en el segundo, por culpa. (Corte Suprema de Justicia de Colombia, 406413, 1984).

Dentro de los trastornos mentales más representativos, con capacidad para causar inimputabilidad en determinadas circunstancias y según el caso concreto, se destacan los síndromes cerebrales orgánicos severos y deteriorantes, los procesos sicóticos (psicosis) agudos y crónicos, algunas neurosis graves y de larga evolución, intoxicaciones graves (no preordenadas), y situaciones de inconsciencia. Salvo los primeros, los demás nunca cursan con daño estructural del cerebro (Mora Izquierdo, 2015).

1.5. INMADUREZ PSICOLÓGICA

Tradicionalmente la inmadurez psicológica ha sido comprendida como un escenario en el cual la persona no ha desarrollado completamente o con normalidad las áreas de su personalidad. A diferencia del trastorno mental, ésta se caracteriza por una falta de maduración global y completa de las áreas intelectivo-cognoscitivo (conocimiento), afectivo-emocional (sentimientos) o conductual (comportamiento) por causas que pueden ser de origen biológico o relacional, en tanto que el trastorno se produce como consecuencia de una perturbación o disturbio del aparato psíquico con madurez total. Esta falta de maduración involucra aspectos de la vida intelectual, emocional, sexual, social, laboral, etc. A este respecto se ha dicho que:

> Un individuo que en algún momento de su existencia llego (sic) a tener una inteligencia normal, pero que debido a causas diversas ha presentado un deterioro marcado de sus facultades psíquicas y puntúa con un cociente intelectual subnormal en las pruebas de inteligencia, no es un retardo (sic) mental puesto que su afección no significa una falta de desarrollo y maduración sino más bien una regresión y una perdida (sic) de potencialidades ya adquiridas; su diagnóstico (sic) será probablemente el de un síndrome cerebral orgánico o el de un proceso sicótico crónico (Mora Izquierdo, 1982, p. 17).

También es atendida por la psiquiatría clínica, pero allí se conoce como "trastorno del desarrollo intelectual" o "trastorno del desarrollo cognitivo", también como especie de discapacidad psíquica. Véase que en la psiquiatría clínica tanto el trastorno mental como el trastorno del desarrollo intelectual son especies de discapacidad psíquica. En la psiquiatría forense tienen un tratamiento individualizado.

Por esta razón, el Código Penal de 1980 catalogaba como inimputables a los menores de dieciocho años (artículo 34 Decreto-Ley de 1980). Ello era así porque el proceso de maduración depende de las condiciones de desarrollo que se adquieren necesariamente en el proceso de crecimiento humano. El inciso 3 del artículo 33 del Código Penal Colombiano vigente, no cataloga a los menores de edad como inimputables sino como sujetos del sistema de responsabilidad penal para adolescentes.

Según la doctrina forense,

> El termino (sic) "inmadurez psicológica" debe entenderse como una falta de maduración global, severa y perfectamente instaurada, que cobija varias de las áreas de la personalidad del individuo y que explícitamente impidió, en el momento de cometer su ac-

> ción, obrar con pleno conocimiento de causa y/o con libre capacidad de volición (...) (Mora Izquierdo, s. f. pp. 12-13) (Cfr. Mora Izquierdo, 1982, p. 11).

Dentro de esta definición se identifican desde el punto de vista psiquiátrico forense (además de los menores de edad que como ya se esbozó fueron expresamente excluidos por vía legal), las siguientes variables

1.5.1. Retardo mental

> La expresión "retardo mental" se refiere al funcionamiento subnormal de la inteligencia que se origina durante el periodo de desarrollo, asociado a defectos de aprendizaje o de adaptación social o de maduración, confluyentes o individualmente identificados. La clasificación diagnóstica del retardo mental se basa en el cociente intelectual (C.I). Según la puntuación de dicho cociente intelectual, el retardo mental se divide en limítrofe o fronterizo, leve, moderado, grave, o severo y profundo. (Mora Izquierdo, s. f., pp. 17-18).

En tanto que la falta de maduración global, completa y perfectamente instaurada para deprecar un estado de normalidad estadística (recuérdese que -sin excepción- todas las personas tienen en mayor o menor grado ciertas anormalidades psíquicas) se aborda en todas las áreas de la personalidad del individuo, la definición de un retardo mental no obedece exclusivamente a causas genéticas, congénitas u orgánicas como las enfermedades cerebrales, sino también, a causas asociadas con el crecimiento como la malnutrición o la falta de estimulación adecuada, o a causas familiares, sociales y de integración con el ambiente, como la carencia afectiva temprana.

Desde el punto de vista clínico, El DSM5 esboza sobre el particular "La discapacidad intelectual (trastorno del desarrollo intelectual) es un trastorno que comienza durante el periodo de desarrollo y que incluye limitaciones del funcionamiento intelectual como también del comportamiento adaptativo en los dominios conceptual, social y práctico" (Asociación Americana de Psiquiatría, 2014, p. 17).

Desde el punto de vista clínico y forense, el punto de partida para la clasificación de una discapacidad intelectual depende del coeficiente intelectual (C.I.), entendido este como el procedimiento mediante el cual se mide el nivel de inteligencia de una persona. Según el DSM4[3] la discapacidad intelectual se clasifica de la siguiente manera,

Tabla 1. Clasificación discapacidad intelectual

Escala de gravedad	C.I.
Leve	Entre 50 y 70
Moderada	Entre 35 y 55
Grave	Entre 20 y 40
Profunda	Menor de 20

Fuente: Asociación Americana de Psiquiatría (2002).

Se dice que es el punto de partida porque, como bien lo definió el DSM-5, no se trata únicamente de identificar causas orgánicas, patológicas o neurológicas fundadas sobre la distribución cerebral o las funciones mentales superiores. Es más, en el DSM-5 ya no se habla de coeficiente intelectual o de inteligencia (C.I.), sino de escalas de dominio conceptual, social y práctico.

Esta aclaración es de suma importancia en tanto que, para la identificación, diagnóstico y tratamiento de una discapacidad intelectual en el ámbito clínico, no ha de tenerse en cuenta solamente el coeficiente intelectual (C.I.) —aunque se siga utilizando en la práctica clínica y forense— sino, además, la verificación de condiciones de tipo relacional como el dominio social o práctico.

---

[3] Manual de diagnóstico y estadística de trastorno mentales, Cuarta edición (DSM-4) de 2002, publicada por la American Psychiatric Association (APA).

La función mental superior de la inteligencia "que sirve para resolver adecuadamente los problemas de la vida y para adaptarse funcionalmente a un mundo cambiante" (Mora Izquierdo, 2001), se trastorna por exceso y por defecto. Por exceso, alude a personas catalogadas en el argot profesional y común como "superdotados" y "genios". Por defecto, se agrupan las clases de discapacidad intelectual de la siguiente manera.

1.5.1.1. Discapacidad intelectual leve

> Personas que se caracterizan por presentar dificultades en el aprendizaje, sobre todo en lo relacionado con las funciones mentales del pensamiento, la conciencia, la atención, la memoria, el juicio y el raciocinio, y que se relacionan con la capacidad de comprensión en el ámbito del conocimiento forense. Poco comprenden y si lo hacen es con un relativo déficit ya que no pueden realizar abstracciones. En ocasiones son agresivos e impulsivos. En su relación con el entorno pueden lograr una aceptable adaptabilidad social, son inmaduros por lo que sus relaciones afectivas son limitadas y las relaciones sociales se prestan para la manipulación en tanto que son altamente influenciables o crédulos. Requieren cierta ayuda con actividades propias de la vida cotidiana y acompañamiento en la toma de decisiones de índole laboral o jurídica por tratarse de eventos de sobrepresión. Esta modalidad de discapacidad intelectual corresponde al 80% de los casos clínicos (Corvelli et al., 2009, pp. 167-168) (Cfr. Asociación Americana de Psiquiatría, 2014).

1.5.1.2. Discapacidad intelectual Moderada

> Personas con afectación considerable de la función mental superior de lenguaje, entendido este como la manera de expresar sus pensamientos en tanto que este es limitado y existe en la medida que es un instrumento primario para la comunicación social. También se limita la memoria, en tanto que esta es concreta, lo que permite recordar nombres, situaciones cotidianas y simples. Requieren de ayuda en todas las actividades individuales, sociales y laborales, aunque pueden ser autodependientes con supervisión. Pueden ser impulsivos, celosos y posesivos. En una minoría

considerable pueden presentar comportamientos inadecuados que causan problemas sociales. Constituye el 12% de los casos clínicos (Corvelli et al., 2009, p. 168) (Cfr. Asociación Americana de Psiquiatría, 2014).

1.5.1.3. Discapacidad intelectual grave o severa

Personas caracterizadas por un evidente retardo en el lenguaje psicomotor, el habla es bastante limitado en cuanto a vocabulario y gramática, comprenden el habla sencilla y la comunicación gestual e interactúan con los demás con un número bastante reducido de palabras. Tienen poca comprensión del lenguaje escrito. Se requiere de una ayuda importante y supervisión constante en todos los espacios de interacción, aunque su capacidad laboral es prácticamente nula. Una minoría importante presenta comportamientos inadaptados. En ocasiones incluyen autolesiones. Representa el 7% de los diagnósticos clínicos (Corvelli et al., 2009, pp. 168-169) (Cfr. Asociación Americana de Psiquiatría, 2014).

1.5.1.4. Discapacidad intelectual profunda

Personas caracterizadas por notorias alteraciones motoras y sensoriales siendo habitual encontrar en ellos otras malformaciones congénitas. Tienen prácticamente anulada la función mental superior del lenguaje. Comprende algunas instrucciones o gestos sencillos. En ocasiones se comunican con sonidos guturales. Su relación con el entorno es nula, por ello la capacidad laboral es imposible. No incorporan ningún tipo de habilidad. Requieren de ayuda y supervisión en todas las actividades que emprendan, sean de la vida cotidiana o de la interacción social. En ocasiones presentan comportamientos inadaptados. Representan el 1% de los pacientes examinados desde el punto de vista clínico (Corvelli et al., 2009) (Cfr. Asociación Americana de Psiquiatría, 2014).

Según el psiquiatra Ricardo Mora Izquierdo, el retardo mental con capacidad para generar inimputabilidad se enmarca dentro de la clasificación clínica en los estadios moderado, grave y profundo en tanto que,

> Muchos retardos mentales leves y todos los limítrofes eran capaces de darse cuenta de sus acciones, de discernir ante el bien y el mal, de medir las consecuencias de sus actos, de obrar, de obrar (sic), en fin, con pleno conocimiento de causa y de determinar sus actuaciones de acuerdo con el conocimiento previo que tenían de las mismas, es decir, poseían capacidad de libre volición. (Mora Izquierdo, 1982, p. 18).

En el mismo sentido,

> El retardo mental leve, no equivale a su inimputabilidad por no tener una significativa disminución de su capacidad intelectual que le permita realizar procesos limitados de abstracción y de simbolización (...) Por el contrario, en los delitos de mayor retraso, pueden existir delitos graves en lo que no existe la mínima posibilidad de la comprensión. (Corvelli et al., 2009, p. 173).

Por tanto, desde el punto de vista forense,

> no basta hacer el diagnostico (sic) del retardo mental para comenzar a hablar de in imputabilidad (sic) por inmadurez psicológica, sino que debemos clasificar el retardo mental en primer lugar y luego definir si la inmadurez psicológica que tiene el retardo mental así clasificado le impidió en el momento de actuar comprender la ilicitud de su acto o determinarse de acuerdo con dicha comprensión. Solamente si las respuestas a estas preguntas son afirmativas podemos considerar inimputable al retardo mental. (Mora Izquierdo, s. f., p. 18).

1.5.2. Sordomudez

> "La sordomudez es la condición que tiene una persona que no puede oír ni hablar debido a lesiones congénitas o adquiridas del sistema auditivo, ya sean centrales o periféricas" (Mora Izquierdo, s. f., p. 14).

De conformidad con la doctrina especializada, las personas que padecen sordomudez son primariamente sordas y secundariamente mudas. Como no pueden escuchar los sonidos, no pueden emitirlos. Esta limitación en la función mental del lenguaje

—entendida como la manera en que se expresan los pensamientos y que puede materializarse por dos vías, la verbal, mediante el uso de palabras de forma oral o escrita, y la extraverbal, por medio de gestos, ademanes, mímica—, es la razón por la cual estas personas, en imposibilidad de comunicación, presentan cuadros de inmadurez psicológica global y severa (Mora Izquierdo, 2015) (Cfr. Mora Izquierdo, 1982).

Si la persona no puede comunicarse en igualdad de condiciones, tampoco podrá desarrollarse con normalidad, en tanto que, las posibilidades de acceder a los mecanismos sociales de aprendizaje se encuentran limitadas. Al estar condicionada la capacidad de lenguaje, se presenta una interacción limitada, de las demás funciones mentales superiores: la conciencia, la atención, el pensamiento, juicio, raciocinio, etc.

No obstante, la sordomudez por sí misma no es causal de inimputabilidad en Colombia. Existen personas con sordomudez congénita que pueden aprender a comunicarse de forma extraverbal. Aprenden a interactuar con el medio a través de gestos o mímica o por medio de lenguaje de señas o de signos. También existen personas con sordomudez adquirida que pueden comunicarse por medio del lenguaje verbal escrito. Esta posibilidad de acceso al lenguaje permite que las personas comprendan el mundo en el que se desenvuelven y adquieran de la misma forma el conocimiento de los códigos de comportamiento familiares, sociales y jurídicos. Por ello es que un grupo mayoritario de personas con sordomudez se desarrollan y relacionan con el entorno como cualquier otra; tienen familia, amigos, trabajos, etc.

Es por ello que, para poder hablar de inimputabilidad en sujetos con sordomudez, es menester determinar que se trata de personas que tienen anulada su capacidad de comunicación, en tanto que no cuentan con herramientas de lenguaje verbal o extraverbal (no saben leer ni escribir, ni tienen acceso a lenguaje manual), ni pueden comunicarse por ningún otro medio con otras personas y que esa imposibilidad le hizo imposible en el momento de cometer el delito, comprender la ilicitud de su comportamiento y/o determinase de acuerdo con dicha comprensión (Mora Izquierdo, s. f., p. 15).

Es menester aclarar que las causas de inmadurez psicológica pueden llegar a confluir (de forma derivada o con independencia de ella) con enfermedades mentales o trastornos mentales, por lo que es indispensable que el perito forense evalúe, durante la valoración, todas las variables necesarias para su identificación y presencia para el momento de la conducta delictiva. En el caso de la discapacidad intelectual es frecuente identificar la confluencia de episodios epilépticos, trastornos delirantes o adaptativos o problemas sexuales (Corvelli *et al.*, 2009, p. 170)

1.6. ABORDAJE PROCESAL DE LA FIGURA DE LA INIMPUTABILIDAD EN COLOMBIA

Ahora bien, para que la inimputabilidad sea susceptible de consideración (recepción, revisión, análisis y determinación) en el marco de un proceso judicial, deberá cumplir con los requisitos formales que el proceso erguido sobre el código de procedimiento penal le exige (Ley 906 de 2004).

Sea lo primero aclarar que en Colombia, no existe un procedimiento autónomo, distinto o especial para las personas con discapacidad, entendidas estas como "aquellas que tengan deficiencias físicas, mentales, intelectuales o sensoriales a largo plazo que, al interactuar con diversas barreras, puedan impedir su participación plena y efectiva en la sociedad, en igualdad de condiciones con las demás" (Ley 1346 de 2009), de conformidad con el artículo 1 de la Convención sobre los derechos de las personas con discapacidad (artículo 3 C.P.P.), entre otras razones porque el articulado de la convención, aprobado en Colombia mediante la Ley 1346 de 2009 y refrendado por la Corte Constitucional en sentencia C 293 de 2010, propende por el acceso a la justicia en condiciones de igualdad con las demás personas (para profundizar en este asunto véase capítulo 3 de este documento). En ese sentido la doctrina nacional ha interpretado que "El reconocimiento de la capacidad jurídica plena sin distinción, apareja efectos tales como que la discapacidad no resulte ser pretexto que se refleje en un tratamiento diferencial frente a la responsabilidad jurídica en general, y la penal en particular". (Moya Vargas, en proceso de publicación, p. 12).

Luego, el procedimiento penal colombiano no apareja distinción de trato, salvo, como ya se ha esbozado a lo largo del capítulo, en lo que se refiere a las consecuencias de la declaratoria de responsabilidad efectuada por el juez de conocimiento. Para los imputables han de ser las penas y para los inimputables (que no necesariamente cobija a todas las personas con discapacidad intelectual) las medidas de seguridad contenidas en el Capítulo IV del Título IV del Código Penal Colombiano.

El punto de partida para el análisis de la figura jurídica de inimputabilidad (contenida en el artículo 33 del Código Penal) consiste en que, hasta que no se profiera decisión por el juez de la causa, no puede hablarse de inimputabilidad. Esta aclaración es importantísima en la medida que: i) Se trata de un concepto jurídico que no forense y por tanto ha de ser abordado y determinado por el juez de conocimiento y no por expertos de la psiquiatría forense (artículo 421 del C.P.P). ii) Debe probarse en juicio oral y público que para el momento de los hechos la persona no pudo comprender la ilicitud de su comportamiento y/o comportarse conforme a dicha comprensión. iii) La evidencia pericial o cualquier otro medio de conocimiento utilizado deberá surtir el debate adversarial en virtud de los principios de concentración, inmediación y contradicción durante el juicio oral (artículos 412, 413 y 414 C.P.P.). iv) Su determinación dependerá del análisis del conjunto probatorio obrante en el proceso.

Lo anterior implica que, cualquier alusión al estado psiquiátrico de una persona durante el proceso, hasta antes de proferirse sentencia por parte del juez de conocimiento debe hacerse en términos de persona con discapacidad, debilidad manifiesta[4], estado de enfermedad mental, discapacidad intelectual o semejantes, pero no en términos, ni de trastorno mental o inmadurez psicológica (a excepción de los peritos forenses), ni de imputabilidad o inimputabilidad, en tanto que, se insiste, esta es determinada por el juez de la causa en la sentencia que ponga fin al proceso a través de la identificación de las figuras forenses enunciadas y de su incidencia en el momento de la comisión de los hechos que se procesan.

1.7. MOMENTO PROCESAL PARA SU DESCUBRIMIENTO

Colombia cuenta con un sistema penal acusatorio, adoptado constitucionalmente a través del Acto Legislativo 03 de 2002 y desarrollado por la Ley 906 de 2004 (C.P.P.). Su modelo contiene particularidades propias en las que se incluyen características tanto del sistema anglosajón, como del sistema continental europeo, situación que lo ha llevado a catalogarse como un sistema mixto con tendencia acusatoria. Se compone de dos (2) partes que plantean una teoría del caso (generalmente contradictoria) —fiscalía y defensa— que a lo largo del proceso —etapas de investigación y juicio— se desenvuelven como adversarios (de ahí la denominación de sistema procesal adversarial). Ambos se enfrentan frente a un juez (que puede ser de control de garantías o de conocimiento), según el estadio procesal en que se encuentren, y este, con un rol de tercero imparcial, decidirá, de conformidad con las pruebas que se alleguen en el proceso y en búsqueda de la justicia material del caso concreto.

Las particularidades del sistema penal acusatorio fueron consolidadas en Sentencia C-591 de 2005, así:

---

4 De conformidad con el artículo 13 de la Constitución Política de Colombia y el artículo 4 de la ley 906 de 2004.

> Además, cabe recordar, que el nuevo diseño no corresponde a un típico proceso adversarial entre dos partes procesales que se reputa se encuentran en igualdad de condiciones; por un lado, un ente acusador, quien pretende demostrar en juicio la solidez probatoria de unos cargos criminales, y por el otro, un acusado, quien busca demostrar su inocencia; ya que, por una parte, el juez no es un mero árbitro del proceso; y por otra, intervienen activamente en el curso del mismo el Ministerio Público y la víctima. Cabe recordar, que en desarrollo de la investigación las partes no tienen las mismas potestades, y la misión que corresponde desempeñar al juez, bien sea de control de garantías o de conocimiento, va más allá de la de ser un mero árbitro regulador de las formas procesales, sino en buscar la aplicación de una justicia material, y sobre todo, en ser un guardián del respeto de los derechos fundamentales del indiciado o sindicado, así como de aquellos de la víctima, en especial, de los derechos de ésta a conocer la verdad sobre lo ocurrido, a acceder a la justicia y a obtener una reparación integral, de conformidad con la Constitución y con los tratados internacionales que hacen parte del bloque de constitucionalidad. (Corte Constitucional de Colombia, Sentencia C-591-05, p. 24).

En materia probatoria, el proceso penal colombiano se cimienta sobre los principios de carga dinámica de la prueba, contradicción, inmediación y concentración.

En tanto que las partes se afilian a una teoría del caso, deberán recolectar los elementos de prueba que den sustento a su dicho. Si bien la fiscalía es quien tiene la obligación de desvirtuar la presunción de inocencia, ello no implica que la defensa no haga lo propio para demostrar su teoría del caso. Ello se conoce como carga dinámica de la prueba. A este respecto la Corte Suprema de Justicia ha esbozado que:

> El proceso acusatorio exige de la defensa un mayor despliegue investigativo, pues su labor ya no se limita a esperar que el acusador desvirtúe la presunción de inocencia, sino que asume el rol de rebatir la prueba de cargo de la Fiscalía, no únicamente a partir de argumentos, sino de medios probatorios que cuenten con la idoneidad de desacreditar lo probado por su adversario. (Sentencia 33660, 2011, p. 21).

Ambas partes están en la facultad de controvertir lo alegado por la otra a través del principio de contradicción contenido en el artículo 15 del C.P.P.

El requisito de inmediación se encuentra contenido en los artículos 16 y 379 del C.P.P. y consiste en que únicamente tendrá validez y podrá ser aceptada como prueba, la que haya sido producida o incorporada en el juicio oral (a excepción de la prueba anticipada) en forma pública, oral, concentrada y sometida a confrontación y contradicción ante el juez de conocimiento para que éste perciba de forma directa su práctica y pueda, de conformidad con ella, tomar una decisión, decisión que se fincará a su vez, sobre el principio de concentración que implica la valoración oportuna y pronta del conjunto de pruebas que, valoradas integralmente, constituirán el fundamento del fallo. Sobre estos principios la jurisprudencia del máximo órgano de la jurisdicción ordinaria ha dicho:

> En concreto, atendiendo a los principios de **inmediación y concentración**, en donde se centra el aspecto fundamental de este pronunciamiento, es deber del juez tener contacto directo con los medios de prueba y con los sujetos procesales que participan en el contradictorio, sin alteración alguna, sin interferencia, desde su propia fuente. Por ello y para que la inmediación sea efectiva, se hace necesario que el debate sea concentrado y que no se prolongue para que la memoria no se pierda en el tiempo. (Sentencia 27192, 2008, p. 21).

Ahora, en lo que concierne a la etapa procesal, por regla general, el descubrimiento de los elementos materiales probatorios y evidencia física a cargo de la Fiscalía General de la Nación se efectúa en la audiencia de formulación de acusación —previa entrega del escrito de acusación con la relación de estos (artículo 337 del C.P.P.)—. Por la defensa en la audiencia preparatoria (Artículo 356 No. 2 del C.P.P.). No obstante, en materia de inimputabilidad, el artículo 344 inciso 2 obliga a la defensa a "descubrir los exámenes periciales que le hubieren sido practicados al acusado" en la audiencia de formulación de acusación. Según la jurisprudencia, ello es así por dos (2) razones fundamentales. La primera, porque la teoría del caso de la defensa no puede soportarse únicamente en manifestaciones del defensor (público o de confianza) relacionadas con el estado del procesado al momento de ejecutar la conducta típica y antijurídica, esto es, sin un soporte científico o clínico que lo respalde (de allí que se exijan los soportes periciales) (Corte Suprema de Justicia de Colombia, Sentencia 29118, 2008). La segunda, en el marco de la igualdad de armas propia de un sistema adversarial, para que la fiscalía construya su teoría del caso en contravía de esa hipótesis dados los conocimientos técnicos, científicos y especializados que se requieren para controvertir este fenómeno (Corte Suprema de Justicia de Colombia, 29118, 2008) (Cfr. Corte Suprema de Justicia de Colombia, 43972, 2015b).

El panorama descrito opera si la defensa, bien para la audiencia de formulación de acusación o bien para la audiencia preparatoria, ya cuenta con los informes emitidos por peritos especializados en la materia. No obstante, es común que la valoración del procesado para constituir la base de la opinión pericial que se consigna el perito en el informe pericial, no se encuentre disponible para dichas audiencias públicas. Ello puede ocurrir por múltiples razones: i) Cambio de defensa técnica durante las fases procesales que implica una teoría del caso con inclusión del fenómeno de inimputabilidad. ii) Dificultad para ubicar y contratar peritos expertos en psiquiatría forense. iii) Falta de recursos para contratar un perito forense particular y dependencia de la disponibilidad del Instituto Nacional de Medicina Legal y Ciencias Forenses. En general, cualquier situación que evidencie una falta de oportunidad para contar con la base de la opinión pericial en los términos procesales descritos.

En este sentido, la Sala de Casación Penal de la Corte Suprema de Justicia ha considerado por vía de excepción que en algunos eventos la recolección de la prueba a cargo de la defensa técnica se realice durante la etapa de juicio,

> De igual manera, es oportuno acotar que no obstante que por las razones anotadas, el momento idóneo para manifestar el propósito

> de acreditar la circunstancia de inimputabilidad es la audiencia de formulación de la acusación, a través del descubrimiento de los exámenes periciales correspondientes, la Corte también ha sostenido que ante la posibilidad cierta de que haya concurrido algún tipo de trastorno capaz de afectar la capacidad del infractor de comprender la ilicitud de su comportamiento, **la defensa técnica estaría obligada, durante la fase del juicio, a ejercer los actos procesales necesarios para obtener la incorporación de las experticias que demuestren esa condición mental**. (Negrilla y subrayada fuera del texto) (Sentencia CSJ SP, 23 abr. 2008, citado por Corte Suprema de Justicia de Colombia, 43972, 2015b).

En estos eventos, lo recomendable es que la defensa, desde la audiencia de formulación de acusación, manifieste de viva voz la intención de probar la inimputabilidad, en la medida de lo posible, allegando algún concepto forense o, por lo menos, los datos de identificación del perito que realizará la valoración, y, en consecuencia, se comprometa a correr traslado del informe que servirá de base a la opinión pericial, conforme a lo pregonado por el artículo 415 del C.P.P., esto es, por lo menos, cinco (5) días antes de la audiencia pública de juicio oral en la que se recepcionará la peritación.

Los exámenes periciales que fundamentan la teoría de caso de la defensa en casos de inimputabilidad podrán ser emitidos por peritos particulares adscritos a la Defensoría del Pueblo (según disponibilidad de personal especializado) e incluso el Instituto Nacional de Medicina Legal y Ciencias Forenses (Artículo 204 del C.P.P.) (Corte Suprema de Justicia de Colombia,Sentencia 29118, 2008). Por supuesto que estos exámenes deberán introducirse en el juicio oral a través de prueba pericial (Corte Suprema de Justicia de Colombia, Sentencia 29118, 2008).

Lo anterior no es óbice para que la Fiscalía General de la Nación haga lo propio de conformidad con los numerales 1 (proceder con objetividad) y 2 del artículo 142 del C.P.P. (partiendo de la base que el fenómeno de la inimputabilidad es favorable al acusado, situación que se pone en duda).

1.8. PRÁCTICA DE LA PRUEBA

El sistema procesal colombiano admite la libertad probatoria (artículo 373 C.P.P.), entendida esta como la posibilidad que tiene los sujetos procesales para probar los hechos y circunstancias que soporten su teoría del caso a través de los medios establecidos en la ley 906 de 2004 e incluso de cualquier otro medio técnico o científico que no viole los derechos humanos. En el escenario de la inimputabilidad la prueba más utilizada y de mayor respaldo, dada su naturaleza científica y especializada, es la prueba pericial. Esta se encuentra desarrollada en la parte III del título IV del Código de Procedimiento Penal.

Todos los elementos materiales probatorios y evidencia física, entre los que se encuentra los dictámenes periciales deben ser practicados en juicio oral si la pretensión es que sirvan como prueba dentro del proceso (art. 379 del C.P.P.). No es suficiente con entregar los exámenes clínicos, paraclínicos, informes psiquiátricos o conceptos médicos sin la declaración oral del perito que los realizó (dictamen pericial), el examen cruzado que efectúan las partes, y las preguntas complementarias del juez y el Ministerio Público (art. 397 del C.P.P.) si a ello hubiere lugar en el transcurso de la diligencia de juicio oral y público. Así lo disponen los artículos 412, 413, 414, 415, 416, 417 y 418 del C.P.P.

Sobre este particular el médico-psiquiatra Ricardo Mora Izquierdo (2011) esboza,

> En el procedimiento acusatorio el perito entrega al solicitante **(defensa o fiscalía)** un Informe Pericial, que no es dictamen, el cual sirve como base de la opinión pericial y durante el juicio oral y público, el experto construye en interacción con las partes, la evidencia pericial, mediante la rendición del dictamen pericial que, ahora es oral, cuando contesta las preguntas del interrogatorio y el contrainterrogatorio. (Negrilla y subrayado fuera del texto) (p. 42).

En resumen, una vez se descubren los exámenes e informes periciales que soportan la teoría de inimputabilidad de la defensa se enuncian y se solicita su decreto en la audiencia preparatoria para que el(los) perito(s) que lo(s) emitieron sea(n) citados a interrogatorio y contrainterrogatorio en el juicio oral y público. El contenido de dichos exámenes e informes constituye lo que se denomina "base de la opinión pericial". Según lo esbozado en precedencia ésta se pondrá en conocimiento de la fiscalía, por regla general en la audiencia de formulación de acusación o de manera excepcional, por lo menos cinco (5) días antes de la recepción de la declaración del perito en audiencia de juicio oral (artículo 415 C.P.P.).

En juicio se recepcionará el dictamen pericial del perito, quien de forma oral describirá entre otros aspectos: i) su valoración de los elementos materiales probatorios y evidencia física analizados de conformidad con el artículo 416 del C.P.P., entre ellos se resaltan, la descripción de los hechos derivada de entrevistas de testigos y familiares del examinado, la descripción y los registros gráficos de las escenas principal y secundaria —si las hubiere—, los antecedentes penales y disciplinarios, informes sobre rendimiento escolar y/o laboral, la historia clínica, descripción de la captura —si fuere el caso—. ii) Los principios científicos y métodos empleados en las investigaciones y el análisis relativos al caso. iii) La información derivada de la entrevista con el examinado y la anamnesis. iv) Los exámenes complementarios efectuados -si los hubiere-, entre otros. Durante su declaración atenderá las reglas de interrogatorio y contrainterrogatorio que se encuentran contenidas en los artículos 417 y 418 del C.P.P. En relación con el dictamen pericial, la Corte Suprema de Justicia, Sala de Casación ha dispuesto que,

> Generalmente las legislaciones exigen que la pericia contenga una relación detallada de las operaciones practicadas y de sus resultados, explicando cuáles fueron los instrumentos, materiales y sustancias empleados (...) Exigencia lógica si se atiende a que con base en esa relación el funcionario judicial lleva a cabo la apreciación del dictamen, dado que las conclusiones tienen como soporte y garantía de credibilidad las labores adelantadas por el perito para llegar a esa opinión. (...) Además, deben contener las conclusiones formuladas por los expertos con arreglo a los principios de la ciencia, arte o técnica aplicada, respondiendo ordenadamente y en forma concreta y expresa todos los puntos sometidos a su consideración. En síntesis, el dictamen debe contener dos partes,

> la descripción del proceso cognoscitivo, y las conclusiones. (Corte Suprema de Justicia de Colombia, 22019, 2009) (Cfr. Corte Suprema de Justicia de Colombia, 32882, 2012a).

En tanto que la inimputabilidad es un concepto de raigambre jurídico, el código de procedimiento penal proscribe que el perito realice apreciaciones sobre dicho fenómeno (art. 421 C.P.P.). Por supuesto, que podrá manifestarse en relación con los signos y síntomas de la persona al momento de los hechos, los comportamientos inusuales antes, durante y después de la comisión de la conducta típica y su valoración general sobre el estado mental procesado. Lo que no puede hacer es afirmar o negar la condición de inimputable porque ellos sólo es competencia del juez de conocimiento. Sobre este aspecto en particular la jurisprudencia del máximo órgano de la jurisdicción ordinaria **en un caso concretó arguyó,**

> Las características de este retardo y sus manifestaciones en la capacidad cognitiva y volitiva del procesado no lograron establecerse con la precisión deseada, porque el fiscal, con la complacencia de la juez, impidieron que la declarante abordara estos temas, con el argumento de que el artículo 421 de la Ley 906 de 2004 prohíbe a los peritos hacer pronunciamientos o juicios sobre la inimputabilidad (...) En nota al pie resalta que (...) Este entendimiento es equivocado, porque lo que prohíbe la norma es que el perito se pronuncie sobre si el procesado es o no inimputable, por ser este un concepto jurídico, que corresponde definirlo al juez, pero esto no significa que no pueda ser interrogado sobre los supuestos fácticos que determinan el estado de inimputabilidad, o sobre sus características o manifestaciones, o sobre las limitaciones del acusado en cada caso concreto, como de manera equivocada lo entendieron el fiscal y la juez en este caso. (Corte Suprema de Justicia de Colombia, 34867, 2013a).

Una vez culminado el debate probatorio y cerrada la audiencia de juicio oral, el juez de la causa determinará si el procesado es imputable o inimputable. Dicha decisión dependerá, entre otras variables, i) del análisis en contexto de las pruebas allegadas al proceso; ii) en el caso de la prueba pericial, del cumplimiento de lo pregonado por el artículo 420 del C.P.P., esto es, de la idoneidad técnico-científica y moral del perito, la claridad y exactitud en sus respuestas, su comportamiento al responder, el grado de aceptación de los principios en que se apoyó para emitir su dictamen, los instrumentos utilizados y la consistencia en el conjunto de respuestas; iii) de los parámetros de la sana crítica, las leyes de la ciencia, los principios de la lógica y las máximas de la experiencia; iv) y de la confrontación de las pruebas con los hechos debidamente probados.

La Corte Suprema de Justicia, en sentencia del 13 de octubre de 1982 analizó las circunstancias previas, concomitantes y posteriores a la conducta punible para, con un hilo conductor, determinar la imputabilidad o no del sujeto procesado

> Lo que importa en estos casos no es, entonces, el origen mismo de la alteración biosíquica sino su coetaneaidad con el hecho realizado, la magnitud del desequilibrio que ocasionó en la conciencia del autor y el nexo causal que permita vincular inequívocamente el trastorno sufrido a la conducta ejecutada. (Sentencia de casación del 11 de agosto de 1981)5.

En suma, el escenario para los funcionarios encargados de administrar justicia no es para nada sencillo en la identificación del fenómeno. Las limitantes jurídicas impuestas por los cinco (5) criterios: temporal, rector, valorativo, condicional y de exclusión, constituyen un margen de movilidad del juzgador bastante limitado; a su vez, la valoración de la prueba pericial por su especifici-

5 En el mismo sentido, Corte Suprema de Justicia, Sentencia 406727 del 25 de marzo de 1987 (Sentencia 406727, 1987), Corte Suprema de Justicia, Sentencia 406787 del 14 de julio de 1987 (Sentencia 406787, 1987),. Corte Suprema de Justicia, Sentencia 407015 del 30 de agosto de 1988 (Sentencia 407015, 1988), Corte Suprema de Justicia, Sentencia 407733 del 21 de abril de 1992 (Sentencia 407733, 1992) Sentencia 6714 del 4 de noviembre de 1992 (Sentencia 6714, 1992), Sentencia 12565 del 8 de junio de 2000 (Sentencia 12565, 2000), Sentencia 34412 del 23 de marzo de 2011 (Sentencia 34412, 2011), Sentencia 11188 del 14 de febrero de 2002 (Sentencia 11188, 2002), Sentencia 38039 del 14 de marzo de 2012 (Sentencia 38039, 2012).

dad y lenguaje científico de raigambre psiquiátrico forense y psicológico influyen en la comprensión plena de las figuras forenses máxime en el examen de contexto que debe efectuarse en relación con el conjunto de las demás pruebas obrantes en el proceso.

1.9. APROXIMACIÓN A LAS PROBLEMÁTICAS RELACIONADAS CON LA CONFUSIÓN ENTRE DISCAPACIDAD PSÍQUICA E INIMPUTABILIDAD

Ya hemos visto que una cosa es el abordaje de la discapacidad psíquica desde el punto de vista clínico y otra, muy distinta, su análisis en el marco de la psiquiatría forense; también hemos identificado los conceptos, elementos y modalidades de las figuras forenses de "trastorno mental" e "inmadurez psicológica" como patologías con capacidad para generar inimputabilidad. Asimismo, que son distintos los criterios que debe considerar el juez de la causa para determinar el estado de imputabilidad o inimputabilidad de una persona y no solamente la existencia de las figuras forenses enunciadas. No obstante, por la semejanza que existe entre los abordajes clínico y forense, y por los distintos elementos que rodean a la psiquiatría forense en el marco de la inimputabilidad, es posible que se generen percepciones y decisiones complejas, y por lo mismo, confusas.

Por todo ello, se propone la distinción de los fenómenos que se pueden presentar en un proceso penal (en tanto que existe un injusto: conducta típica y antijurídica), y a partir de allí evaluar su abordaje desde el punto de vista forense y jurídico penal, en contraste con su abordaje clínico, para identificar sus diferencias y definir sus implicaciones. Se parte de la base de que la variable a analizar corresponde al fenómeno en concreto para, a partir de allí, determinar su incidencia en el ámbito de la psiquiatría forense (la especialidad de la psiquiatría de mayor utilidad en un proceso judicial) y posteriormente, en este último caso, en la categoría de la imputabilidad o inimputabilidad.

Se recuerda que para decidir sobre la inimputabilidad o no del sujeto, deberán analizarse las demás pruebas obrantes en el proceso. Con fines prácticos, se partirá de la base que el fenómeno/evento analizado, se encuentra debidamente acreditado dentro del proceso (salvo en el numeral 10). La clasificación que se presenta a continuación constituye una guía para el operador judicial ante la presencia de fenómenos complejos relacionados con la salud mental de los procesados, en general y en particular.

Tabla 2. Diferencias entre discapacidad psíquica e inimputabilidad

DIFERENCIAS ENTRE DISCAPACIDAD PSÍQUICA E INIMPUTABILIDAD						
No.	**Fenómeno – evento**	**Abordaje Clínico (antes, durante y después del proceso penal)**	**Abordaje Forense (Durante el proceso Penal) * opciones según caso concreto**	**Abordaje Jurídico-Penal (En cabeza del juez)**	**Consecuencia jurídico penal**	**Categoría[6]**
1	Se presenta una conducta típica y antijurídica por una persona con discapacidad psíquica, pero esta conducta no tiene relación alguna con la patología que padece.	Paciente psiquiátrico con discapacidad psíquica	El examinado presentó* una base patológica sin trastorno o es una persona con Retardo Mental leve o marginal, o es un sordomudo con comunicación.	Imputable	Pena	Persona con discapacidad psíquica, imputable.
2	Se presenta una conducta típica y antijurídica por una persona con discapacidad psíquica, pero al momento de los hechos, su discapacidad **NO** conllevó a la anulación o disminución de su capacidad de comprensión o de determinación.	Paciente psiquiátrico con discapacidad psíquica	El examinado presentó* una base patológica sin trastorno o es una persona con Retardo Mental leve o marginal, o es un sordomudo con comunicación.	Imputable	Pena	Persona con discapacidad psíquica, imputable.
3	Se presenta una conducta típica y antijurídica por una persona con discapacidad psíquica, pero al momento de los hechos, su discapacidad **SI** conllevó a la anulación o disminución de su capacidad de comprensión o de determinación.	Paciente psiquiátrico con discapacidad psíquica	Variables, El examinado presentó* un trastorno mental permanente o transitorio con base patológica. El examinado presentó* una modalidad de inmadurez psicológica como un Retardo Mental moderado, grave o profundo, o es un sordomudo sin comunicación.	Inimputable	En el caso del trastorno mental, Medida de seguridad (Artículos 70,71 y 74 C.P.) En el caso de inmadurez psicológica, Medida de seguridad (Artículos 72 y 74 C.P.)	Persona inimputable por trastorno mental o inmadurez psicológica (según sea el caso)

6 Elaboración propia.

4	Se presenta una conducta típica y antijurídica por una persona con discapacidad psíquica, que en el momento de los hechos **SÓLO** se anuló o disminuyó la capacidad de comprensión o la capacidad de volición libre (una de las dos).	Paciente psiquiátrico con discapacidad psíquica	El examinado sí se encuentra inmerso en las figuras forenses de raigambre psíquico. Variables, El examinado presentó* un trastorno mental permanente o un trastorno mental transitorio con base patológica. El examinado presentó* una modalidad de inmadurez psicológica como un Retardo Mental moderado, grave o profundo o se trata de un sordomudo sin comunicación.	Inimputable	En el caso del trastorno mental, Medida de seguridad (Artículos 70,71 y 74 C.P.) En el caso de inmadurez psicológica, Medida de seguridad (Artículos 72 y 74 C.P.)	Inimputabilidad disminuida / Semiimputable por trastorno mental o inmadurez psicológica (según sea el caso)
5	Se presenta una conducta típica y antijurídica por una persona sana[7] que se provoca voluntariamente un estado de alteración psíquica, pero al momento de los hechos, su preordenación **NO** conllevó a la anulación o disminución de su capacidad de comprensión o de determinación.	**N/A**	El Examinado presentó un estado de alteración psíquica, sin capacidad para disminuir o anular capacidad de comprensión y/o de autodeterminación.	Imputable	Pena	Preordenación, Persona imputable.
6	Se presenta una conducta típica y antijurídica por una persona sana[8] que se provoca voluntariamente un estado de alteración psíquica que en el momento de los hechos **SÍ** disminuyó o anuló la capacidad de comprensión y/o volición libre	**N/A**	El Examinado presentó un Trastorno mental preordenado	Imputable	Pena	Preordenación, Persona imputable.

7 Entiéndase, persona dentro del promedio de normalidad estadística.

8 Entiéndase, persona dentro del promedio de normalidad estadística.

7	Se presenta una conducta típica y antijurídica por una persona sana[9] que sufre, de forma intempestiva, un estado de alteración psíquica, que en el momento de los hechos **NO** disminuyó o anuló la capacidad de comprensión y/o volición libre	**N/A**	El Examinado presentó un estado de alteración psíquica, sin capacidad para disminuir o anular capacidad de comprensión y/o de autodeterminación.	Imputable	Pena	Persona imputable.
8	Se presenta una conducta típica y antijurídica por una persona sana[10] que sufre, de forma intempestiva, un estado de alteración psíquica, que en el momento de los hechos **SI** disminuyó o anuló la capacidad de comprensión y/o volición libre	**N/A**	El Examinado presentó un Trastorno mental transitorio sin base patológica	Inimputable	Libertad (Artículo 75 C.P.)	Persona inimputable por Trastorno mental transitorio sin base patológica.
9	Se presenta una conducta típica y antijurídica por una persona sana[11] que sufre de forma intempestiva, un estado de alteración psíquica, que en el momento de los hechos **SÓLO** se anuló o disminuyó la capacidad de comprensión o la capacidad de volición libre	N/A	El Examinado presentó un Trastorno mental transitorio sin base patológica	Inimputable	Libertad (Artículo 75 C.P.)	Persona con Inimputabilidad disminuida / Semiimputable por trastorno mental transitorio sin base patológica.

9 Ídem.

10 Ídem.

11 Ídem.

10	Se presenta una conducta típica y antijurídica por una persona: 10.1. con discapacidad psíquica, que en el momento de los hechos **SÍ** se anuló o disminuyó capacidad de comprensión y/o la capacidad de volición libre, pero **no se probó en juicio** 10.2. con discapacidad psíquica, que en el momento de los hechos **SÓLO** se anuló o disminuyó capacidad de comprensión o la capacidad de volición libre, pero **no se probó en juicio** 10.3. por una persona sana[12] que sufre, de forma intempestiva, un estado de alteración psíquica, que en el momento de los hechos **SI** disminuyó o anuló la capacidad de comprensión y/o volición libre, pero **no se probó en juicio** 10.4 por una persona sana[13] que sufre, de forma intempestiva, un estado de alteración psíquica, que en el momento de los hechos **SÓLO** se anuló o disminuyó capacidad de comprensión o la capacidad de volición libre, pero **no se probó en juicio**	En las hipótesis 10.1 y 10.2 Paciente psiquiátrico con discapacidad psíquica En las hipótesis 10.3 y 10.4 N/A	El examinado sí se encuentra inmerso en las figuras forenses de raigambre psíquico. Variables, En las hipótesis 10.1 y 10.2, el examinado presentó* un trastorno mental permanente, un trastorno mental transitorio con base patológica o, el examinado presentó* una modalidad de inmadurez psicológica como un Retardo Mental moderado, grave o profundo o se trata de un sordomudo sin comunicación. En las hipótesis 10.3 y 10.4, el examinado presentó un trastorno mental transitorio sin base patológica.	Imputable	Pena	Cifra negra

12 Ídem.

13 Ídem.

Es menester aclarar, que de conformidad con los diez (10) supuestos enunciados en precedencia:

a) No siempre que haya discapacidad psíquica (permanente o transitoria: con o sin base patológica), se presentan las figuras forenses de trastorno mental o inmadurez psicológica. Puede ocurrir, por ejemplo, que la persona padezca un trastorno producido por uso de sustancia psicotrópica (psiquiatría clínica), comúnmente conocido como intoxicación aguda por alcohol, pero no una embriaguez alcohólica de la psiquiatría forense (Mora Izquierdo, 2020b). Al respecto véase los numerales, 1, 2 y 7 de la clasificación propuesta.

b) Siempre que se presente una provocación voluntaria que altere transitoriamente las facultades mentales, la persona será imputable en tanto que no procede la figura forense de trastorno mental por expresa disposición *ope legis.* Al respecto véase los numerales 5 y 6 de la clasificación propuesta.

c) No siempre que se presenten las figuras forenses de trastorno mental o inmadurez psicológica, se reconocerá la inimputabilidad. Al respecto véase el numeral 10 de la clasificación propuesta.

d) Siempre que haya anulación o disminución de las capacidades de conocimiento y/o voluntad habrán de presentarse las figuras forenses de trastorno mental o inmadurez psicológica. Al respecto véase los numerales 3, 4, 8, 9 y 10 de la clasificación propuesta.

Sobre este particular el maestro Nodier Agudelo Betancur (1983) sostiene:

> En efecto: considero que la inimputabilidad no es una característica permanente del sujeto sino una característica referida a un hecho concreto. No puede confundirse el fenómeno que genera la inimputabilidad con la inimputabilidad misma. Así las cosas, la inmadurez sicológica o el trastorno mental causan la inimputabilidad pero no son la inimputabilidad y solo son causa de inimputabilidad si producen incapacidad de comprender o de determinarse. (p. 265).

En lo concerniente a la distinción entre la psiquiatría clínica y la psiquiatría con fines forenses, además de lo dicho en el apartado dedicado al trastorno mental (extensivo a la inmadurez psicológica), para las variables identificadas podría concluirse que, todas aquellas que impliquen discapacidad psíquica pueden ser abordadas por la psiquiatría clínica con miras a determinar su nosología, prevención, tratamiento (terapia, acompañamiento, ingesta de medicamentos, etc.) y plan de rehabilitación. Desde el punto de vista de la psiquiatría-forense todas ellas son abordadas en el marco de la caracterización de disminución considerable o ausencia de capacidad de conocimiento y/o comprensión en un momento dado (en un lenguaje forense) con miras a ilustrar al juez de la causa sobre ello.

Por ello, por ejemplo, aunque en los supuestos No. 1 y 2, la persona puede ser paciente desde una comprensión clínica del trastorno —en tanto enfermedad—, no se encuentra inmerso en las "figuras forenses" de la psiquiatría forense y, por tanto, no presentará disminución y/o anulación de las capacidades de conocimiento y voluntad. No obstante, la persona continuará siendo paciente psiquiátrico desde el punto de vista clínico.

Visto desde el otro enfoque, aunque en los supuestos 7, 8 y 9 la persona se encuentra en un aparente estado de buena salud, y por tanto no es paciente psiquiátrico desde el punto de vista clínico, sí debe ser examinado por un psiquiatría forense, en tanto que en el marco de un proceso se requiere la verificación de su estado de salud mental al momento de ejecutar la conducta punible, con miras a aclarar si para ese momento concreto encontraba anulada o disminuida su capacidad de comprensión o de volición libre, o ambas. Si la respuesta a esta pregunta es afirmativa, la persona se enmarcará en las figuras forenses de trastorno mental o inmadurez psicológica.

De conformidad con lo anterior, el juez puede considerar cualquiera de las diez (10) variables identificadas en el presente capítulo para definir la imputabilidad o inimputabilidad del procesado. En teoría, si se trata de alguna de las circunstancias contenidas en los numerales 1, 2, 5, 6 y 7 la decisión habría de ser la declaratoria de imputabilidad del procesado y en consecuencia la imposición de una pena. En contraste, si se trata de una de las circunstancias contenidas en los numerales 3 y 4 la decisión habría de ser la declaratoria de inimputabilidad y como consecuencia de ello, la imposición de una medida de seguridad de conformidad con lo pregonado por el capítulo IV del título IV del C.P. y por el artículo 452 del C.P.P. En fenómenos complejos como los descritos en los numerales 8 y 9, aunque son inimputables, la consecuencia será la libertad por expresa consagración legal del artículo 75 del C.P. También es posible que se presente la circunstancia contenida en el numeral 10 de este documento, caso en el cual la persona recibirá las consecuencias penológicas del sistema.

1.10. CONCLUSIONES PARCIALES

1. En Colombia, los inimputables cometen conductas típicas y antijurídicas, pero no culpables en la medida que no pueden hacerse responsables de los actos que cometieron desde el punto de vista penal, por ausencia o disminución de la capacidad de comprender la ilicitud de su comportamiento, de autodeterminarse según dicha comprensión o de ambas. Otro asunto será la responsabilidad civil derivada del daño cometido.

2. Las personas con discapacidad psíquica pueden actuar amparados por una causal de ausencia de responsabilidad de las contenidas en el artículo 32 del Código Penal Colombiano. Si se constata la presencia de una causal que anule el comportamiento (fuerza mayor, por ejemplo), o de una causal de justificación (legítima defensa o estado de necesidad justificante), o incluso, de una causal de inculpabilidad (como la insuperable coacción ajena).

El análisis sobre su inimputabilidad no ha de tenerse en cuenta para la decisión de su proceso, en tanto que, se trata de circunstancias que, de probarse en juicio darían lugar a absolución. Hablando de reducción en los casos de exceso o error vencible de prohibición, deberá hacerse el análisis de inimputabilidad a efectos de definir si se hace acreedor de una pena atenuada o de una medida de seguridad con igual duración "atenuada".

3. Para deprecar el estado de imputabilidad o inimputabilidad de una persona, el operador judicial deberá realizar un examen riguroso de los criterios existentes en el artículo 33 del C.P., a saber, temporalidad, rector, valorativo, condicional y de exclusión.

4. No siempre que una persona padezca discapacidad psíquica significa que se ajuste a las figuras forenses para decretar la inimputabilidad. Una persona puede ser paciente clínico por su discapacidad, pero no necesariamente examinado desde la psiquiatría forense en el marco de un proceso penal. A este respecto, el maestro Ricardo Mora Izquierdo (2020a) aclara,

> La Psiquiatría Forense va más allá de la Psiquiatría Clínica, de la cual toma sus conocimientos y los usa en los dictámenes periciales, pero además tiene su propia nosología, que se plasma en el concepto de "figura forense", que es el entendible y utilizable por los juristas. No obstante, no debe ser una disciplina traductora, ni simplemente homologadora de conceptos, sino una ciencia con un cuerpo de conocimientos propios, así como propios deben ser sus objetivos, su metodología, sus conclusiones y aplicaciones.

5. No siempre que se trate de una persona en aparente buen estado de salud, significa que es imputable. Una persona puede ser no ser paciente clínico, pero sí puede examinarse desde la psiquiatría forense en el marco de un proceso penal. En el caso de la preordenación, no habrá lugar a la declaratoria de figuras forenses.

6. Siempre que haya anulación o disminución de las capacidades de comprensión de la ilicitud y autorregulación del comportamiento estarán presentes las figuras forenses de trastorno mental o inmadurez psicológica.

7. En la práctica suele confundirse la inimputabilidad con la discapacidad. La primera sólo puede ser declarada por el juez de conocimiento en la sentencia que ponga fin al proceso. La segunda, puede estar presente o no a lo largo del proceso judi-

cial y alude a fenómenos relacionados con la discapacidad física, intelectual, conductual, social, etc. Para no generar confusión o equivocaciones, lo correcto, según la categorización realizada, es hablar de personas con discapacidad, en nuestro énfasis, persona con discapacidad psíquica.

Como ejemplo de esta distinción, en los numerales 1 y 2, la persona es paciente psiquiátrico desde el punto de vista clínico, y por ende con discapacidad psíquica, pero para los efectos del proceso penal es imputable y por tanto acreedora de una pena de prisión. Por esta razón es que existen pabellones psiquiátricos en los establecimiento penitenciarios y carcelarios. Contrario sensu, en los numerales 8 y 9, la persona no es paciente psiquiátrico desde el punto de vista clínico y por tanto no es persona con discapacidad, pero en el proceso penal es inimputable. En estos eventos la decisión siempre implicará libertad, en tanto que no es necesario el cumplimiento de los fines de las medidas de seguridad.

8. El proceso penal colombiano ordinario es el mismo para todas las personas. En consecuencia, la única distinción entre imputables e inimputables es la consecuencia punible definida por el juzgador de instancia. Para los primeros la imposición de penas y para los segundos, dependiendo de la causa que genera la inimputabilidad, las medidas de seguridad o la libertad, según sea el caso.

9. Si la defensa utiliza como teoría del caso la figura de la inimputabilidad, deberá descubrir los exámenes periciales practicados al procesado (si los tuviere) o como mínimo, enunciar la prueba pericial (si está aún no se ha practicado) durante la audiencia de formulación de acusación y excepcionalmente durante la audiencia preparatoria o aún en el juicio en tanto que, la base de la opinión pericial podrá ser descubierta como máximo, cinco (5) días antes de la audiencia de juicio en la que se recepcionará el dictamen del perito forense (Artículo 415 de C.P.P.).

10. La inimputabilidad es un concepto jurídico, no médico. Los peritos que realicen valoraciones de naturaleza psiquiátrica o psicológica forense sólo pueden referirse en su dictamen pe-

ricial a los signos, síntomas, tratamientos, hallazgos y opiniones profesionales que fundamentaron la base de la opinión pericial, sin catalogar al examinado como imputable o inimputable por expresa consagración legal. En consecuencia, la evidencia pericial deberá practicarse en juicio oral y público, cumplir con los requisitos de existencia, validez y eficacia y someterse a las reglas de interrogatorio y contrainterrogatorio, si pretenden ser prueba dentro del proceso.

11. El juez de la causa decretará o no la inimputabilidad del procesado tomando en consideración los criterios que orientan el artículo 33 del Código Penal Colombiano, la prueba pericial o cualquier otra con que pretenda demostrar la incapacidad que tuvo el procesado para comprender la ilicitud de su comportamiento y/o determinarse según dicha comprensión, la relación de causalidad entre la alteración y la conducta ejecutada, el contexto de todas pruebas allegadas y las reglas de la sana crítica.

12. La cifra negra corresponde a los eventos en que la persona:

a) Objetivamente padece de una discapacidad psíquica y su estado se ajusta a una figura forense de esta naturaleza, pero procesalmente no se logró probar en juicio y como consecuencia de ello se cataloga como imputable, y por tanto merecedor de una pena privativa de la libertad. Ver numerales 10.1 y 10.2 de la clasificación propuesta.

b) Objetivamente es una persona sana pero su estado se ajusta a una figura forense de raigambre psíquico, no obstante, procesalmente no se logró probar en juicio y como consecuencia de ello se cataloga como imputable y por tanto merecedor de una pena privativa de la libertad. Ver numerales 10.3 y 10.4 de la clasificación propuesta.

Recuérdese que el proceso penal colombiano lo que no se prueba, no tiene incidencia en la decisión judicial.

Capitulo 2.

Principio de oportunidad

2.1. PRINCIPIO DE OPORTUNIDAD EN COLOMBIA

2.1.1. Concepto

El principio de oportunidad es la

> Facultad reglada que radica en cabeza de la Fiscalía General de la Nación con control por parte del Juez de Control de Garantías, a partir de la cual se puede suspender, interrumpir o renunciar al ejercicio de la acción penal, por motivos de política criminal, conforme a las causales que consagra el Código de Procedimiento Penal, siempre y cuando exista una prueba mínima acerca de la existencia de una conducta punible y de la autoría o participación de un sujeto en la misma. (Forero Ramírez, 2013).

La inclusión del principio de oportunidad como salida alterna al proceso penal, esto es, como uno de los mecanismos procesales que habilitan la excepción a la obligación de investigar por parte de la Fiscalía General de la Nación (excepción al principio de oficiosidad), fue introducida por reforma constitucional mediante el Acto Legislativo 03 de 2002, por medio del cual se modificó el artículo 250 de la Constitución Política de Colombia así,

> La Fiscalía General de la Nación está obligada a adelantar el ejercicio de la acción penal y realizar la investigación de los hechos que revistan las características de un delito que lleguen a su conocimiento por medio de denuncia, petición especial, querella o de oficio, siempre y cuando medien suficientes motivos y circunstancias fácticas que indiquen la posible existencia del mismo. **No podrá, en consecuencia, suspender, interrumpir, ni renunciar a la persecución penal, salvo en los casos que establezca la ley para la aplicación del principio de oportunidad regulado dentro del**

> **marco de la política criminal del Estado, el cual estará sometido al control de legalidad por parte del juez que ejerza las funciones de control de garantías.** Se exceptúan los delitos cometidos por Miembros de la Fuerza Pública en servicio activo y en relación con el mismo servicio. (negrilla y subrayado fuera del texto).

Su reglamentación legal se encuentra consignada en el código de Procedimiento Penal, Ley 906 de 2004, en el libro II del código de procedimiento penal titulado "T*écnicas de indagación e investigación de la prueba y sistema probatorio*", título V (corregido por el decreto 2770 del 2004 artículo 20) artículos 321 a 330, en particular el artículo 322 que reza

> La Fiscalía General de la Nación está obligada a perseguir a los autores y partícipes en los hechos que revistan las características de una conducta punible que llegue a su conocimiento, **excepto por la aplicación del principio de oportunidad**, en los términos y condiciones previstos en este código. (Negrilla y subrayado propios) (Ley 906 de 2004).

Además, el parágrafo del artículo 323 que se pronuncia en el mismo sentido.

2.1.2. Presupuestos

El punto de partida para identificar la viabilidad de aplicación del principio de oportunidad lo constituye la presencia de elementos cognoscitivos que permitan al fiscal del caso, en un primer momento (véase el acápite de trámite administrativo), identificar que se encuentra en presencia de una conducta típica y que, por inferencia, la persona investigada pueda ser autor o partícipe de la misma. La existencia de estos presupuestos constituye la piedra angular para que prospere la aplicación del principio de oportunidad.

Lo anterior tomando como fundamento el derecho fundamental a la presunción de inocencia (art. 29 de la Constitución Política) y principio rector del código de procedimiento penal (art. 7 de la Ley 906 de 2004) que existe y permanece hasta que se profiera una decisión judicial en firme que la desvirtúe.

Luego, en tanto que en el derecho penal colombiano se encuentra proscrita toda forma de responsabilidad objetiva (artículo 12 del Código Penal Colombiano), sí de los elementos cognoscitivos se tiene que por ejemplo la persona no puede ser sujeto activo de ese delito porque no es un sujeto cualificado, o porque a pesar de producirse un resultado causal —que no jurídico—, no puede adjudicársele al investigado en el marco de la imputación objetiva, o porque el objeto material fue objeto del punible por error de tipo invencible, o porque el comportamiento del investigado no se ajusta al verbo rector del tipo, o porque no se presentan los elementos subjetivos distintos del dolo en el actuar del encartado, o por cualquier otra razón que excluya la tipicidad o la contribución al delito porque, las circunstancias de tiempo, modo y lugar en que aconteció el resultado típico no se corresponden con la realidad del procesado, porque, por ejemplo, se encontraba fuera del país el día de los hechos. Lo correcto es proceder con el archivo de las diligencias (por atipicidad objetiva) o, eventualmente, la solicitud de preclusión por imposibilidad de desvirtuar la presunción de inocencia; y por tanto, culminar (archivo) o solicitar (preclusión) la finalización del proceso penal. Ello es así, porque el principio de oportunidad parte de la base de que el ciudadano ha actuado al margen de la ley (Bedoya Sierra *et al.*, 2010).

La determinación de que el comportamiento del procesado reviste las características de una conducta punible y se encuentra debidamente acreditado por el ente acusador, constituyen requisito *sine qua non* para que el Juez de Control de Garantías (encargado de velar por el respeto de los derechos y garantías fundamentales del encausado) imparta legalidad al principio de oportunidad. Así se ha definido en el artículo 327 del estatuto procedimental penal, modificado por la Ley 1312 de 2009, artículo 5°, que dispone en el parágrafo tercero:

> La aplicación del principio de oportunidad y los preacuerdos de los posibles imputados o acusados y la fiscalía, no podrán com-

> prometer la presunción de inocencia y **sólo procederán** si hay un mínimo de prueba que permitan inferir la autoría o participación en la conducta punible y su tipicidad. (Negrilla y subrayado propio) (Ley 906 de 2004).

Surtido el trámite anterior, el fiscal del caso deberá establecer la procedencia fáctica, jurídica y probatoria de alguna de las causales de aplicación del principio de oportunidad contenidas en el artículo 324 del Código de Procedimiento Penal. Luego, no basta con que se cumplan con los requisitos de tipicidad e inferencia de autoría y participación sí el supuesto de hecho, las particularidades del caso, los tipos penales endilgados o los elementos cognoscitivos existentes no se ajustan a las condiciones expresamente definidas por el legislador para su aplicabilidad. Se trata de una salida alterna reglada y por tanto sólo se admitirá su aplicación en los eventos taxativamente definidos en la ley.

Al realizar el ejercicio de adecuación en las causales autorizadas (y la respectiva consideración de las prohibiciones expresas de aplicabilidad), el fiscal está en la obligación de velar, en todos los eventos, por la materialización de los derechos de las víctimas y por su participación en la aplicación del principio de oportunidad. Lo anterior por mandato legal contenido en el artículo 328 del Estatuto Procesal Colombiano.

Los derechos de las víctimas dentro del proceso penal ordinario han sido reconocidos por vía constitucional (artículo 250, No. 6), legal (artículo 11 del código de procedimiento penal colombiano) y jurisprudencial (Sentencias C-228 de 2002, C-288 de 2002, C-454 de 2006, C-209 de 2007, C-210 de 2007, C-516 de 2007, C-095 de 2007, entre otras) y la aplicación de los mecanismos de terminación anticipada y salidas alternas no pueden ser la excepción.

Por tanto, para la aplicación de cualquiera de las causales del principio de oportunidad, el fiscal a cargo está en la obligación de comunicar y participar a las víctimas. En ese punto es importante resaltar que quien decide si aplica o no el principio de oportunidad es la Fiscalía General de la Nación, y por tanto las consideraciones de las víctimas y/o sus representantes judiciales no son condicionantes. No obstante, ello no es óbice para omitir y escuchar las apreciaciones de las víctimas en su decisión.

Cualquiera que sea la fundamentación fáctica, jurídica y probatoria que soporte la aplicación del principio de oportunidad, esta deberá velar y armonizar los derechos de las víctimas y garantizar su participación en el proceso de aplicación de este. Esta obligación se encuentra también contenida expresamente en la Resolución 4155 de 2016, artículo 7, vigente de la Fiscalía General de la Nación en materia de principio de oportunidad. Esta última dispone, "En la audiencia de legalización, deberá acreditar que la víctima o su presentante tienen conocimiento acerca de su celebración, sus efectos y su contenido, así como de informar sobre su posición frente a la aplicación del principio de oportunidad" (Fiscalía General de la Nación, Resolución 4155 de 2016)

De lo anterior se colige entonces que para la procedencia del principio de oportunidad, sea cual sea la causal y sea cual sea la modalidad deberá presentarse la existencia de tres (3) requisitos debidamente acreditados fáctica, probatoria y jurídicamente, i) que el delito que se investiga sea típico, ii) que exista inferencia razonable que el procesado que pretende beneficiarse con la aplicación del principio de oportunidad sea autor o partícipe del mismo, iii) que se garantice el derecho de las víctimas a ser escuchadas y a participar en el trámite sin que ello implique que éstas sean condicionantes para la decisión del fiscal del caso de aplicar esta variable de salida alterna.

2.2. REGLAMENTACIÓN LEGAL DEL PRINCIPIO DE OPORTUNIDAD EN COLOMBIA

Cada una de las causales (17 vigentes) contenidas en el artículo 324 de la Ley 906 de 2004, modificado por la Ley 1312 de 2009, artículo 2, requiere para su aplicación un respaldo fáctico, jurídico y probatorio. El fiscal que considere que las circunstancias de hecho que investiga se enmarcan en alguna de las hipótesis contenidas en las causales del principio de oportunidad, deberá contar con suficiente sustento jurídico y probatorio que las acredite. Será entonces indispensable que conozca cada uno de los elementos que componen cada causal para poder analizar la situación concreta a la luz de esta salida alterna. Además, deberá verificarse con la dependencia asignada por la Fiscalía General de la Nación la existencia de antecedentes para el procesado en la aplicación de esta forma de terminación anticipada, en otras palabras, si el procesado ya había sido beneficiado por el principio de oportunidad en procesos judiciales previos (ver memorando 032 del 4 de marzo de 2008, Resolución 4155 de 2016 artículo 16: salvo en causales 2,3,4,5,8,9,14,16 y 18) (Bedoya Sierra *et al.*, 2010).

2.2.1. de aplicación

El libro II del código de procedimiento penal titulado "*Técnicas de indagación e investigación de la prueba y sistema probatorio*" en su Título V (corregido por el decreto 2770 del 2004 artículo 20) consagra la figura del principio de oportunidad y la define en el inciso segundo del artículo 323 (modificado por la Ley 1312 de 2009 artículo 1) como:

> la facultad constitucional que le permite a la Fiscalía General de la Nación, no obstante que existe fundamento para adelantar la persecución penal, suspenderla, interrumpirla o renunciar a ella, por razones de política criminal, según las causales taxativamente definidas en la ley, con sujeción a la reglamentación expedida por el Fiscal General de la Nación y sometido a control de legalidad ante el juez de garantías. (Ley 906 de 2004, art. 323 inciso 2).

De conformidad con la reglamentación fijada por el Acto Legislativo 03 de 2002 y con las interpretaciones realizadas por los máximos órganos de las jurisdicciones constitucional y ordinaria, las causales de aplicación del principio de oportunidad se encuentran taxativamente regladas en el artículo 324 de la Ley 906 de 2004. No obstante, existen unas prohibiciones generales de aplicación, expresamente contenidas en el código de procedimiento penal y la ley de infancia adolescencia que no admiten excepción alguna, a saber: i) En los delitos de tráfico de estupefacientes y otras infracciones previstas en el capítulo II del título XIII del Código Penal, terrorismo, financiación de terrorismo, administración de recursos relacionados con actividades terroristas, cuando el o los procesado(s) sea(n) jefe(s), cabecilla(s), determinador(es), organizador(es) promotor(es) y director(es) de organizaciones delictivas (parágrafo 1 artículo 324). ii) Investigaciones o acusaciones por hechos constitutivos de Graves Violaciones al Derecho Internacional Humanitario, delitos de Lesa Humanidad, Crímenes de Guerra o Genocidio (parágrafo 3 artículo 324, artículo 175 Ley 1098 de 2006), Graves Violaciones a los Derechos Humanos (Sentencia C-936 de 2010). iii) Sobre el o los procesado(s) que haya(n) cometido conducta dolosa sobre víctima menor de dieciocho (18) años (parágrafo 3 artículo 324), homicidio o lesiones personales dolosas, delitos contra la libertad, integridad y formación sexuales o secuestro (artículo 199 ley 1098 de 2006). iv) Sobre el o los procesado(s) que haya(n) accedido o permanecido en cargo, curul o denominación pública con apoyo o colaboración de grupos al margen de la ley o del narcotráfico (parágrafo 4 artículo 324).

Cuando se trate de delitos de tráfico de estupefacientes y otras infracciones previstas en el capítulo II del título XIII del Código Penal, terrorismo, financiación de terrorismo, administración de recursos relacionados con actividades terroristas sólo será posible la aplicación de las causales cuarta y quinta.

Cada una de las causales (17 vigentes) contempla una serie de requisitos específicos que demarcan su aplicación. Derivados de estos, se han fijado vía jurisprudencial y doctrinal, los procedimientos jurídicos y argumentativos necesarios para su aplicación.

2.2.1.1. Causal 1

Cuando se trate de delitos sancionados con pena privativa de la libertad cuyo **máximo señalado en la ley no exceda de seis (6)**

> **años** o con pena principal de multa, siempre que se haya **reparado integralmente a la víctimas** conocida o individualizada; Si esto último no sucediere, el funcionario competente fijará la caución pertinente a título de garantía de la reparación, una vez oído el concepto del Ministerio Público.
> Esta causal es aplicable, igualmente, en los eventos de concurso de conductas punibles siempre y cuando, de forma individual, se cumplan los límites y las calidades señaladas en el inciso anterior (Negrilla y subrayado fuera del texto). (Ley 906 de 2004, art. 324, Numeral 1).

De la lectura del texto consignado en el numeral primero del artículo 324 del código de procedimiento penal, se identifican dos (2) elementos que constituyen la base de su aplicación. Por un lado, la limitación objetiva de que se trate de delitos cuya pena máxima no supere seis (6) años. Por otro, una limitación fincada sobre los derechos de las víctimas a obtener una reparación integral por la comisión de la conducta punible.

Según Bedoya Sierra *et al* (2010), en la práctica se han presentado una serie de situaciones que dificultan la cabal comprensión de estos dos (2) requisitos para la aplicación de la causal.

i) En relación con el elemento objetivo "delitos sancionados con pena privativa de la libertad cuyo máximo señalado en la ley no exceda de seis (6) años" se ha presentado una serie de interpretaciones contrapuestas, máxime, si se tiene en cuenta lo relacionado con el parágrafo 2 del artículo 324 de la Ley 906 de 2004, modificado por la Ley 1312 de 2009, que reza

> La aplicación del principio de oportunidad en los casos de los delitos sancionados con pena privativa de la libertad cuyo límite máximo exceda los seis (6) años de prisión, será proferida por el Fiscal General de la Nación o por quien éste delegue de manera especial para el efecto.

La posición mayoritaria fijada doctrinal y jurisprudencialmente, considera que lo pretendido por el legislador al fijar un límite punitivo objetivo de seis (6) años, era precisamente el de buscar una salida alterna a los delitos de menor gravedad "bagatela", y que las causales para su aplicación son taxativas y no pueden interpretarse más allá de los fijado expresamente en ellas. Otro sector considera que la consagración legal del parágrafo 2 lo que infiere es que dicha causal primera puede ser aplicada a la totalidad de los delitos contenidos en la parte especial y que la aplicación de esta dependerá de un asunto de "competencia" al interior de la Fiscalía General de la Nación (Bedoya Sierra *et al.*, 2010). La discusión se agudizó con la expedición de la Ley 890 de 2004 que dispuso en su artículo 14 el aumento de las penas de todos los tipos contenidos en la parte especial de la Ley 599 de 2000 "en la tercera parte en el mínimo y en la mitad en el máximo ", en tanto que, un sin número de delitos que antes podían tramitarse bajo la causal primera del principio de oportunidad quedaron excluidos por superar el límite máximo de seis (6) años.

Al respecto es importante aclarar que el parágrafo 2 del artículo 324 define un asunto de competencia general para todas las causales existentes. Ello implica que, el principio de oportunidad en cualquier delito sancionado con pena superior a seis (6) años deberá ser impulsado por el Fiscal General de la Nación o por quien este delegue de manera especial. En ese entendido, la causal primera, siempre podrá ser impulsada por el fiscal del caso.

Pensar en la validez de la posición de Bedoya Sierra *et al.* (2010), atentaría con la reglamentación del principio de oportunidad, en tanto que, implicaría una modificación al nucleo objetivo de la causal primera, situación que ha sido fuertemente recalcada por las cortes de cierre en Colombia y que atenta contra una de sus carácteristicas primordiales, el ser "reglado " sometido a control judicial. A este respecto la Corte Constitucional ha dicho

> En estricto sentido, a este principio se le denomina de taxatividad o de tipicidad, y exige que las normas penales **estén inequívoca o taxativamente definidas** por la ley, de tal manera que la labor de los funcionarios judiciales (jueces o fiscales) se limite a verificar si frente a determinada conducta o situación concurren los supuestos inequívocamente descritos por el legislador (...) La definición por parte del legislador de los casos **estrictos y taxativos** en que procedería, cumple propósitos fundamentales de seguridad jurídica para

> el procesado y las víctimas, orientar el ejercicio del margen de discrecionalidad que se reconoce al fiscal para la aplicación del principio de oportunidad, y permitir y eficaz (sic) control judicial por parte del Juez de Garantías. (Negrilla y subrayado propios) (Corte Constitucional de Colombia, Sentencia C-936-10, pp. 78-92).

ii) El segundo requisito constituye la obligación de que el beneficiado repare integralmente a las víctimas. Surge entonces la necesidad de delimitar la calidad de víctima, los elementos de una reparación para que esta sea integral y la hipótesis de ausencia o imposibilidad de ubicación.

El concepto de víctima en el sistema acusatorio se encuentra contenido en el artículo 132 del Código de Procedimiento Penal. De conformidad con los derroteros fijados por la Corte Constitucional, están facultados para constituirse dentro del proceso penal como víctima, por un lado, quienes son objeto material de la conducta punible (sujeto pasivo), y por otro lado, los perjudicados o afectados con el delito, siempre que, se demuestre la existencia de un daño real, concreto y específico. Así lo definió en sentencia C-516 de 2007 cuando dispuso

> Para acreditar la condición de víctima se requiere que haya un daño real, concreto, y específico cualquiera que sea la naturaleza de éste, que legitime la participación de la víctima o de los perjudicados en el proceso penal para buscar la verdad y la justicia, el cual ha de ser apreciado por las autoridades judiciales en cada caso. Demostrada la calidad de víctima, o en general que la persona ha sufrido un daño real, concreto y específico, cualquiera sea la naturaleza de éste, está legitimado para constituirse en parte civil, y puede orientar su pretensión a obtener exclusivamente la realización de la justicia, y la búsqueda de la verdad, dejando de lado cualquier objetivo patrimonial. (Corte Constitucional de Colombia, Sentencia C-516-07, p. 58).

En ese orden de ideas, en Colombia, cualquier persona, natural o jurídica, que individual o colectivamente hayan sufrido un daño real, concreto y específico con el delito, podrán constituirse como víctimas dentro del proceso penal.

Por otro lado, el concepto de indemnización integral abarca aspectos que trascienden el mero resarcimiento económico de los perjuicios tasados según el daño emergente, el lucro cesante y el daño a la vida de relación. Recuérdese que por mandato del máximo órgano de la jurisdicción constitucional, las víctimas en el proceso penal ordinario tienen derecho a la verdad, la justicia, la reparación y la garantía de no repetición. El resarcimiento económico de los perjuicios causados con el delito pertenece al derecho de la reparación y por tanto no es suficiente para reconocer la indemnización integral.

No obstante, existen eventos en los que la víctima pueda sentirse indemnizada plenamente con el resarcimiento económico. La corte Constitucional ha reconocido la libertad para que las víctimas acepten una reparación como indemnización, sin embargo, el fiscal deberá informarlas con detalle sobre los perjuicios sufridos y las posibilidades indemnizatorias que se derivan de ellos. Si pese a este aspecto la víctima insiste en estar conforme, el fiscal podrá dar aplicación a esta causal. El otro extremo, derivado de pretensiones indemnizatorias que exceden el daño ocasionado, también debe ser considerado por el fiscal del caso. El sólo hecho de que la víctima no acceda a una reparación por parte de procesado, no obliga al fiscal a desistir de la aplicación del principio de oportunidad.

En estos eventos, el fiscal deberá informar a la víctima sobre la estimación razonable de las posibilidades indemnizatorias con miras a que reconsidere sus peticiones. Si la víctima insiste en mantenerse en una pretensión exagerada y desproporcionada, la tasación de los perjuicios materiales podrá hacerse mediante la intervención de un perito y la tasación de los perjuicios morales deberá ser fijada por un Juez de Control de Garantías. Empero, tanto la víctima como el procesado están facultados para ejercer el contradictorio de la indemnización pecuniaria debatida en audiencia de solicitud de aplicación del principio de oportunidad ante el funcionario judicial (Juez de Control de Garantías), quien, a su turno, deberá decidir ponderando los intereses implicados en la solicitud, por un lado, los derechos de la víctima y por el otro, los fines públicos que soportan la aplicación de esta salida alterna (Bedoya Sierra *et al.*, 2010)

En relación con los derechos a la verdad, la justicia y la garantía de no repetición, el fiscal deberá considerar que la verdad, tomando como presupuesto lo ordenado por el artículo 327 del Código de Procedimiento Penal, se garantiza en la medida que, para que sea procedente la solicitud del principio de oportunidad, debe existir un mínimo de prueba que permita inferir la autoría o participación del procesado en la conducta y su tipicidad. Luego, ello debe ser determinado de conformidad con los elementos fácticos y probatorios obrantes en el expediente que permiten, por tanto, inferir la verdad de lo acontecido. Los derechos a la justicia y la garantía de no repetición en el marco del proceso penal ordinario también deben ser sopesados por el fiscal al momento de aplicar el principio de oportunidad. Por ejemplo, la modalidad de suspensión, contenida en el artículo 326 del estatuto procedimental, fija en sus literales G, H, I y J, condiciones tendientes a materializar los derechos de las víctimas en un periodo de tiempo (Bedoya Sierra *et al.*, 2010)

Lo anterior encuentra asidero en las disposiciones emanadas por la Corte Constitucional en la Sentencia C-209 de 2007, al referirse a los intereses de las víctimas en la aplicación del principio de oportunidad, así

> Lo anterior no significa que como resultado de esa valoración y sopesación (sic) siempre deban prevalecer los interés de las víctimas y que nunca se pueda aplicar el Principio de Oportunidad, puesto que tal como fue diseñado por el legislador, la aplicación de éste (sic) supone la valoración de los derechos de las víctimas y la realización de un principio de verdad y de justicia, y no excluye la posibilidad de acudir a la acción civil para buscar la reparación de los daños (Corte Constitucional, Sentencia C-209 de 2007).

En casos de víctima ausente o desconocida, el numeral primero del artículo 324 contempla la figura de la "caución" entendida esta, como la garantía de resarcimiento de los perjuicios tasados por dictamen pericial, con la vigilancia del Ministerio Público, y determinados por el juez que legaliza la aplicación de la salida alterna (Bedoya Sierra *et al.*, 2010)

En resumen, para la aplicabilidad de la causal primera deberán cumplirse las siguientes condiciones, i) que el delito investigado (o en caso de concurso, el máximo fijado en cada tipo penal) no exceda de seis (6) años, y ii) que se haya indemnizado integralmente a la víctima, bien por acuerdo entre el procesado y el o los perjudicado(s), bien por tasación efectuada por el Juez de Control de Garantías.

2.2.1.2. Causal 2

> "Cuando a causa de la misma conducta punible la persona fuere entregada en extradición a otra potencia" (Ley 906 de 2004, artículo 324, numeral 2).

Para que la extradición de un colombiano a otro país sea procedente, se requiere que la conducta cometida por el procesado tenga consagración legal expresa en Colombia (sea típica) y que mantenga identidad fáctica entre los supuestos de hecho de las normas penales de los Estados involucrados. Además es indispensable agotar el trámite administrativo pertinente (Bedoya Sierra *et al.*, 2010). Es importante tener en cuenta que la extradición no procede por delitos políticos ni sobre colombianos por nacimiento cuando se trate de conductas punibles cometidas con anterioridad al 17 de diciembre de 1997.

De la lectura de los requisitos objetivos de la causal, se interpreta que ésta sólo exige la condición de entrega en extradición. A ese respecto, se presentaba un margen de duda de maniobrabilidad, en los casos en los que el proceso de extradición se encontrara en trámite. Aunque no constituye un requisito normativo de la causal, una posible interpretación podría ser aplicar la modalidad de interrupción a condición de materialización de la extradición al estado requirente. En ese escenario, no tendría mayor relevancia que el proceso se encontrara en la solicitud o avance del proceso ante el ejecutivo y/o la Corte Suprema de Justicia. Lo que no podría hacerse sería plantear la modalidad de renuncia, hasta tanto se concretara el proceso de extradición. En este sentido Ospina Vargas (2018a) afirma que "La interrupción es adecuada mientras que la administración de justicia penal del país solicitante resuelve el proceso y se comprueba que, en efecto, guardó relación con los mismos hechos" (p. 14).

No obstante, la Corte Suprema de Justicia en Sentencia SP1475 de 2020, tuvo oportunidad de referirse al proceso de extradición de ciudadanos colombianos y amplió la comprensión del fenómeno en el siguiente sentido,

> Lo primero es que la competencia para autorizar un proceso de extradición se encuentra en cabeza de la Corte Suprema de Justicia, cuando se adviertan causales constitucionales que impiden la entrega de la persona, a saber, (...)
> i) Previo a recibirse la solicitud de captura con fines de extradición existe en Colombia decisión en firme, con carácter de cosa juzgada, por los mismos hechos que fundamentan el pedido.
> ii) Se trata de decisiones de cesación de procedimiento, preclusión de la investigación y sentencia absolutoria que hayan adquirido firmeza antes de emitir concepto la Corte, ya que en esos eventos se ha ejercido la jurisdicción nacional.
> iii) Se está ante una sentencia condenatoria colombiana cuya ejecutoria se produjo antes del respectivo concepto de la Corte, teniendo en cuenta que el procesado se ha sometido a la justicia nacional. (...) (Sentencia SP1475-2020, 2020, p. 25).

En esta última hipótesis, y en respeto del principio procesal de *non bis in idem*, la Corte esbozó "Por lo mismo, cuando previamente a la solicitud de extradición el requerido ya ha sido juzgado, la extradición se hace improcedente y la ejecución de la pena debe hacerse de manera imperativa con prevalencia sobre la del Estado requirente" (Concepto proceso extradición 30374, 2009, citado por Sentencia SP1475-2020, 2020, p. 22).

Lo segundo, en los casos en los que opera el principio de oportunidad en Colombia, uno de los presupuestos inescindibles ha de ser la inexistencia de una sentencia condenatoria. En esos supuestos, la Corte Suprema de Justicia agregó un requisito adicional a la consideración de la aplicación de esta causal en el siguiente sentido

> dable resulta en casos adelantados bajo el sistema procesal regulado por la Ley 906 de 2004, que se acuda a la aplicación del principio de oportunidad y bajo el amparo de la **causal 2º del artículo 324 del C.P.P. suspender** la investigación o el juzgamiento seguido en Colombia **hasta esperar que se defina, con efectos de cosa juzgada**, en el país requirente la situación jurídica del sujeto pedido en extradición por los mismos hechos por los cuales se adelanta una actuación penal en nuestro Estado (negrilla y subrayado propios). (Sentencia SP1475-2020, 2020, pp. 31-32).

De lo anterior se colige entonces, que la modalidad autorizada para la aplicación de la causal 2 del principio de oportunidad, habría de ser únicamente la interrupción, porque incluye la obligatoriedad de esperar una sentencia condenatoria (cualquiera que sea su fundamentación jurídica) para proceder a la renuncia de la acción penal en Colombia.

Aunque la pretensión de la corte en dicha jurisprudencia es garantizar el respeto del principio de *non bis in idem* que rige constitucional y legalmente, de cara al principio de oportunidad su consideración es incorrecta y atenta contra los derechos y garantías de los procesados que pretendan beneficiarse de la causal 2 del principio de oportunidad, por las siguientes razones: i) la pretensión de aplicar a un principio de oportunidad consiste, entre otras cosas, en descongestionar la administración de justicia y garantizar salidas alternas al proceso penal, situación que no se cumple con una puesta en pausa del proceso por un tiempo indefinido; ii) la interpretación de la corte excluye de plano la posibilidad de renunciar a la acción penal, situación que no es de recibo por no tener una consagración legal; iii) también elimina de tajo la posibilidad de admitir la modalidad de suspensión, en tanto que la interpretación no admite condiciones contenidas en el artículo 326 del C.P.P., situación que no es de recibo por no ser una consagración legal; iv) incluye un requisito normativo que no existe en los requisitos objetivos de la causal "fenómeno de cosa juzgada en el extranjero", situación que tampoco es de recibo por no ser una consagración legal y por vulnerar abiertamente el principio de taxatividad que rige las causales de principio de oportunidad.

En síntesis, este requisito adicionado jurisprudencialmente deslegitima la naturaleza del principio de oportunidad, porque no interrumpe la prescripción, implica un desgaste para el ente acusador y los efectos serían los mismos con o sin el impulso de la salida altera. Si así son las cosas, mejor no impulsarla durante el proceso y esperar a que se dicte la sentencia en el extranjero con efectos de cosa juzgada para hacerlo.

Los requisitos normativos de la causal 2 contenidos en el artículo 324, implicaban que sí la persona era procesada en el extranjero, no podría continuarse con el proceso en Colombia, aun cuando resultará finalmente absuelta en ese país. Ese era el espíritu de la causal y consideramos que esa debe ser la interpretación adecuada.

En la redacción original se contemplaba también la entrega a la Corte Penal Internacional, pero por razones de coherencia legislativa, esta hipótesis tuvo que ser eliminada de la regulación, en virtud de lo señalado por el parágrafo tercero del artículo 324 del Estatuto Procedimental que cita:

> No se podrá aplicar el principio de oportunidad en investigaciones o acusaciones por hechos constitutivos de graves violaciones al Derecho Internacional Humanitario, delitos de lesa humanidad, crímenes de guerra o genocidio, ni cuando tratándose de conductas dolosas la víctima sea un menor de dieciocho (18) años. (Ley 906 de 2004, artículo 324, parágrafo 3).

2.2.1.3. Causal 3

> "Cuando la persona fuere entregada en extradición a causa de otra conducta punible y la sanción imponible en Colombia carezca de importancia comparada con la impuesta en el extranjero, con efectos de cosa juzgada" (Ley 906 de 2004, artículo 324, numeral 3).

A diferencia de la causal segunda, la procedencia de la extradición en la causal tercera opera por la comisión de una conducta punible diferente (aunque tipificada en Colombia) cometida en Estado extranjero. Para su procedencia y sustentabilidad se mantiene el mismo requisito de que la persona ya haya sido entregada en extradición, pero, además, que la sentencia condenatoria que fundamenta el requerimiento de la extradición esté debidamente ejecutoriada y en firme (efectos de cosa juzgada) (Bedoya Sierra *et al.*, 2010). Quizás el elemento más complejo de determinar en la aplicación de esta causal, al punto que fue objeto de demanda de constitucionalidad (Sentencia C-095 de 2007), es la expresión "la sanción imponible en Colombia **carezca de importancia** en comparación con la impuesta en el extranjero". (Negrilla y subrayado fuera del texto). En su momento, la Corte Constitucional relacionó la carencia de importancia, con la pena que en términos cualitativos y cuantitativos se impondría en el extranjero y por tanto desestimó las pretensiones y declaró la constitucionalidad de la expresión.

Sin embargo, en el marco de la política criminal del Estado, sí merecería una explicación más detallada la justificación de la mayor o menor importancia en la pena a imponer (si esa es la línea que parece seguir el máximo órgano de la jurisdicción constitucional). Piénsese por ejemplo en una pena impuesta en el extranjero consistente en realizar trabajo social por un término considerable (Ej. 5 años) y que la pena a imponer en Colombia consistiere en privación de la libertad (Ej. 8 años). En ese caso, ¿sería más importante la pena impuesta por el Estado colombiano en tanto es mayor y más lesiva de los derechos fundamentales del procesado? O ¿carecería de importancia la pena impuesta por el Estado colombiano en tanto el servicio a la comunidad es un valioso elemento de justicia restaurativa y resocializadora? Pareciere que, según la lógica esbozada, la respuesta sería favorable frente al primer interrogante.

También existen problemas más graves e incoherentes en relación con esta causal. ¿Qué pasa si la persona es entregada en extradición y luego el fiscal se da cuenta que la pena a imponer en

Colombia era mayor que la impuesta en el extranjero? En principio se pensaría que no procedería la extradición hasta tanto se verificaran estas condiciones de conformidad con las circunstancias agravantes, atenuantes, los dispositivos amplificadores del tipo como la tentativa y las circunstancias de mayor y menor punibilidad (que además son definidas por el Juez de Conocimiento y no el fiscal del caso). Y si así se hiciere, entonces, ¿habrá que considerarse procedente la extradición porque en Colombia el delito investigado es de menor entidad punitiva? En este supuesto, ¿la carencia de importancia se fundamenta en afectar los derechos fundamentales del procesado por la existencia de una pena mayor o desproporcionada?

En ese orden de ideas, pareciere que prima la cooperación internacional en materia de persecución penal que la protección de los derechos y garantías de los ciudadanos. Y es que uno comprendería esa vía, si se aplicase en temas de delincuencia organizada transnacional, o en delitos como la trata de personas, el tráfico de órganos o la prostitución infantil, pero como la causal habla de conductas punibles en abstracto, la expresión "carecer de importancia" merecería una justificación, si se quiere, paralela a la penológica.

2.2.1.4. Causal 4

> Cuando el imputado o acusado, hasta antes de iniciarse la audiencia de juzgamiento, colabore eficazmente para evitar que el delito continúe ejecutándose, o que se realicen otros, o cuando suministre información eficaz para la desarticulación de bandas de delincuencia organizada. (Ley 906 de 2004, artículo 324, numeral 4).

La causal cuarta del artículo 324 del Código de Procedimiento Penal tiene una especial connotación, en tanto que se construye sobre la base de situaciones de extrema consideración que ameritan la ponderación de intereses individuales (los del procesado y las víctimas) y estatales (persecución de la criminalidad organizada). Esa ponderación, se reduce aún más cuando el fiscal prioriza los intereses estatales con fines de protección general y la participación del procesado en términos de suministro de información eficaz (Bedoya Sierra *et al.*, 2010). Sobre el particular se contempla una prohibición legal expresa en el parágrafo 1 del artículo 324 del estatuto procedimental que reza,

> En los casos de tráfico de estupefacientes y otras infracciones previstas en el capítulo segundo del título XIII del Código Penal, terrorismo, financiación del terrorismo y administración de recursos relacionados con actividades terroristas, solo se podrá aplicar el principio de oportunidad, cuando se den las causales cuarta o quinta del presente artículo, siempre que no se trate de jefes, cabecillas, determinadores, organizadores promotores o directores de organizaciones delictivas.

Esto también se aplica al contenido del parágrafo tercero antes descrito.

Son tres (3) los escenarios en que —en abstracto— opera la causal cuarta:

A. La colaboración eficaz para que el delito no continúe ejecutándose.

B. La colaboración eficaz para evitar la comisión de nuevos delitos.

C. La información eficaz para la desarticulación de bandas de delincuencia organizada.

Con independencia del escenario, el punto de partida es la determinación de que en el caso concreto es necesaria la imposición de pena para el procesado y sus efectos no pueden lograrse a través de mecanismos alternativos. Es decir, el fiscal sabe que el comportamiento desplegado por el procesado merece todo el reproche estatal. Sin embargo, el procesado ofrece una colaboración o información eficaz de mayor relevancia e impacto que el que se daría con su condena. Allí, el fiscal, deberá escuchar lo que tiene por decir el procesado y cotejará su dicho o su contribución con los elementos materiales probatorios, evidencia física e información legalmente obtenida obrantes en la carpeta (Bedoya Sierra et al., 2010). En el caso de la información con fines de desarticulación de bandas organizadas, el memorando 032 de 2008 proferido por la Dirección Nacional de Fiscalías exige que el fiscal del caso haya determinado, i) la existencia de una organización criminal; ii) la forma en que opera, y iii) las personas vinculadas.

No obstante, esto no es lo único que debe analizar el fiscal para la aplicación de la causal —so pena de sacrificar derechos de las víctimas e intereses estatales o de ser burlado por miembros de grupos organizados al margen de la ley que suministren información innecesaria o superficial—. Paralelamente deberá analizar los aspectos fácticos y jurídicos que rodean el comportamiento del procesado: la mayor o menos gravedad de la conducta, su forma de participación, la cantidad y calidad de las víctimas y sus derechos vulnerados, etc. Para determinar si la ponderación es acorde a las exigencias normativas y jurisprudenciales en esta materia, es decir, para descartar que se trate de un intento de burlar la buena fe de las autoridades y/o de manipular el sistema con miras a obtener beneficios personales manifiestamente inferiores a los que se pretenden obtener con la "transacción" (relación costo-beneficio) (Bedoya Sierra *et al.*, 2010)

El punto de llegada consiste en la constatación de la colaboración o la información del procesado por parte del fiscal, quien deberá impulsar los actos de investigación tendientes a corroborar la veracidad de lo dicho.

En la aplicación de esta causal, la Corte Constitucional ha considerado que los derechos de las víctimas directas de la conducta punible endilgada al procesado que pretende beneficiarse con la aplicación del principio de oportunidad deben ceder al interés estatal de prevenir la comisión de conductas punibles más graves o que impliquen un riesgo para una mayor cantidad de personas. Esta cesión no significa que no deberán indemnizarse integralmente y/o que el fiscal no atienda a sus peticiones, sino que, en caso de confrontación entre sus derechos y el interés general, deberá darse prevalencia a este último. En ese sentido se pronunció la Corte Constitucional en Sentencia C 209 de 2007, al afirmar que:

> El derecho de las víctimas a la justicia no se logra a través de una condena en un caso particular. La aplicación del principio de oportunidad también promueve la justicia, en la medida que contribuye a la protección efectiva de bienes jurídicos de mayor entidad, lo cual redunda en la protección de los derechos de las víctimas de delitos más graves.

2.2.1.5. Causal 5

> Cuando el imputado o acusado, hasta antes de iniciarse la audiencia de juzgamiento, se compromete a servir como testigo de cargo contra los demás procesados, bajo inmunidad total o parcial. En este evento los efectos de la aplicación del principio de oportunidad quedarán en suspenso respecto del procesado testigo hasta cuando cumpla con el compromiso de declarar. Si concluida la audiencia de juzgamiento no lo hubiere hecho, se revocará el beneficio. (Ley 906 de 2004, artículo 324, numeral 5).

Aunque los numerales 4 y 5 guardan coherencia en cuanto a su teleología, esto es, en una ponderación de intereses en juego, la exigencia de una mayor carga argumentativa por parte del ente acusador y la prevalencia del interés general sobre el particular, la causal quinta concreta la información o colaboración suministrada por el procesado que pretende beneficiarse con el principio de oportunidad en la audiencia de juicio oral que se siga contra otra u otras personas. Así, el procesado deberá ser testigo de cargo de la fiscalía (Bedoya Sierra *et al.*, 2010)

El testimonio de cargo que ha de realizar el procesado que pretenda beneficiarse con la aplicación de la causal, también debe estar dotado de la eficacia que rige para la información y la colaboración de la causal cuarta. En efecto, para servir de testigo de cargo es indispensable que la persona suministre la información o colaboración tendiente a corroborar su dicho en audiencia pública, pero, además, que esta información y/o colaboración estén soportados en elementos materiales probatorios, evidencia física e información legalmente obtenida que acompañe el relato del testigo. Ello es así por dos (2) razones fundamentales, la primera, porque el procesado puede utilizar a la administración de justicia para obtener beneficios mediante información falsa o distorsionada. La segunda, en tanto el testimonio está cimentado sobre la obtención de un beneficio personal, adolece de serios problemas de credibilidad. Por tanto, la fiscalía deberá contar con más pruebas así como con soportes del testimonio de la persona que pretende beneficiarse de la aplicación del principio de oportunidad (Bedoya Sierra *et al.*, 2010)

A diferencia de la causal cuarta, en la que la información o colaboración ofrecida es inmediata, la causal quinta se supedita a la declaración del procesado en audiencia pública de juicio oral. Por ello, se consagra expresamente en su regulación que los efectos del principio de oportunidad permanecen en suspenso hasta tanto se cumpla con la obligación de rendir testimonio (en suspenso so pena de revocatoria). Esta condición guarda coherencia con el numeral m, contenido en el artículo 326 del Código de Procedimiento Penal, que reglamente la suspensión del procedimiento a prueba (modalidad de suspensión del principio de oportunidad), por lo que en principio podría interpretarse que la única modalidad aplicable a esta causal es la de la suspensión (Bedoya Sierra *et al.*, 2010). No obstante, en el acápite correspondiente se verá que esta interpretación no es del todo correcta (véase modalidades de aplicación del principio de oportunidad). Si las cosas son así, el procesado que pretende beneficiarse del principio de oportunidad bajo la causal quinta "debería" estar en libertad hasta tanto se efectúe su participación en juicio para que se proceda a la renuncia de la acción penal.

Se dice que "debería" porque el parágrafo 1 del artículo 326 contempla la "vigilancia por parte del fiscal" para el beneficiario de la aplicación de la causal. No obstante, en la causal de interrupción o incluso en la misma suspensión, el trámite de principio de oportunidad podría confluir con una medida de aseguramiento previa (medida cautelar) en prisión domiciliaria o en centro de reclusión. Se trata de dos figuras jurídicas que no se contraponen y que no se excluyen.

Así, la libertad de quien pretenda hacerse beneficiario de esta causal no constituye un requisito normativo que opere automáticamente, sino que depende del proceso de negociación que se adelante entre la defensa y la fiscalía. En cualquier modalidad intermedia (suspensión o interrupción), en caso de incumplimiento se revocan los efectos del principio y se continúa con la actuación en el estado en que se encontraba al momento de suscribirse.

Aunque la expresión "inmunidad total o parcial" no se encuentra contemplada en el estatuto procedimental penal colombiano, la Resolución 4155 del 2016 expedida por la Fiscalía General de la Nación, las define en su artículo 4, así:

> La inmunidad será total, cuando la Fiscalía General de la Nación renuncia al ejercicio de la acción penal respecto de todos los hechos que revistan las características de conducta punible por los que se investiga al procesado, siempre que guarden relación con su declaración como testigo. La inmunidad será parcial, cuando la renuncia comprenda solo algunos de los hechos que revistan las características de conducta punible por los que se le investiga y respecto de los que declara (...) y complementa en el parágrafo de dicho articulado (...)Únicamente se concederán inmunidades totales cuando, efectuado el ejercicio de ponderación de que trata el artículo 2° de la presente resolución, el beneficio obtenido por la justicia, la sociedad y las víctimas sea significativamente superior al obtenido por el procesado. Para tal fin y de acuerdo con la naturaleza del asunto, la Fiscalía General de la Nación podrá tener en cuenta la reparación integral de las víctimas o el reintegro del incremento patrimonial obtenido con la comisión del ilícito.

2.2.1.6. Causal 6

> Cuando el imputado o acusado, hasta antes de iniciar la audiencia de juzgamiento, haya sufrido, a consecuencia de la conducta culposa, daño físico o moral grave que haga desproporcionada la aplicación de una sanción o implique desconocimiento del principio de humanización de la sanción. (Ley 906 de 2004, artículo 324, numeral 6).

La causal sexta del artículo 324 del Estatuto Procedimental Penal, está cimentada sobre el principio de "*pena natural*" referida al sufrimiento físico o moral que padece el procesado, ocasionado con la conducta punible desplegada imprudentemente. Se equipara a lo dispuesto por el artículo 34 del Código Penal, que reza:

> En los eventos de delitos culposos y con penas no privativas de la libertad, cuando las consecuencias de la conducta han alcanzado exclusivamente al autor o a sus ascendientes, descendientes, cónyuge, compañero o compañera permanente, hermano, adoptante o adoptivo, o pariente hasta el segundo grado de afinidad, se podrá prescindir de la imposición de la sanción penal cuando ella no resulte necesaria. (Ley 599 de 2000, artículo 34).

La diferencia entre uno y otro es que mientras en la causal del principio de oportunidad la aplicación tiende a la renuncia de la acción penal, esto es, al proceso penal propiamente dicho, en la segunda, tiende a la no imposición de la pena, aunque se haya declarado la responsabilidad del procesado. La primera se dirige al fiscal que solicite la aplicación de la salida alterna y al Juez de Control de Garantías que la legalice, en tanto que la segunda, se dirige al juez de conocimiento que condena a la persona, pero prescinde de la imposición de la pena correspondiente.

En la solicitud de aplicación del principio de oportunidad por esta causa, el fiscal deberá probar (elementos materiales probatorios, evidencia física e información legalmente obtenida) que el procesado: i) ejecutó una conducta punible de manera culposa; ii) sufrió un daño físico (por Ej. Dictamen pericial, fotografías, incapacidad médico-legal) y/o moral (Por Ej. Dictamen pericial, entrevistas, máximas de la experiencia); iii) que ese daño es grave, iv) que la imposición de la pena resultare desproporcionada, inhumana o innecesaria. (Bedoya Sierra *et al.*, 2010).

2.2.1.7. Causal 7

> "Cuando proceda la suspensión del procedimiento a prueba en el marco de la justicia restaurativa y como consecuencia de este se cumpla con las condiciones impuestas" (Ley 906 de 2004, artículo 324, numeral 7).

La suspensión del procedimiento a prueba está consagrada en los artículos 325 y 326 del código de procedimiento penal. Aunque en principio es una modalidad de aplicación del principio de oportunidad (véase el artículo 323 del código de procedimiento penal y el artículo 8 de la resolución 4155 del 2016) que podrá aplicarse a todas las causales del principio de oportunidad, en el caso de la causal séptima su remisión es expresa.

Los detalles de la "suspensión" en tanto que modalidad de aplicación del principio de oportunidad, serán abordados en el acápite correspondiente (véase "Modalidades de aplicación del principio de oportunidad"). Para los efectos de la causal bajo estudio —aunque también de la modalidad— es pertinente resaltar que esta debe presentarse en el marco de la justicia restaurativa que se encuentra consagrada en libro VI del Código de Procedimiento Penal y que comprende como reglas generales de aplicabilidad, i) El consentimiento libre y voluntario de las partes en conflicto (víctima y procesado) de someterse al proceso restaurativo; ii) los acuerdos deben contener obligaciones razonables y proporcionales a los daños ocasionados con el delito; iii) la participación del procesado no podrá usarse como prueba de admisión de culpabilidad en procesos futuros; iv) el incumplimiento de un acuerdo no puede sustentar una condena o agravar la pena; v) los facilitadores deben ser imparciales y propender por el respeto mutuo en las conversaciones; vi) y las partes en conflicto tienen derecho a consultar abogados.

> La justicia restaurativa es definida por el artículo 518 del estatuto procedimental en los siguientes términos:
> Se entenderá por programa de justicia restaurativa todo proceso en el que la víctima y el imputado, acusado o sentenciado participan conjuntamente de forma activa en la resolución de cuestiones derivadas del delito en busca de un resultado restaurativo, con o sin la participación de un facilitador. Se entiende por resultado restaurativo, el acuerdo encaminado a atender las necesidades y responsabilidades individuales y colectivas de las partes y a lograr la reintegración de las víctimas y del infractor en la comunidad en busca de la reparación, la restitución y el servicio a la comunidad. (Ley 906 de 2004, artículo 518).

Por disposición legal (artículos 522 y 523 del Código de Procedimiento Penal), la justicia restaurativa puede adelantarse a través de dos (2) vías, a saber,

La mediación: entendida como el mecanismo por el cual un tercero imparcial interviene en las conversaciones adelantadas entre la víctima y el proceso tendientes a solucionar en conflicto. El artículo 523 del Código de Procedimiento Penal consagra expresamente que este instrumento de justicia restaurativa sólo es viable, i) en delitos perseguibles de oficio cuyo mínimo de la pena no exceda de cinco (5) años de prisión (si la pena es superior, la mediación será considerada favorablemente para efectos de dosificación punitiva por lo que no será válida para la aplicación del principio de oportunidad) y ii) sobre bienes jurídicos que pertenezcan a la órbita de la víctima (bienes jurídicos individuales).

La limitación temporal de este mecanismo de justicia restaurativa ha sido fuertemente cuestionada en tanto que esta reduce considerablemente las conductas punibles frente a la cuales sería procedimiento aplicar la causal séptima del principio de oportunidad. En ese sentido la doctrina nacional esboza que:

> Sería irrazonable que el legislador permitiera optar por la renuncia o extinción de la acción penal de modo directo en los delitos de mayor gravedad; mientras que en los de menor o intermedia sí se requiera: i) la reparación a la víctima, ii) el sometimiento a una vigilancia determinada por el fiscal, iii) la observancia de las condiciones fijadas por este y 4) hasta un doble control judicial (suspensión y luego de cumplir el periodo de prueba, la renuncia. (Ospina Vargas, 2018).

Esta postura se encuentra respaldada por el contenido de la resolución 4155 de 2016 expedida por la Fiscalía General de la Nación en la que se dispone "La aplicación del principio de oportunidad procede en **todos los eventos, salvo** en los señalados en los parágrafos 1,3 y 4 del artículo 324 de la ley 906 de 2004" (Negrilla y subrayado fuera del texto).

Por tanto, se sostiene que la única prohibición en materia de aplicación de esta modalidad (y de la interrupción y la renuncia) es la consagrada en los parágrafos 1, 3, 4 del artículo 324 de la Ley 906 de 2004, modificada por la Ley 1312 de 2009, el parágrafo del artículo 175 del Código de la Infancia y la Adolescencia y en el artículo 16 de la Resolución 4155 de 2016 en lo relacionado con reincidencia en personas que fueron beneficiadas con la aplicación del principio de oportunidad dentro de los cinco (5) años anteriores (con excepción de las causales 2,3,4,5,8,9,14,16 y 18).

- La conciliación pre-procesal: que para el caso de esta salida alterna operaría exclusivamente en la etapa de indagación (como requisito de procedibilidad) y únicamente frente a delitos querellables.

En el proceso penal abreviado (Ley 1826 de 2007, artículo 24), los mecanismos de justicia restaurativa podrán aplicarse hasta antes de que se emita fallo de primera instancia. La Corte Constitucional, en Sentencia C 949 de 2005, enfatizó que: "Los mecanismos a través de los cuales opera la justicia restaurativa, en el sistema procesal colombiano, son la conciliación preprocesal, la conciliación en el incidente de reparación integral y la mediación (Art. 521)".

Cumplidos los presupuestos anteriores el fiscal, de conformidad con lo esbozado por el artículo 326, definirá las condiciones que ha de cumplir el procesado. Estas condiciones se impondrán por un término que no puede exceder de tres (3) años (36 meses). Las causales taxativas de la normatividad comprenden la restricción de derechos fundamentales, por lo que deberán estar debidamente sustentadas por el fiscal (bajo criterios de razonabilidad, proporcionalidad y necesidad para cumplir los fines propuestos) y ser estrictamente revisadas por el Juez de Control de Garantías que legalice la aplicación del principio de oportunidad en la modalidad de suspensión. Es importante mencionar en este aspecto que los fines de la justicia restaurativa no consisten únicamente en la indemnización a la víctima, también comprenden la restitución y el servicio a la comunidad. Por tanto, puede ocurrir que el procesado repare integralmente a la víctima y efectúe una manifestación pública de arrepentimiento por el daño causado y el fiscal considere que las demás condiciones fijadas en la ley no le sean aplicables. En estos eventos y cumplidas las condiciones impuestas deberá solicitarse la modalidad de renuncia del principio de oportunidad.

2.2.1.8. Causal 8

> "Cuando la realización del procedimiento a prueba implique riesgo o amenaza graves a la seguridad exterior del estado" (Corte Constitucional, Sentencia C 095 de 2007).

La Corte Constitucional en Sentencia C 095 de 2007, definió el concepto de "seguridad exterior del Estado" en los siguientes términos:

> Hace alusión a atentados contra la existencia del Estado, contra su integridad territorial, contra la soberanía del poder público, o a agresiones armadas sobre la población y el territorio nacional. En estos casos, los bienes jurídicos que constituyen tal soberanía, tal integridad territorial y la existencia misma del Estado, prevalecen sobre el interés también público implícito en la persecución de los delitos. Es decir, la persecución criminal debe renunciarse para garantizar la efectividad de aquellos fundamentos mismos de la organización política.

Para la aplicación de la causal octava, será necesario que se presente la existencia de tres (3) elementos vinculados entre sí: i) la existencia de un riesgo o amenaza sobre la seguridad exterior del Estado, ii) que ese riesgo o amenaza sea grave, iii) y que la posible concreción de ese riesgo se genere como consecuencia del procedimiento penal adelantado contra una o unas personas que pueden ser nacionales y/o extranjeros.

La aplicación de esta causal es competencia exclusiva del Fiscal General de la Nación o de quien este delegue para el efecto. Ello tiene su razón de ser en las actividades políticas y diplomáticas que deben adelantarse antes y durante la solicitud de aplicación del principio de oportunidad en estos supuestos. De conformidad con el artículo 189 superior, el Presidente de la República es el encargado de velar por la seguridad exterior del país y en caso de requerirse, declarar la guerra con permiso del senado.

Dicha relación, entre los órganos ejecutivo y judicial del poder público, ha de ser el punto de partida para la consideración de aplicación de esta causal. La comunicación deberá concluir si, para el caso concreto, se está en presencia de un riesgo o amenaza grave (por ejemplo, un conflicto bélico entre Colombia y otro estado), si este involucra la seguridad exterior del país (sí lo que se involucra es la seguridad interna podría analizarse el supuesto bajo la aplicación de la causal 14) y si su origen obedece al procesamiento de una o más personas por el estado colombiano. Si la respuesta es afirmativa, procederá el trámite de aplicación del principio de oportunidad ante el Juez de Control de Garantías.

2.2.1.9. Causal 9

> En los casos de atentados contra bienes jurídicos de la administración pública o de la recta administración de justicia, cuando la afectación al bien jurídico funcional resulte poco significativa y la infracción al deber funcional tenga o haya tenido como respuesta adecuada el reproche institucional y la sanción disciplinaria correspondientes. (Ley 906, artículo 324, numeral 9).

En la causal *sub examine* se identifica la presencia de tres (3) elementos de viabilidad, a saber: i) la comisión de delitos contenidos en los títulos XV y XVI del Código Penal Colombiano, ii) que la lesión a los bienes jurídicos funcionales de la administración pública o la recta administración de justicia sea insignificante, iii) y que la infracción al deber funcional tenga o haya tenido como respuesta adecuada el reproche institucional y la sanción disciplinaria correspondiente.

Pareciere que el articulado aplica para para los servidores públicos únicamente. Ello es así porque comprende expresiones propias de la función pública y situaciones aplicables con exclusividad a personas que tienen una relación especial de sujeción con el Estado. Así, las expresiones "deber funcional" y "sanción disciplinaria" excluyen a los particulares que eventualmente participen como "intervinientes" en delitos con sujeto activo cualificado o calificado que sea servidor público para la aplicación esta causal (Bedoya Sierra *et al.*, 2010). El artículo 20 del Código Penal Colombiano define a los servidores públicos, así:

> Para todos los efectos de la ley penal, son servidores públicos los miembros de las corporaciones públicas, los empleados y trabajadores del Estado y de sus entidades descentralizadas territorialmente y por servicios. Para los mismos efectos se consideran servidores públicos los miembros de la fuerza pública, **los particulares que ejerzan funciones públicas en forma permanente o transitoria**, los funcionarios y trabajadores del Banco de la República, los integrantes de la Comisión Nacional Ciudadana para la Lucha contra la Corrupción y las personas que administren los recursos de que trata el artículo 338 de la Constitución Política. (Negrilla y subrayado fuera del texto) (Ley 599 de 2000).

En ese sentido se manifestó la corte constitucional cuando expuso

> De allí que la antijuridicidad de la falta disciplinaria, remita a la infracción sustancial del deber funcional a cargo del servidor público **o del particular que cumple funciones públicas** (...) tiene un espacio de aplicación restringido en cuanto tan solo recae sobre quienes se hallan bajo el efecto vinculante de deberes especiales de sujeción que formula una imputación que se basa en la infracción de deberes funcionales. (Corte Constitucional de Colombia, Sentencia C-252-03).

Por tanto, los particulares que desempeñan funciones públicas de manera permanente o transitoria (véase también Ley 734 de 2002 artículos 25, 52, 53; Ley 1123 de 2007 artículo 19) también pueden ser cobijados por esta causal de principio de oportunidad.

En lo que respecta, en cambio, al reproche institucional seguido (en tanto se usa la expresión "y", conjuntiva) de la sanción disciplinaria correspondiente, no existe unanimidad de interpretación ni en la doctrina ni en la jurisprudencia. De la lectura profana del texto podría pensarse que la exigencia de la causal es la imposición de la sanción, en tanto que se exige la presencia de una declaratoria de responsabilidad desde el punto de vista disciplinario. Según el Diccionario de la Real Academia Española – RAE, la sanción es una pena o castigo. Sobre este aspecto en particular, algún sector de la doctrina ha considerado que no es necesaria la sanción del proceso disciplinario sino únicamente la existencia de un proceso de esa naturaleza (al respecto, ver: Forero Ramírez, 2013; Mestre Ordoñez, 2017). Otro sector considera que basta con que se presenten datos objetivos de que la sanción disciplinaria se impondrá aunque materialmente no se haya proferido (Gómez Pavajeau, 2005; Bedoya Sierra *et al.*, 2010)

Aunado a lo anterior, el tercer requisito resulta ser más ambiguo de lo que parece. Quizás la expresión "respuesta adecuada" sea la que genera la controversia. ¿Cuál es una respuesta adecuada? Si la respuesta a este interrogante implica una condena, o mejor en el ámbito disciplinario, una declaratoria de responsabilidad por infracción dolosa o culposa de los deberes funcionales, la exigencia no ha de ser otra que la efectiva imposición de la sanción. Pero, si la respuesta a este interrogante se entiende por la adjudicación de la situación a los órganos encargados de investigar disciplinariamente la infracción al deber funcional de los servidores públicos (Procuraduría General de la Nación y/o Sala Jurisdiccional Disciplinaria del Consejo Superior de la Judicatura), la interpretación de la existencia del proceso sin que se haya proferido decisión (únicamente analizado desde la competencia) tendría cabida.

Tampoco se ha analizado la situación de la sanción que ha sido impuesta pero no ejecutada, que su cumplimiento no ha sido efectivo. En esos eventos podría contemplarse la modalidad de suspensión de la acción penal hasta tanto se haga efectiva la sanción disciplinaria. Pero ¿qué pasa si esa sanción excede los tres (3) años (36 meses) contemplados como límite para la aplicación de la modalidad de suspensión?, ¿qué pasa si la decisión en materia disciplinaria es absolutoria?, ¿podría interpretarse aquello como una respuesta adecuada? Peor aún, ¿cómo abordar los eventos de abogados-servidores públicos que, de conformidad con las leyes

734 de 2002 y 1123 de 2007, sufren un doble proceso disciplinario[1]?, ¿basta con la sanción de uno sólo?, ¿basta con que la Sala Jurisdiccional Disciplinaria del Consejo Superior de la Judicatura o la Procuraduría General de la Nación hayan iniciado la acción disciplinaria para aplicar la causal?

Parece que en esta causal volvemos al análisis realizado líneas atrás al abordar el elemento "sanción imponible en Colombia carezca de importancia comparada con la impuesta en el extranjero" para la aplicación de la causal tercera (3) del artículo 324 del Código de Procedimiento Penal.

En cualquier caso, si lo pretendido con la aplicación del principio de oportunidad es

> la racionalización de la función jurisdiccional penal. La institución busca disminuir las consecuencias negativas de penas cortas de privación de la libertad, persigue la reparación de las víctimas y pretende facilitar la reinserción social de los autores de ciertas conductas punibles, permitiendo dar tratamiento diferenciado a delitos que por sus características intrínsecas no representan lesión significativa del orden social. (Corte Constitucional de Colombia, Sentencia C-738-08).

la solución en ambas causales ha de ser la más favorable al procesado beneficiario y la interpretación de los elementos constitutivos en consonancia con ello.

---

1 Sobre este punto, Corte Constitucional de Colombia, Sentencia C-899 de 2011, "El objeto de la normativa en estudio es que todos los abogados que ejerzan la profesión respondan por su correcto ejercicio, finalidad que se vería frustrada si se admitiera que algunos juristas en ejercicio no pueden ser investigados por el tribunal que vigila la conducta de estos profesionales, por el hecho de ostentar la calidad de servidor público o particular que ejerce función pública. No se puede confundir la protección en el correcto ejercicio de una profesión y el cumplimiento de los deberes que ella impone, con el desarrollo de la función pública y las obligaciones que se derivan de su ejercicio". (Salgado López, 2016)

2.2.1.10. Causal 10

> En delitos contra el patrimonio económico, cuando el objeto material se encuentre en tal grado de deterioro respecto de su titular, que la genérica protección brindada por la ley haga más costosa su persecución penal y comporte un reducido y aleatorio beneficio. (Ley 906 de 2004, artículo 324, numeral 10).

La causal en comento es otro de los fenómenos costo-beneficio en cabeza de la Fiscalía General de la Nación (sobre este punto ver también causales cuarta, quinta, octava). En las hipótesis de aplicabilidad se presenta una pugna entre dos (2) situaciones. Por un lado, la existencia de una lesión o puesta en peligro efectiva pero mínima sobre el objeto material enmarcando dentro el bien jurídico patrimonio económico (en tanto que si no hay antijuridicidad lo conveniente es decretar el archivo de las diligencias o solicitar la preclusión), y por otro lado, la destinación de recursos para la persecución de los delitos de que tiene conocimiento el ente investigador (Bedoya Sierra *et al.*, 2010)

La Corte Constitucional, en Sentencia C-095 de 2007, definió el elemento, así:

> tan alto grado de deterioro" en los siguientes términos (...) En tal virtud, debe entenderse que dicho objeto debe estar muy deteriorado, esto es muy estropeado o muy menoscabado con miras al cumplimiento de su fin propio. En otras palabras, tal objeto debe presentarse como casi inservible.

Aunque los derechos de las víctimas son un elemento importante, que no esencial, para la aplicación del principio de oportunidad en cualquiera de sus modalidades, esta causal en particular no exige para su aplicación la indemnización de estas. Ello es así por dos (2) razones fundamentales. Primero, porque el objeto material se encuentra en alto grado de descomposición física y/o funcional, lo que conlleva a una tasación de perjuicio relativamente baja. Segundo, en consecuencia, porque la afectación a los derechos de la o las víctimas es mínima teniendo en cuenta la poca o nula utilidad del objeto material. No obstante, es recomendable que se aplique otra de las causales existentes para garantizar la indemnización de la víctima (causal primera, causal séptima) o lograr una indemnización acorde con el daño producido, si ello es posible.

Ahora, es importante aclarar que la identidad y utilidad del objeto material involucrado deberá analizarse en cada caso concreto y de conformidad con las circunstancias especiales del mismo en relación con el propietario o sujeto pasivo de la conducta.

2.2.1.11. Causal 11

"Cuando la imputación subjetiva sea culposa y los factores, que la determinan califiquen la conducta de mermada significación jurídica y social" (Ley 906 de 2004, artículo 324, numeral 11). La causal en comento aplica únicamente para los delitos cometidos con culpa. El artículo 23 del Código Penal Colombiano define las clases de culpa de la siguiente manera:

> La conducta es culposa cuando el resultado típico es producto de la infracción al deber objetivo de cuidado y el agente debió haberlo previsto por ser previsible **(Culpa sin representación)**, o habiéndolo previsto confió en poder evitarlo **(Culpa con representación)**. (Negrilla y subrayado propio)

No obstante, cuando la norma alude a los factores de su determinación, se refiere a los criterios de imputación objetiva que han sido definidos doctrinaria de la siguiente manera,

> Será, por tanto, necesario distinguir dos momentos dentro de la imputación. Un primer juicio objetivo-subjetivo realizado ex ante, sobre la tipicidad de la conducta —juicio de atribución sobre la creación de un riesgo típicamente relevante—. En este punto, distintos principios regulativos, como el riesgo permitido, la adecuación social, la insignificancia, la confianza, serán el punto de mira de la investigación. Un segundo juicio, estrictamente objetivo, en un momento ex post, sobre la relación normativa —relación de riesgo— entre la conducta típica y el resultado —imputación objetiva en sentido estricto—. Criterios como el del incremento del riesgo, la finalidad de protección de la norma infringida o la

> evitabilidad del resultado son tenidos en cuenta en este nivel de la imputación. (Corcoy Bidasolo, 2013).

Luego, si del análisis de los estadios de imputación y de los factores que rodean el comportamiento del procesado, se concluye que los factores espaciales, temporales y específicos de la concreción del riesgo en el resultado típico, constituyen una significación social pobre, cabría la posibilidad de invocar la causal en comento. En el argot profesional estos delitos de características insignificantes reciben el nombre de delitos bagatela en los que se raya con la ausencia de antijuridicidad material a falta de "lesión o puesta en peligro **efectiva** del bien jurídico" (Negrilla y subrayado propio) (C. P., art. 11).

La Corte Constitucional, en Sentencia C-095 de 2007, definió la expresión

> mermada significación jurídica y social" en los siguientes términos (...) Ahora bien, la mermada significación social de una conducta proviene de una serie de circunstancias como, por ejemplo, las condiciones personales en las que el agente actuó (bajo cansancio extremo, tensión extrema, insomnio, ingesta de medicamentos, etc.), el poco valor del objeto del delito en los tipos penales que protegen el patrimonio económico (hurto de una fruta...), el contexto social en el cual la conducta se ejecuta, o cualquiera otras que sólo se conocen en las circunstancias concretas e infinitas en posibilidades que compete conocer al fiscal en cada caso, y que son establecidas probatoriamente en cada ocasión.

En consecuencia, tanto el fiscal competente como el Juez de Control de Garantías deberán realizar un juicio análogo al que realizaría el Juez de Conocimiento para imponer la pena, de conformidad con el artículo 61 del Código Penal. Habrá que analizar —y en el caso de fiscal, sustentar—, los factores normativos y sociológicos que rodearon el comportamiento del procesado, para terminar la insignificancia social de su actuar.

2.2.1.12. Causal 12

> "Cuando el juicio de reproche de culpabilidad sea de tan secundaria consideración que haga de la sanción penal una respuesta innecesaria y sin utilidad social" (Ley 906 de 2004, artículo 324, numeral 12).

La causal en comento parte de analizar el comportamiento desplegado por el procesado a la luz del juicio de reproche que es el último de los elementos que se analizan en sede de culpabilidad. Recuérdese que los elementos de la culpabilidad son: i) capacidad de comprender y de determinarse conforme a dicha comprensión (ausencia de causales de inimputabilidad), ii) conciencia de la antijuridicidad del hecho, que la persona sepa que su conducta está prohibida por el derecho y aun así actúa en su contra, iii) juicio de reproche también llamado juicio de exigibilidad, la persona pudo actuar según lo preceptuado por la norma y no lo hizo, o a la inversa, cualquier persona en la misma situación hubiese obrado de ese manera.

La causal es construida bajo los presupuestos de necesidad de pena y función que ha de cumplir en el caso concreto al que se refiere el artículo 61 del Código Penal Colombiano. Si la sanción penal no cumpliría con los fines consagrados en el artículo 4 de la Ley 599 de 2000, el fiscal podrá invocar esta causal como salida alterna al proceso.

Si se atiende a los postulados de la dogmática jurídico penal, partiríamos del supuesto de que esta causal únicamente aplica a personas que han actuado con conciencia de la antijuridicidad de su comportamiento. A contrario sensu, personas que actúan en error de prohibición no podrían cobijarse con esta causal, entre otras razones porque si se trata de un error invencible lo correcto es que proceda la absolución. Así las cosas, el fiscal del caso podrá solicitar la preclusión de la acción penal.

No obstante, la doctrina ha considerado que el elemento "secundaria consideración" alude a los supuestos de "culpabilidad disminuida", en los que, pese a que la persona es culpable, su comportamiento se determinó por la existencia de circunstancias sociales, económicas, psíquicas, etc., que de alguna manera condicionaron su libertad. Por ejemplo, las causales de menor punibilidad definidas por el legislador en los artículos 55, 56 y 57 del Código Penal Colombiano. También admite la posibilidad de aplicarla en los casos de error de prohibición vencible contenido en el numeral 11 del artículo 32 de la Ley 599 de 2000 (Bedoya Sierra *et al.*, 2010).

Estamos de acuerdo con esta última acepción dado que lo relevante de la causal es precisamente que la respuesta punitiva carezca de relevancia y el hecho de que la persona actúe, en el marco de un error de prohibición vencible con influencia de circunstancias que condicionaron de alguna manera su libertad o, sólo con estas últimas y que se evidencie que la pena no sería útil o necesaria, no habría una razón distinta para negar la aplicación de esta causal.

Lo anterior además porque, se recuerda que, el principio de oportunidad propende por "favorece la posibilidad de adelantar procesos en tiempos razonables, de conformidad con la gravedad de las conductas investigadas, y permite dar tratamiento diferenciado a delitos que por sus características intrínsecas no representan lesión significativa del orden social" (Corte Constitucional, Sentencia C-738-08), se considera que el análisis de la causal no debe cimentarse sobre el tercer elemento de la culpabilidad desde el punto de vista dogmático, sino sobre situaciones en las que es evidente que, aunque el procesado podía actuar de otra manera, las condiciones económicas, sociales, familiares, profesionales o personales que rodearon su comportamiento hacen de la respuesta punitiva un exceso en contraste con el injusto cometido. Se trata de situaciones límite en las que el comportamiento del procesado no alcanza el umbral de una causal de justificación, pero tampoco se considera necesario imponer una pena.

En este punto recuérdese que

> El estudio del principio de oportunidad no aborda una cuestión jurídica sustancial ni de dogmática penal. Se trata, más bien, de una cuestión política instrumental, de la atribución de una función dis-

> crecional a un sujeto procesal, que además es un órgano público con funciones estatales. En tal virtud, desde la perspectiva jurídica su estudio no corresponde propiamente al Derecho Penal sino al Derecho Procesal Penal (...) este, (...) continúa filtrando y seleccionando las conductas, pero en concreto, caso a caso, en virtud no solo de la interpretación y aplicación de las normas sustanciales, sino profundizando en sus circunstancias fácticas, probatorias y políticas, atendiendo al contexto social, político, económico y la coyuntura específica. (Mestre Ordoñez, 2017, pp. 35-36).

Las circunstancias de menor punibilidad fijadas por el legislador (ira e intenso dolor, circunstancias de marginalidad, ignorancia o pobreza extremas, apremiantes circunstancias personales o familiares etc.), el error de prohibición vencible y las situaciones no reguladas, pero analizadas desde el punto de vista de la no exigibilidad de otra conducta, han de ser tenidas en cuenta en la aplicación de esta causal.

Un buen ejemplo para demostrar la aplicación de esta causal de principio de oportunidad lo constituye el aborto. El aborto está penalizado en el artículo 122 del Código Penal con penas que van desde los 16 hasta los 54 meses de prisión. Consiste en la interrupción de embarazo por fuera de las 3 excepciones autorizadas por la Corte Constitucional en Sentencia C-355 de 2006, a saber: aborto terapéutico, peligro para la vida o la salud de la mujer; aborto ético, producto de un delito sexual cometido contra la gestante; y aborto embriopático, grave malformación del feto.

El pasado 5 de febrero de 2020, el periódico El Tiempo publicó un análisis efectuado por la Fiscalía General de la Nación en relación con el punible de aborto. Con fines prácticos, usaremos las cifras contenidas en la publicación para abordar la causal sub examine. Así, tomemos como base la siguiente gráfica,

Figura 1. Las cifras de la judicialización del aborto, según la Fiscalía General

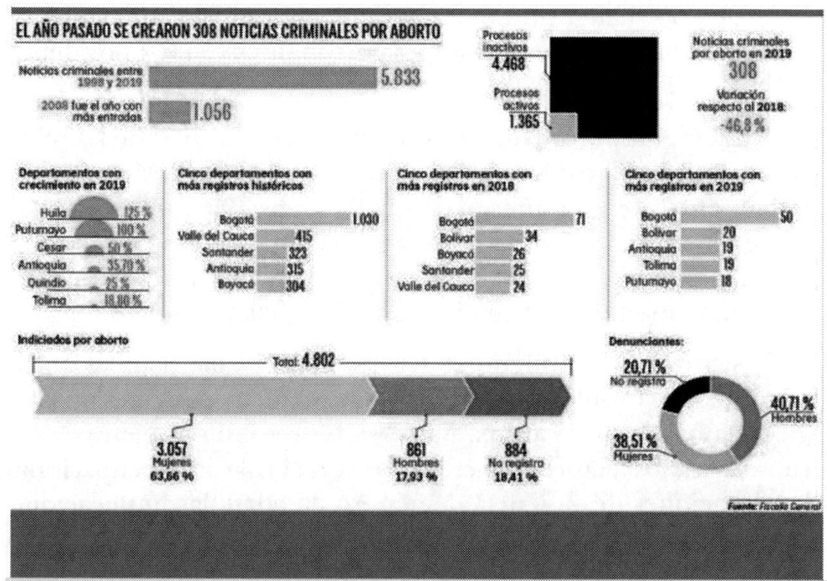

Fuente: (El *Tiempo, 2020a)*

Por obvias razones, analicemos la variable de indiciados. De 4.802 personas procesadas por el punible de aborto, 3.057 son mujeres, es decir, el 63.66 %. En el 18.41 % no se especifica el sexo (El Tiempo, 2020a).

Un primer aspecto para considerar, en el supuesto de viabilidad de la presente causal en un caso concreto, consiste en identificar la situación de vulnerabilidad de las mujeres procesadas. Según el análisis: i) el 34 % (unas 275 mujeres) son "amas de casa" o trabajan en servicios doméstico, ii) un 2, 75 % (unas 22 mujeres) se encontraban desempleadas, iii) un 19.25 % (unas 154 mujeres) eran universitarias, iv) un 13.6 % (unas 109 mujeres) eran estudiantes de secundaria y v) un 2.7 % (unas 22 mujeres) se dedicaban a trabajos sexuales (El Tiempo, 2020a).

Un segundo aspecto para considerar consiste en circunstancias de violencia de género que han sufrido las mujeres procesadas, volviendo a la vulnerabilidad de la mujer procesada. Según el análisis, el 29.77 % (unas 910 mujeres) cuentan con registro en la fiscalía por haber sido víctimas de delitos: el 30 % por violencia intrafamiliar, el 26 % por lesiones personales y el 11 % por delitos sexuales. (Tiempo, 2020a).

Un tercer aspecto para considerar alude a la edad de las mujeres procesadas. Según el análisis, i) 34.6 % (unas 1.058 mujeres) tenían entre 18 y 28 años, ii) 16.19 % (unas 495 mujeres) tenían entre 14 y 17 años y iii) por lo menos cuatro de las denunciadas tenían menos de 14 años. Es decir que el 50.79 % de las denunciadas tenían menos de 30 años. (Tiempo, 2020a).

Las cifras anteriormente descritas, sin que ellas sean las únicas que puedan considerarse (dado que se plantean con fines pedagógicos), nos permiten aproximarnos a los requisitos objetivos de la causal. Así, los factores relacionados con el rol social ocupacional, las situaciones de violencia de género, la edad, las implicaciones psíquicas y físicas que conllevan una interrupción del embarazo, constituyen fenómenos para que el juicio de reproche de culpabilidad sea de secundaria consideración o para prescindir de la sanción penal por ser innecesaria e inútil.

2.2.1.13. Causal 13

> Cuando se afecten mínimamente bienes colectivos, siempre y cuando se dé la reparación integral y pueda deducirse que el hecho no volverá a presentarse. (Ley 906 de 2004, artículo 324 numeral 13).

El Código Penal Colombiano ha consignado como bienes colectivos, entre otros, el patrimonio cultural sumergido (título VII-A), la fe pública (Título IX), el orden económico social (Título X), los recursos naturales y el medio ambiente (Título XI), la seguridad pública (Título XII), la salud pública (Título XIII), la administración pública (Título XV), la eficaz y recta impartición de justicia (Título XVI), y la existencia y seguridad del estado (Título XVII). Dentro de éstos existe prohibición expresa para aplicar el principio de oportunidad (con excepción de las causales cuarta y quinta para quienes no sean máximo jefes, cabecillas, determinadores, organizadores promotores o directores de organizaciones delictivas) en los delitos contenidos en el Capítulo II del Título XIII, terrorismo, financiación del terrorismo, y administración de recursos relacionados con actividades terroristas, contenida en el parágrafo 1 del artículo 324 del Código de Procedimiento Penal.

La aplicación de la causal 13 se supedita a la existencia de cuatro (4) elementos fundamentales: i) peligro o lesión sobre bienes jurídicos colectivos, ii) afectación mínima sobre los bienes jurídicos colectivos, iii) la reparación integral a las víctimas, iv) y la garantía de no repetición.

Los bienes colectivos se caracterizan por proteger intereses de la sociedad no adjudicables materialmente a ningún sujeto en particular. Algunos de los tipos penales se construyen sobre la base de la anticipación de las barreras de protección por lo que constituyen delitos en de peligro abstracto y de peligro concreto. En tanto que en los delitos de peligro no hay un resultado empíricamente verificable, y que en muchos casos no se pueden individualizar víctimas concretas, los requisitos 2 y 3 para la aplicación de la causal resultan ser especialmente difíciles de identificar.

En relación con la valoración sobre la afectación al bien jurídico, la regla general es que los punibles individualmente considerados no cuentan con la entidad suficiente para ponerlo efectivamente en peligro, pero sumado con los comportamientos de otros sujetos sí puede hacerlo (lo que la doctrina ha denominado efecto acumulativo). No obstante, se recuerda que el Derecho Penal colombiano se asienta sobre el acto que se comete y no sobre la relación de este con otros cometidos en circunstancias de tiempo, modo, lugar y autor distintos. Por tanto, para determinar la afectación al bien jurídico, deberá analizarse en cada caso concreto los dispositivos amplificadores del tipo (si los hubiere), la mayor o menor gravedad de la conducta, el daño real o potencial causado, etc.

En relación con la indemnización integral a las víctimas, el funcionario deberá identificar, a partir del daño real o potencial causado, la existencia de personas afectadas por la comisión del ilícito. Recuérdese que para la Corte Constitucional las víctimas no son sólo los sujetos pasivos sino los perjudicados con la conducta punible. Por tanto, podrán individualizarse personas que hayan sido afectadas directa o indirectamente y no limitado al perjuicio patrimonial. En caso de que no sea posible la individualización, podrá acudirse a condiciones que propendan por el trabajo a la y con la comunidad.

La garantía de no repetición en el marco de la jurisdicción ordinaria y particularmente en la aplicación del principio de oportunidad, no se sigue por los mismos principios y finalidades que la pregonada en la justicia transicional. Lo que se pretende con esta exigencia es que se demuestren elementos suficientes para garantizar que el comportamiento delictivo no se va a producir en el futuro. La doctrina considera que tratándose de delitos esporádicos, el padecimiento del proceso penal y la obligación de reparación son un importante indicio de no repetición (Bedoya Sierra *et al.*, 2010). De conformidad con cada caso el fiscal deberá identificar las variables con las que pueda garantizar que el procesado no cometerá el ilícito en el futuro.

2.2.1.14. Causal 14

> Cuando la persecución penal de un delito comporte problemas sociales más significativos, siempre y cuando exista y se produzca una solución alternativa adecuada a los intereses de las víctimas. Quedan excluidos en todo caso los jefes, organizaciones, promotores y financiadores del delito. (Ley 906 de 2004, artículo 324, numeral 14).

La causal en comento tiene un elemento contextual único definido por el legislador como "problemas sociales". En Sentencia C-095 de 2007 la Corte Constitucional lo definió en los siguientes términos

> Se trata de situaciones de reacción social ante determinadas circunstancias históricas, que aunque como se dijo pueden llegar a

> involucrar la realización de conductas típicas, constituyen una expresión de inconformidad colectiva justificada por las circunstancias, que dudosamente implican antijuridicidad. Piénsese por ejemplo en marchas, paros, protestas ante evidenciables problemas colectivos como la falta de servicios públicos, los constantes atentados contra la paz, el desplazamiento, etc.

y en relación con la expresión "más significativos" consideró

> decir dos cosas: primero que se trata de problemas sociales de contundente gravedad o "significación", es decir de aquellos que, conforme a la experiencia colectiva, impiden gravemente la consecución de los fines comunes. Y en segundo lugar, las expresión "más significativos" indica que la persecución de las conductas punibles llevadas a cabo dentro de tales circunstancias de reacción social tendría como efecto agravar mayormente la situación conflictiva. (Corte Constitucional, Sentencia C-095 de 2007).

De lo anterior se vislumbra que los elementos para la aplicación de la causal 14 son: i) la existencia (previa)[2] de un problema social, ii) que ese problema social sea significativo y, correlativamente, que la respuesta penal lo acreciente, iii) que se produzca una solución alternativa para la solución del conflicto adecuada a los intereses de las víctimas, iv) y que no se trate de máximos organizadores, financiadores, promotores, etc.

Piénsese, por ejemplo, en las protestas sociales adelantadas por los estudiantes de las universidades públicas colombianas durante los meses de junio a noviembre de 2018. La causa de las movilizaciones estudiantiles obedeció al anuncio presidencial de recortar el presupuesto del Estado para la educación pública, al punto tal que conduciría a su insostenibilidad en un periodo no superior a cinco (5) años. En el marco de las protestas se presentaron algunos comportamientos desproporcionados consistentes en los tipos penales de daño en bien ajeno y lesiones personales, entre

---

2 La expresión "comporte", según el Diccionario de la Real Academia Española, XXII edición, 2001, significa: Conllevar, implicar.

otros. Piénsese que un par de representantes estudiantiles son capturados por la fuerza pública y puestos a disposición de la Fiscalía General de la Nación. ¿Soluciona el conflicto penalizar a estos estudiantes?, ¿cumple funciones preventivo-generales la persecución penal de estos estudiantes?, ¿la reacción de la comunidad estudiantil nacional sobre estos procedimientos sería positiva? Si la respuesta es negativa a estos interrogantes, evidentemente habría que inclinar la balanza hacia la aplicación de la causal.

En relación con la solución alternativa adecuada, la causal no se limita a los mecanismos alternativos de solución de conflictos (como si lo hace la causal séptima), sino que deja abierta la posibilidad de clausurar el conflicto y satisfacer los intereses de las víctimas. Como la causal no limita su aplicación a algunos bienes jurídicos, esta solución podrá darse de múltiples formas, a través de la indemnización, otras vías legales distintas de la penal, actuaciones administrativas, entre otras. En el ejemplo anterior, la solución propuesta por la comunidad estudiantil —aunque fue siempre su primera vía— fue la de establecer una mesa de diálogo con el ejecutivo.

Parte de la doctrina considera que para la aplicación de la causal debe estarse en presencia de un delito cometido por un número plural de personas (pluralidad de sujeto activo) (Bedoya Sierra *et al.*, 2010). Sin embargo, el articulado de la causal en ningún momento lo contempla y tampoco limita tipos penales que por naturaleza se cometen por un número plural de personas. Si se admitiera esta apreciación la naturaleza de la causal perdería su razón de ser. No podría aplicarse si, pese a haber un número plural de personas en el desarrollo del problema social, sólo uno de ellos comete una conducta típica, ni cuando, pese a haber un número plural de procesados, algunos prefieren allanarse a cargos, por ejemplo, porque no podría garantizarse la solución alternativa a los intereses de las víctimas, y tampoco cuando exista ánimo conciliatorio de unos y no de otros procesados para la satisfacción de los derechos de las víctimas, etc. Parece que se confunde la exigencia de que sea un problema social significativo que involucre un número plural de personas con la comisión del delito en cabeza de un número plural de personas. La interpretación correcta ha de ser necesariamente la primera.

2.2.1.15. Causal 15

> Cuando la conducta se realice excediendo una causal de justificación, si la desproporción significa un menor valor jurídico y social explicable en el ámbito de la culpabilidad. (Ley 906 de 2004 artículo 324, numeral 15).

El Código Penal Colombiano, en su artículo 32, contempla las situaciones en las que una persona actúa amparado en una causal de justificación, entendida esta como una situación en la que se legítima un actuar contrario a derecho con miras a proteger un derecho propio o ajeno. Las causales de justificación por excelencia son la legítima defensa (numeral 6, artículo 32) y el estado de necesidad justificante (numeral 7, artículo 32).

Cuando se presenta un exceso en el comportamiento amparado en una causal de justificación (por expresa consagración legal del inciso 2 del numeral 7 del artículo 32, para las causales 3, 4, 5, 6 y 7) bien sea en los medios, bien sea en los bienes jurídicos, se habla de desproporcionalidad. Ese exceso se evidencia en el sobrepaso de los límites legales fijados.

Según la causal 15 para la aplicación del principio de oportunidad, cuando una persona actúa en el marco de una causal de justificación, pero su respuesta excede los límites propios de la misma, deberán analizarse las circunstancias fácticas y probatorias que conlleven a determinar si su comportamiento conlleva un menor valor jurídico y social en el ámbito de la culpabilidad.

En este caso volveremos a la problemática ya esbozada en el análisis de la causal 12 del principio de oportunidad. Si se sigue estrictamente la teoría del delito, a diferencia de la causal 12 que habla únicamente del juicio de reproche de culpabilidad, en la causal 15 alude al ámbito de la culpabilidad, por lo que en esta variable se incluiría el análisis de inimputabilidad, la consciencia de la antijuridicidad y el juicio de reproche.

Con fines ilustrativos, se usará un caso con algunas variaciones que permitan comprender los elementos objetivos de la causal bajo análisis. De acuerdo con el reporte oficial de la Policía, el ladrón

> intentaba hurtar una motocicletas de placas EES-23F, marca pulsar, color negro, en compañía de otro sujeto, quienes empleando modalidad de hurto, herramienta de pesa y destornillador, lograron violentar el seguro y el suiche de la motocicleta, una vez logran el objetivo, intentan llevarse la motocicleta, es por ello que **el dueño de la motocicleta se percata del hurto, quien desenfunda su arma de fuego propinándole 01 impactos por Arma de fuego, en la región de la cabeza ocasionándole la muerte en vía pública**". (Negrilla y subrayado propios) (El Tiempo, 2020b).

En el presente asunto el dueño de la motocicleta recibirá el nombre de A. A actuó en legítima defensa de un bien propio, pero excedió los límites de la causal de justificación, en tanto que hubiese sido suficiente un disparo no mortal para repeler el ataque del ladrón y por ello su comportamiento constituye un exceso que de conformidad con el artículo 32 inciso 2 del numeral 7. No obstante, algunas circunstancias que pueden implicar un menor valor jurídico y social en el ámbito de la culpabilidad, podrían ser[3]:

- A carecía de antecedentes penales (valor jurídico).
- A actuó impulsado por apremiantes circunstancias personales o familiares dado que la moto era su único medio de sustento por ser mensajero (valor jurídico).
- A se entregó a las autoridades una vez cometió el hecho (valor jurídico).
- A llamó una ambulancia después de cometer el hecho (valor jurídico).

---

3 Hipótesis no contenidas en el caso real.

- A actuó impulsado por un temor intenso de sufrir un daño en su integridad física (valor jurídico).
- A actuó para evitar un daño para sí mismo (valor social).
- A, consciente de la ausencia de la policía en su barrio, actuó para proteger su medio de subsistencia (valor social).
- A sabía que había otra persona que acompañaba al ladrón y podía haberle hecho daño (valor social).

La doctrina ha manifestado que:

> Si el exceso se encuentra en relación, por ejemplo, con el miedo insuperable o el temor intenso, una situación de trastorno mental **que no exonera**, en una situación de ignorancia o marginalidad no inculpante, puede resultar procedente la aplicación del principio de oportunidad (Negrilla y subrayado fuera del texto) (Bedoya Sierra et al., 2010, p. 196).

En relación con los elementos que se analizan en juicio de exigibilidad o reproche, sí es perfectamente viable hacer una ponderación entre el comportamiento y los valores jurídico y social que este conlleva. Volvemos a las circunstancias de menor punibilidad consagradas en el Estatuto Penal Colombiano en sus artículos 55, 56 y 57 e incluso a los presupuestos del artículo 61 del mismo ordenamiento.

Así las cosas, para la aplicación de la causal 15 del principio de oportunidad se requiere que: i) El procesado actúe amparado en una causal de justificación, ii) que su comportamiento supere los límites propios de la causal, motivo por el cual se presente un exceso por desproporción, iii) que las circunstancias que rodearon el comportamiento sean valoradas favorablemente de conformidad con los datos fácticos y probatorios existentes, iv) y que esas valoraciones nominen al exceso como de mermado valor jurídico y social. En síntesis,

> Cuando un agente obre en exceso de una causal de justificación (por ejemplo, legítima defensa o estado de necesidad), y ese exceso implique una desproporción derivada de una circunstancia que incida en la culpabilidad (juicio de reproche), puede considerarse

la aplicación de esta causal de principio de oportunidad. (Bedoya Sierra *et al.*, 2010, p. 197).

2.2.1.16. Causal 16

Cuando quien haya prestado su nombre para adquirir o poseer bienes derivados de la actividad de un grupo organizado al margen de la ley o del narcotráfico, los entregue al fondo para reparación de víctimas siempre que no se trate de jefes cabecillas, determinadores, organizadores promotores o directores de la respectiva organización. (Ley 906 de 2004, artículo 324, numeral 16).

La causal en comento tiene como finalidad la recuperación de bienes producto de actividades de grupos organizados al margen de la ley o del narcotráfico para alimentar el fondo para reparación de las víctimas, creado por la Ley 975 de 2005 en su artículo 57 y regulado por el artículo 17 del Decreto 4670 de 2005.

De la definición del articulado pareciere que la causal en comento se cimienta sobre el tipo penal de testaferrato contenida en el artículo 326 del código de penal colombiano. No obstante, existen otros tipos penales como el enriquecimiento ilícito de particulares y el lavado de activos (en lo que atiende a delitos que no se encuentran contenido en el parágrafo 3 del artículo 324 del código de procedimiento penal) sobre los que podría aplicarse esta salida alterna.

En relación con el testaferrato, la causal sólo aplica para el parágrafo 1 (Bedoya Sierra *et al.*, 2010, pp. 200-201). No aplica para el parágrafo 2 por expresa prohibición legal del artículo 26 de la Ley 1121 de 2006, que contempla:

Cuando se trate de delitos de terrorismo, financiación de terrorismo, **secuestro extorsivo, extorsión y conexos**, no procederán las rebajas de pena por sentencia anticipada y confesión, ni se concederán subrogados penales o mecanismos sustitutivos de la pena privativa de la libertad de condena de ejecución condicional o suspensión condicional de ejecución de la pena, o libertad condicional. Tampoco a la prisión domiciliaria como sustitutiva de

> la prisión, ni habrá lugar ningún otro beneficio o subrogado legal, judicial o administrativo, **salvo los beneficios por colaboración consagrados en el Código de Procedimiento Penal, siempre que esta sea eficaz**. (Negrilla y subrayado propio).

Sin embargo, teniendo en cuenta que se admiten beneficios por colaboración, en los casos de delitos de secuestro extorsivo, extorsión y conexos, podría adelantarse el principio de oportunidad únicamente por las causales cuarta y quinta del artículo 324 del C.P.P.

En el mismo sentido de la causal 14, se consagra expresa prohibición de aplicación de la causal a los máximos responsables, jefes, organizadores, financiadores, cabecillas de dichos grupos organizados.

2.2.1.17. Causal 17

Principio de oportunidad para los delitos de cohecho. (No 18 del artículo 324 de la ley 906 de 2004 —adicionado por la Ley 1474 de 2011 artículo 40— en tanto que la causal 17 fue declarada inexequible por la Corte Constitucional en sentencia C-936 de noviembre 23 de 2010. M.P. Luis Ernesto Vargas Silva).

> Cuando el autor o partícipe en los casos de cohecho formulare la respectiva denuncia que da origen a la investigación penal, acompañada de evidencia útil en el juicio, y sirva como testigo de cargo, siempre y cuando repare de manera voluntaria e integral el daño causado.
> Los efectos de la aplicación del principio de oportunidad serán revocados si la persona beneficiada con el mismo incumple con las obligaciones en la audiencia de juzgamiento.
> El principio de oportunidad se aplicará al servidor público si denunciare primero el delito en las condiciones anotadas. (Ley 906 de 2004, artículo 324, numeral 18).

En el marco de la política de prevención, investigación y sanción de actos de corrupción y con miras a lograr la efectividad del control de la gestión pública, se expidió la Ley 1474 de 2011. En ella se contempló la posibilidad de acceder al principio de oportunidad en los tipos penales contenidos en el capítulo tercero del Título XV, dentro de los delitos contra la administración pública.

El articulado es una mezcla de las causales cuarta y quinta del artículo 324 de la Ley 906 de 2004. Aunque en este supuesto el beneficiado sigue siendo sujeto pasivo de la acción penal, renuncia a su derecho a no autoincriminarse y denuncia antes de que empiece la investigación. La diferencia radica en los parámetros del numeral 18 deberá cumplir con cuatro (4) condiciones: i) presentación de la denuncia correspondiente, ii) entregar evidencia útil que dé fe de la existencia de la conducta punible, iii) servir de testigo de cargo de la fiscalía en la audiencia de juzgamiento del servidor público o particular (inciso 3 numeral 18) procesado, iv) y reparar voluntaria e integralmente el daño causado. Este último requisito es quizás el más complejo de ejecutar en tanto que, por tratarse de un bien jurídico colectivo, es probable que no existan perjudicados, y por tanto la reparación deba surtirse en actividades y por vías distintas a la indemnización integral.

2.2.2. *Modalidades de aplicación*

De conformidad con lo dispuesto por el artículo 250 de la Constitución Política de Colombia, por el artículo 233 de la Ley 906 de 2004, modificado por la Ley 1312 de 2009 artículo 1, y por el artículo 8 de la Resolución 4155 de 2006 emitida por la Fiscalía General de la Nación, las modalidades en las que opera el principio de oportunidad son las siguientes,

A. Suspensión. "Se imponen determinadas condiciones al procesado y se suspende la persecución penal hasta que se materialicen. Una vez se logren, la fiscalía renuncia al ejercicio de la acción penal" (Resolución 4155 de 2016, artículo 10).

La modalidad de suspensión de la acción penal se encuentra expresamente definida en los artículos 325 y 326 del Código de Procedimiento Penal. Como modalidad de aplicación cabe, en principio, en la totalidad de las causales contenidas en el artículo

324 de la Ley 906 de 2004. Así lo interpretó la Corte Constitucional en Sentencia C-979 de 2005:

> Se ha indicado que uno de los supuestos a través de los cuales opera el principio de oportunidad es la suspensión de la investigación. En el modelo configurado por la nueva ley procesal se le denomina suspensión del procedimiento a prueba (Art. 325 C.P.P.) (...) Esta modalidad de ejercicio del principio de oportunidad consiste en la prerrogativa para el imputado de solicitar al Fiscal la suspensión de la actuación por un período de prueba que no podrá ser superior a tres (3) años, acompañada del ofrecimiento de un plan de reparación integral del daño. Es un espacio para la aplicación de mecanismos de justicia restaurativa, particularmente la mediación, en los eventos en que ésta resulte procedente.

Para la procedencia de la Suspensión de Procedimiento a Prueba como modalidad del Principio de Oportunidad, habrán de presentarse las siguientes circunstancias: i) que el procesado manifieste un plan de reparación de daño en el marco de la justicia restaurativa (por mediación, reparación integral o reparación simbólica de forma inmediata o a plazos); ii) que el procesado se someta a alguna o algunas de las condiciones contempladas en el artículo 326 del Código de Procedimiento Penal por un lapso que puede ser igual o inferior a (3) años. Las condiciones pueden modificarse o adicionarse en el transcurso de la suspensión siempre que medie aval de juez de Control de Garantías (Resolución 4155 de 2016, artículo 10, parágrafo 2); iii) que el procesado se someta a la vigilancia del fiscal durante el periodo de prueba. Ospina Vargas (2018b), considera que si no hay aceptación voluntaria y expresa del procesado no sería posible invocar esta modalidad del principio, al respecto afirma:

> Claro está, en el entendido que se reglarán unas condiciones que van en desmedro de derechos o libertades, **es indispensable que el sujeto pasivo de la persecución penal acepte**, sin ningún vicio del consentimiento, la aplicación de este supuesto del "principio" de oportunidad. (Negrilla y subrayado propios) (p. 40).

La aplicación de esta modalidad ha generado controversias en relación con los delitos frente a los cuales procede. Recuérdese que la mediación, como mecanismo de justicia restaurativa, está regulada en el Capítulo III del Libro VI del Código de Procedimiento Penal y para su procedencia impone que se trate de "delitos perseguibles de oficio cuyo mínimo de pena no exceda de cinco (5) años de prisión" (Ley 906 de 2004, artículo 524). No obstante, se comparte la apreciación esbozada por algunos doctrinantes (Ospina Vargas, 2018; Forero Ramírez, 2013) en el entendido que la suspensión del procedimiento a prueba exige el cumplimiento de condiciones y limitaciones sobre el procesado que no contemplan las modalidades de interrupción o renuncia, aplicables a todos los delitos y las causales del principio de oportunidad (véase análisis de la causal séptima de este documento).

Adicionalmente, la modalidad incluye, además de la mediación, otros mecanismos de justicia restaurativa que no dependen de límites punitivos como la reparación integral o simbólica. En relación con el segundo aspecto Ospina Vargas (2018b) afirma que

> Cabe aclarar que la S. Del P. a P. no exige de manera preliminar una mediación, puesto que sin ella de igual forma es factible presentar una propuesta al fiscal radicando de modo directo el plan de reparación (...) En suma, se puede arribar a la suspensión no solo gracias a la mediación, sino también a un convenio extrajudicial o a la solicitud directa del peticionario avalada por el fiscal. (p. 50).

B. Interrupción. "No se impone condición alguna para la aplicación del principio de oportunidad" (Resolución 4155 de 2016, artículo 9).

La modalidad en comento ha suscitado un sin número de controversias a nivel doctrinal en tanto que no cuenta con una definición legal ni jurisprudencial y la definición dada por la resolución 4155 de 2016 pareciere complicar aún más su comprensión. Esta definición adoptada por la fiscalía ha sido apoyada por un sector de la doctrina. Al respecto Mestre Ordoñez (2017) expresa que:

> En Colombia, con origen constitucional, existen tres modalidades de aplicación del Principio de Oportunidad: por una parte la renuncia, para la cual se reservan los efectos extintivos y definitivos y por la otra, la interrupción y la suspensión, que comparten el efec-

> to precario sobre la pretensión penal (...) **pero que se diferencian porque la tercera se supedita al cumplimiento de determinadas condiciones** (...) por lo cual puede clasificarse en condicionado (suspensión) o incondicionado (interrupción). Así, la definitividad de los efectos extintivos o la reanudación de la persecución penal pueden estar sometidas al cumplimiento voluntario de una serie de circunstancias, por regla general vinculadas a la conducta del infractor y relacionadas con el contexto, las causas y/o las consecuencias del respectivo conflicto (...) En Colombia la suspensión del procedimiento a prueba es un ejemplo claro de la modalidad condicional del Principio de Oportunidad. (Negrilla y Subrayado propios) (Mestre Ordoñez, 2017, pp. 53-54).

En tanto que existen causales del artículo 324 del Código de Procedimiento Penal que no habilitan la suspensión del procedimiento a prueba, porque, por ejemplo, las condiciones impuestas dentro de las causales no se encuentran expresamente definidas para esta modalidad en el artículo 326 del Estatuto Procedimental, no se puede compartir tal apreciación para la modalidad de interrupción —la de no exigir condición alguna—, porque si ello fuera así, se dejaría sin posibilidad de suspender o interrumpir algunas causales de principio de oportunidad tal y como está regulado en Colombia. En ese sentido se pronunció Ospina Vargas (2018a), al afirmar que:

> varias de las causales legales del criterio de oportunidad comunes a sus tres variantes, llevan implícitas condiciones. En ese sentido, con la postura de la citada reglamentación, se impediría el uso de la interrupción de la acción penal sobre un número importante de causales (p. 14).

Por lo tanto, se propone una posible salida de interpretación, distinguiéndola de los requisitos necesarios para que operen la suspensión y la renuncia.

La interrupción de la acción penal será procedente cuando: i) Se supedite la extinción de la acción penal a la concreción de una situación que no depende del procesado; ii) se supedite la extinción de la acción penal hasta que el procesado cumpla una condición no consagrada expresamente en el artículo 326 del Código de Procedimiento Penal; iii) se requiera de un término espaciotemporal para su materialización. Si se dan estos supuestos, de manera individual o conjunta, procede la modalidad en comento.

A y B son consideradas "figuras intermedias", en tanto que están orientadas a preparar la renuncia de la acción penal. Se diferencian porque la suspensión de la acción penal dependerá, entre otros requisitos, del cumplimiento de condiciones (una o varias) de las consignadas en el artículo 326 del Estatuto Procedimental, en tanto que la interrupción se fundamentará únicamente en la necesidad de que se presente, o una situación ajena al procesado (que no dependa de él pero que lo involucre dentro de los elementos normativos de alguna causal de aplicación), o una condición a su cargo de las que no están contenidas en la modalidad de suspensión expresamente definidas por el legislador.

La diferencia fundamental entre la figura de la interrupción y la suspensión radica en que la primera no cuenta con un término legal para su aplicación, mientras que, en la segunda, el cumplimiento de las condiciones se supedita a un plazo no superior a tres (3) años (artículo 326, Ley 906 de 2004). En el caso de la interrupción el plazo se supeditaría a la materialización —o no— de la situación o condición exigidas.

En ambas modalidades, si las condiciones o exigencias particulares de cada una se presentan positivamente, habrá de solicitarse la renuncia de la acción penal en el momento que se materialice; en caso contrario habría de retomarse la acción penal al momento en que se autorizó la aplicación del principio de oportunidad.

C. Renuncia. "Se desiste definitivamente de la persecución penal de uno o varios hechos que configuran uno o más delitos. La consecuencia jurídica es la extinción de la acción penal" (Resolución 4155 de 2016, artículo 11; Cfr. Ley 906 de 2004, artículo 329).

La elección por una de estas modalidades dependerá de la consideración de una serie de variables que comprenden, por un lado, la naturaleza de la causal que se pretenda invocar en la solicitud del principio, y, por otro, las competencias asignadas para la aplicación de este criterio de oportunidad al interior de la Fiscalía General de la Nación.

Cualquiera sea la modalidad aplicable a la causal objeto del principio de oportunidad, este debe solicitarse y legalizarse ante Juez de Control de Garantías. En ese sentido se pronunció la Corte Constitucional en Sentencia C-979 de 2005 al declarar la inexequibilidad de la expresión "siempre que con esta se extinga la acción penal" contenida en el artículo 327 inicial, así:

> Resulta entonces claro que conforme al propio tenor de la norma superior (Art. 250 C.P.), así como a la interpretación autorizada del mismo, el control jurisdiccional que exige la aplicación por parte de la Fiscalía General de la Nación del principio de oportunidad, está referido a todos los supuestos a través de los cuales opera este instrumento, vale decir, la interrupción, la suspensión y la renuncia a la acción penal. (Corte Constitucional, Sentencia C-979 de 2005) (En el mismo sentido ver el artículo 17 de la Resolución 4155 de 2016).

Tomando como presupuesto las consideraciones de la resolución que orienta a la Fiscalía General de la Nación en la que aseveró con contundencia que "la aplicación del principio de oportunidad procede **en todos los eventos, salvo** los señalados en los parágrafos 1,3 y 4 del artículo 324 de la ley 906 de 2004, y en el parágrafo 175 del código de infancia y adolescencia" (Negrilla y subrayado propio) (Resolución 4155 de 2016), la suspensión, la interrupción y la renuncia caben, en principio, para la totalidad de las causales contenidas en el artículo 324 del Estatuto Procedimental Colombiano. No obstante, se realizará un acercamiento de estas —de conformidad con sus elementos normativos estructurales— para identificar la viabilidad de aplicación de las modalidades existentes, sin entrar en consideraciones más profundas, tomando en cuenta que estas excederían las pretensiones de este trabajo y que siempre es importante ajustar las causales y su modalidad caso a caso.

En la causal primera es posible aplicar la suspensión, la interrupción y la renuncia de la acción penal. En el primer caso, por ejemplo, cuando la reparación integral de la víctima se haga en el marco de un plan de reparación a plazos, porque el procesado no cuenta con los recursos necesarios para hacerlo inmediatamente, en consonancia con el numeral G del artículo 326 del Estatuto Procedimental (y las demás que el fiscal considere son pertinentes según los detalles del caso). Podría aplicarse la interrupción, por ejemplo, en caso de que la víctima aún no haya sido conocida o individualizada y se preste la correspondiente caución. La renuncia cabe en el evento que se pueda reparar integralmente a la víctima reconocida e individualizada de manera inmediata (véase análisis de la causal 1 en relación con el concepto de reparación integral).

En relación con la segunda causal es probable que se presente la interrupción y la renuncia. La interrupción procede si la solicitud de extradición del Estado requirente se encuentra en trámite, bien en el marco de las investigaciones o recolección de pruebas necesarias para la solicitud por parte del Estado requirente, bien en el desarrollo del proceso de extradición ante el ejecutivo en Colombia y aún no se ha autorizado. Si la solicitud de extradición fracasara, podría reanudarse el proceso penal en el Estado colombiano. La renuncia procederá cuando la extradición ha sido efectiva y la persona se encuentra bajo el control de las autoridades extranjeras requirentes para no vulnerar la *non bis in ídem.*

Al margen de las problemáticas que encarnan la expresión "la sanción imponible en Colombia carezca de importancia comparada con la impuesta en el extranjero", la causal tercera podría seguir la misma línea de la segunda. Cabría la posibilidad de interrumpir la acción penal hasta tanto se haga efectiva la extradición del procesado, bien por requerimiento del Estado extranjero que cuenta con sentencia ejecutoriada con el procesado, bien por ofrecimiento del Estado colombiano en el marco de la cooperación internacional. Si la persona es extraditada habrá de solicitarse la renuncia de conformidad con el artículo 77 del Código de Procedimiento Penal Colombiano. Si no ocurre, porque, por ejemplo, se determina que la conducta por la que fue condenado el procesado no tiene consagración legal expresa en Colombia o no guarda identidad en el supuesto de hecho del delito nacional, se reanudaría la actuación penal. En caso de que la persona se encuentre en poder de las autoridades extranjeras para cumplimiento de la sentencia, con efectos de cosa juzgada, se podría solicitar directamente la aplicación del principio de oportunidad en la modalidad de renuncia.

La causal cuarta se encuentra dentro de la Resolución 4155 de 2016 como preferente para aplicación de la modalidad de suspensión. No obstante, es perfectamente posible aplicar las modalidades de interrupción y renuncia —recuérdese, preferente pero no excluyente—. Si se aplica la modalidad de suspensión deberá realizarse el plan de reparación y la condición contenida en el numeral M del artículo 326 del Estatuto Procedimental (sin perjuicio de las demás que el fiscal considere son pertinentes según los detalles del caso). La interrupción será procedente si el procesado no cuenta con la disposición o posibilidad de ofrecer un plan de reparación, pero la información suministrada es de tal entidad que debe privilegiarse en la aplicación del principio. A este respecto recuérdese el juicio de ponderación y las consideraciones emanadas por la Corte Constitucional en Sentencia C-209 de 2007, en relación con los derechos de las víctimas que deben ceder ante un interés superior y colectivo. También lo será mientras el fiscal corrobora la información suministrada con la recolección de elementos cognoscitivos que la respalden. La renuncia procederá si se cumplen las condiciones impuestas y se corroborará lo dicho por el fiscal antes de la solicitud de aplicación del principio ante las dependencias internas correspondientes.

En el mismo sentido de la anterior, la causal quinta también fue consagrada para la aplicación de la suspensión como modalidad preferente. No obstante, la condición contemplada en esta causal en particular no se encuentra dentro de las consagradas en el artículo 326 del código de procedimiento penal por lo que, para aplicarla, junto con los demás requisitos, deberá adicionarse alguna otra u otras de las condiciones existentes en la norma. Podría pensarse que la finalidad del trato preferente por esta modalidad se cimienta sobre la posibilidad que tiene el fiscal de vigilar al procesado que se beneficiará de la aplicación del principio y de esa manera garantizar su comparecencia (parágrafo del artículo 326 del código de procedimiento penal), en tanto que con la interrupción no podría hacerlo.

Lo anterior no es óbice para aplicar la modalidad de interrupción en el evento que el procesado no desee o pueda ofrecer un plan de reparación en tanto que la condición consagrada en la causal también contempla el límite para la colaboración del procesado, esto es, la declaración como testigo de cargo en la audiencia de juzgamiento que se adelante contra otra u otras personas. Luego, la condición de declarar y la situación de que se presente la audiencia de juicio oral serán los límites de aplicación en la modalidad de interrupción, si uno de ellos no se lleva a cabo podrá reanudarse el proceso penal en contra de procesado beneficiario. Agotados positivamente los presupuestos anteriores habrá de solicitarse la renuncia con fines de extinción de la acción penal.

En relación con la causal sexta, procederán las tres (3) modalidades existentes, según las consideraciones del fiscal del turno. En principio lo más recomendable es aplicar la modalidad de renuncia de manera directa por las implicaciones personales que sufrió el procesado como consecuencia de un comportamiento imprudente. No obstante, podrá acudirse a la suspensión, por ejemplo, en casos de homicidio o lesiones culposas cometido por accidente de tránsito bajo el efecto de bebidas embriagantes, condicionada a los numerales B, F, J y/o K del artículo 326 del Estatuto Procedimental. También podría predicarse la modalidad de interrupción si por la gravedad de las lesiones recibidas y el avance del estado clínico del procesado los daños físicos o morales no han podido dictaminarse y por tanto no se ha concluido su gravedad.

Sin lugar a duda, la causal séptima remite expresamente a la modalidad de suspensión para la aplicación del principio de oportunidad, dado que supedita su existencia en tres (3) variables íntimamente ligadas a la modalidad en comento, i) el marco de la justicia restaurativa, ii) el cumplimiento de condiciones contenidas en el artículo 326 de la ley 906 de 2004, iii) y un espacio de tiempo necesario para el cumplimiento de las condiciones impuestas. Las modalidades de interrupción o renuncia de forma directa parecen no tener cabida en esta causal en específico, en tanto que para su aplicación se exige el cumplimiento de obligaciones o condiciones por parte del procesado, contenidas expresamente en el artículo 326 del Estatuto Procedimental, operante con exclusividad para aplicar la modalidad de suspensión. Agotados los requisitos con éxito, podrá acudirse a la renuncia con miras a la extinción de la acción penal.

La causal octava contempla una situación excepcional relacionada con la "existencia de un riesgo o amenaza grave para la seguridad exterior del Estado". Ante la seriedad que implica un riesgo para la seguridad exterior del Estado, lo más recomendable en estos casos es acudir a la modalidad de la renuncia de manera prioritaria. No obstante, si ese riesgo o amenaza grave puede valorarse como perecedero o débil, la posibilidad de aplicar la modalidad de interrupción es viable. En estos aspectos habrá que tenerse un olfato político-estratégico lo suficientemente fuerte y responsable para definirse por la modalidad a imponer.

La causal novena parece no aplicarse en la modalidad de suspensión, en tanto que los bienes jurídicos afectados no son individuales y por tanto es posible que no existan víctimas reconocidas e individualizadas. En ese orden de ideas, no habría cabida para la justicia restaurativa, ni la manifestación de un plan de reparación. No obstante, si las hubiere (de conformidad con el concepto emanado por la Corte Constitucional en Sentencia C-516 de 2007), podría pensarse en su aplicación siempre que se cumplan las demás condiciones impuestas por el fiscal, de conformidad con el artículo 326 del Código de Procedimiento Penal. Parece que el escenario más loable en esta causal es la modalidad de interrupción, tomando en consideración la existencia de la situación de reproche institucional y sanción disciplinaria correspondientes. No obstante, según la interpretación que se acoja (véase análisis de la causal novena), podría acudirse también a la modalidad de renuncia de modo directo.

Tomando en consideración las condiciones que rodean la afectación del bien jurídico del patrimonio económico dentro de la causal décima, esto es “alto grado de deterioro”, lo más recomendable es acudir a la modalidad de renuncia directamente. Podría también aplicarse la modalidad de suspensión del procedimiento a prueba, aunque sería contradictorio con las finalidades de la causal en tanto que ella pretende evitar el desgaste de la fiscalía y la destinación de recursos que hagan más costosa la persecución que la culminación por vía de salida alterna (y esta puede tener una duración de hasta 3 años). Si se aplica la modalidad de suspensión, en procura de los derechos de las víctimas, el término para el cumplimiento de los requisitos y las condiciones habrá de ser manifiestamente inferior al fijado como límite en la ley. Dentro de las condiciones podrían incluirse, por ejemplo, las de los numerales G, J y K. No pareciera que esta causal admita la modalidad de interrupción por cuanto, según la definición aquí consignada, no se presenta ni una situación ni una condición específica a cumplir.

Atendiendo a las condiciones que rodean las causales once y doce se realizará un juicio común. Sobre la causal once la “mermada significación jurídica y social” y sobre la causal doce, “una respuesta innecesaria y sin utilidad social”, lo pertinente sería aplicar la modalidad de renuncia en primera medida. Cabría también la posibilidad de aplicarse la modalidad de suspensión del procedimiento a prueba, aunque sería incoherente, tomando en consideración las circunstancias excepcionales de naturaleza social, económica o familiar que contribuyeron a la producción del resultado típico, y que habilitan por vía jurisprudencial la aplicación del principio de oportunidad. Dentro de las condiciones podrían incluirse, por ejemplo, las de los numerales C, J y K. Es posible la aplicación de la modalidad de interrupción hasta tanto se constate la existencia real de las circunstancias sociales, económicas, familiares o individuales que rodearon el comportamiento del procesado.

La causal trece admite la posibilidad de acudir a las tres (3) modalidades de aplicación del principio. Procederá la renuncia como primera opción cuando se den las condiciones requeridas de manera inmediata. La interrupción podrá aplicarse, por ejemplo, "para llevar a cabo un pronóstico referido a que la conducta delictiva no se repetirá" (Ospina Vargas, 2018a, p. 17). La suspensión del procedimiento a prueba será procedente en los mismos escenarios ya abordados para la aplicación de la causal novena en relación con esta modalidad.

De conformidad con los elementos estructurales de la causal catorce, parece que lo más recomendable será la aplicación de la renuncia bajo el entendido de que la conducta típica se presenta en el marco de un problema social. No obstante, será posible acudir a la suspensión del procedimiento a prueba atendiendo a la exigencia de que se produzca una "solución alternativa a los intereses de las víctimas". Es posible aplicar la modalidad de interrupción bajo el mismo argumento, si y sólo si se supedita (con miras a solicitar la renuncia con posterioridad) a la condición de ofrecer una alternativa tendiente a indemnización de las víctimas. Hacerlo con la intención de que cuando culmine el problema social se retome la persecución penal atenta gravemente con la buena fe del beneficiado, de la sociedad, del sistema judicial y de la teología de esta salida alterna.

Para la causal quince se sirven los mismos argumentos esbozados en las causales once y doce.

La causal dieciséis contempla la condición de entregar bienes derivados de la actividad de un grupo organizado al margen de la ley o del narcotráfico al fondo de reparación de víctimas, por parte de quién vaya a ser beneficiario de la aplicación de la causal. Por tanto, la modalidad de interrupción es perfectamente adecuada para garantizarlo. Surtido el trámite administrativo correspondiente, habrá de solicitarse la renuncia. Como la condición no se encuentra expresamente consagrada en el artículo 326 del Código de Procedimiento Penal, el fiscal que desee aplicar la modalidad de suspensión del procedimiento a prueba en esta causal deberá adicionar algunas otras condiciones taxativamente fijadas. Por ejemplo, los numerales C, J y K.

Para la causal dieciocho, adicionada por la Ley 1474 de 2011 artículo 40, se sigue la misma línea de la aplicación de las modalidades consideradas en la causal cuarta. Se agrega que, en el caso de los delitos de cohecho, el procesado ha de cumplir con cuatro (4) condiciones fijadas por la causal, a saber: i) la formulación de la denuncia, ii) la entrega de evidencia útil que respalde su dicho, iii) la obligación de declarar en juicio oral. iv) y la reparación a las víctimas, y en ese orden de ideas lo más aconsejable es aplicar la modalidad de interrupción. Si se aplica la modalidad de suspensión deberá realizarse el plan de reparación y la o las condiciones adicionales que considere el fiscal del caso. La renuncia procederá si se cumplen las condiciones impuestas.

2.3. REGLAMENTACIÓN PROCESAL DEL PRINCIPIO DE OPORTUNIDAD EN COLOMBIA

El artículo 323 del Código de Procedimiento Penal, modificado por la Ley 1312 de 2009 en su artículo 1, contempló las fases de investigación y juicio, hasta antes de la audiencia de juzgamiento para la aplicación del principio de oportunidad. En relación con ello, la interpretación de las causales individualmente consideradas, así como de los estadios procesales previos o posteriores a los fijados legalmente han generado desde su implementación consideraciones contrapuestas.

Sea lo primero aclarar que la teleología del proceso penal exige que la Fiscalía General de la Nación actúe fincada en los principios de transparencia, objetividad y legalidad que le imponen el ordenamiento jurídico colombiano, y que según esto cuando se tiene conocimiento de unos hechos que revisten las características de una conducta punible, deberán adelantarse cuantos actos de investigación sean necesarios para identificar al o los sujeto(s) activo(s) de los mismos. Ello es así por cuanto el artículo 29 constitucional y 7 del Código de Procedimiento Penal, cimientan el proceso penal sobre el debido proceso y la presunción de inocencia. De lo anterior se colige que un ciudadano sólo puede ser requerido si y sólo si se cuentan con elementos de juicio, fácticos y probatorios que lo relacionen con los hechos investigados.

En Colombia, la experiencia ha demostrado que, a partir de la apertura de un expediente penal, la Fiscalía General de la Nación no cumple a cabalidad con esta prerrogativa en tanto que, los mecanismos y herramientas existentes para realizar actos de investigación son limitados, mínimos y demorados, y los fiscales se ven en la obligación de adelantar el proceso con lo que puedan tener disponible a medida que avanzan las etapas procesales.

En este sentido se pronunció el balance de los 10 años del funcionamiento del sistema penal acusatorio en Colombia 2004-2014 al referirse a las problemáticas relacionadas con inadecuados modelos de gestión

> Las problemáticas identificadas para mejorar la productividad desde el momento mismo en que comenzó a operar el SPA, se han atribuido a: (i) la falta de personal en la policía judicial que no ha dado abasto con el número de investigaciones que son requeridas; y, (ii) la existencia de un desaprovechamiento del tiempo y las capacidades del talento humano disponible. (CEJ, 2015, p. 58).

En el marco de aplicación del principio de oportunidad, el artículo 327 de la Ley 906 de 2004 exige, para la procedencia del principio de oportunidad, que exista "un mínimo de prueba que permita inferir la autoría o participación en la conducta punible y su tipicidad". Siguiendo los derroteros anteriormente indicados, la posibilidad de solicitar la aplicación del principio de oportunidad ante el Juez de Control de Garantías que constate la presencia de elementos cognoscitivos que demuestren la tipicidad del comportamiento delictivo y la individualización de personas en calidad de autores o partícipes, constituye una garantía efectiva para los ciudadanos indiciados. En el acto de sustentación, el fiscal deberá probar que estos dos (2) requisitos encuentran sustento fáctico y probatorio de lo acontecido.

El artículo 323 del C.P.P. define la oportunidad procesal de aplicación del principio de oportunidad, en la investigación o en el juicio, hasta antes de la audiencia de juzgamiento.

Sin embargo, el artículo 6 de la Resolución 4155 de 2016, define la oportunidad procesal de aplicación del principio de oportunidad en los siguientes términos "Se podrá aplicar el principio de oportunidad en cualquier etapa del proceso. También procederá su aplicación en la etapa de indagación". Aunque el contenido de la resolución sólo obliga a los funcionarios de la Fiscalía General de la Nación, que no a los jueces[4], la Corte Constitucional en Sentencia C-209 de 2007 se pronunció en el mismo sentido,

> En el mismo sentido, tampoco pueden ser asimilados el principio de oportunidad y la preclusión. Son figuras diferentes, con causales distintas, efectos diversos y aplicables en momentos distintos cuando se reúnen condiciones específicas distinguibles. Por ejemplo, **la preclusión procede a partir de la formulación de la imputación (Artículo 331, Ley 906 de 2004)5, mientras que el principio de oportunidad se puede aplicar antes de dicha etapa procesal, según sea la causal invocada** (Artículo 324, Ley 906 de 2004) (Corte Constitucional, Sentencia C-209 de 2007).

No obstante, se considera que, si unos de los presupuestos para invocar el principio de oportunidad ha de ser la inferencia razonable de autoría y participación con un mínimo de prueba, la oportunidad procesal ha de ser después de la formulación de imputación, etapa en la que se materializa tal exigencia normativa y con la que inicia formalmente un proceso penal. En ese sentido se pronunció la Corte Suprema de Justicia al afirmar que:

---

4 Véase, Corte Constitucional de Colombia, Sentencia C-979 del 26 de septiembre de 2005. M. P. Jaime Córdoba Triviño.

5 No obstante, esta disposición fue declarada inexequible por la Corte Constitucional en Sentencia C-591 de 2005, M.P. Clara Inés Vargas Hernández, por lo que la preclusión opera hoy en día, desde la etapa de indagación.

> Lo anterior guarda coherencia con el hecho de que el allanamiento a cargos y los acuerdos (y, por regla general, el principio de oportunidad) solo procedan a partir de la formulación de imputación, bajo el entendido de que esta solo es viable si "de los elementos materiales probatorios, evidencia física o de la imputación (sic) legalmente obtenida, se pueda inferir razonablemente que el imputado es autor o partícipe del delito que se investiga"(...) Por tanto, si el fiscal realiza el juicio de imputación con plena observancia de este límite material, no debe tener mayor dificultad para cumplir el requisito previsto en el artículo 327. (Corte Suprema de Justicia, Sentencia SP2073, 2020, p. 62).

Desde el punto de vista pragmático, es viable el postulado de la Fiscalía en su Resolución 4155 de 2016, de considerar que la salida alterna pueda aplicarse antes de la audiencia de formulación de imputación en tanto que, implica un desgaste del aparato judicial, adelantar una audiencia sólo con miras a solicitar la extinción, interrupción o suspensión de la acción penal, máxime cuando tampoco implica vulneración de derechos y garantías fundamentales del procesado. Sin embargo, normativamente se alude a la etapa de investigación, al imputado, al acusado y por tanto lo prudente es solicitar la aplicación del principio de oportunidad después de dicho acto procesal. Quizás lo correcto, sea demandar la inexequibilidad de ese apartado contenido en el artículo 323 del C.P.P.

De la misma manera, la resolución contempla el límite máximo hasta la audiencia de individualización de pena y sentencia de la que trata el artículo 447 del Código de Procedimiento Penal, en casos de allanamiento a cargos o celebración de preacuerdos, cuando, previo cumplimiento de requisitos legales, se quiera hacer sustitución por el principio de oportunidad (Resolución 4155 de 2016, artículo 6). No obstante, lo contenido en la resolución sólo obliga a los fiscales y en cualquier caso únicamente alude al principio de oportunidad en sustitución de los fenómenos de allanamiento y preacuerdos. Lo conveniente sería realizarla hasta antes del inicio de la audiencia de juicio oral, tal y como lo exige el artículo 323 del C.P.P., para no correr el riesgo de que los funcionarios judiciales, invocando el principio de estricta legalidad, no lo avalen por extemporaneidad procesal.

De igual forma la legitimación por activa para solicitar la aplicación del principio de oportunidad, se encuentra en cabeza del procesado —indispensable y preferentemente—, el abogado defensor, la víctima y el Ministerio Público, siempre que el procesado acepte y evidentemente el fiscal del caso se incline por la aplicación de la salida alterna.

No existe condicionamiento para hacer la solicitud en más de una oportunidad de conformidad con la Ley 1312 de 2009, por lo que podrá intentarse las veces que se considere, siempre que no sea una maniobra dilatoria del proceso. Lo anterior está en consonancia con lo pregonado por el máximo órgano de la jurisdicción constitucional en Sentencia C-799 de 2005, mediante la cual aludió al derecho de defensa en los siguientes términos, así:

> La correcta interpretación Constitucional del derecho de defensa implica que este no tiene un límite temporal. Si no existiera desde el inicio de la investigación esta proporcionalidad basada en el derecho de defensa, fácilmente la persona puede pasar de investigada, a imputada, a acusada y a condenada; sin haber actuado en equilibrio de fuerzas con quien lo investiga. Razón por la cual, existiría una clara violación al derecho de igualdad y al derecho de defensa. No es de relevancia para el ordenamiento Constitucional el nombre que jurídicamente se le otorgue a una persona al interior de una investigación o de un proceso penal. Lo trascendente acá, es que a dicha persona no se le apliquen excepciones temporales al ejercicio de su derecho de defensa, pues ella en cualquier etapa pre o procesal puede hacer uso del ejercicio constitucional ha (sic) defenderse. (Corte Constitucional de Colombia, Sentencia C-799-05).

En resumen, legalmente, el principio de oportunidad se puede aplicar desde la audiencia de formulación de imputación y hasta antes del inicio del juicio oral.

Para conocer el procedimiento administrativo contenido en la Resolución 4155 de 2016 de la Fiscalía General de la Nación, ver al ANEXO 1.

2.4. TRÁMITE JUDICIAL: JUEZ DE CONTROL DE GARANTÍAS

El Juez de Control de Garantías será quien imparta legalidad al principio de oportunidad construido por la Fiscalía General de la Nación. Para cumplir con los propósitos del instituto —sin perjuicio del cumplimiento de los requisitos legales para ello—, es menester que el juez constitucional comprenda la teleología de la figura procesal, así como los objetivos perseguidos con su implementación a nivel constitucional y legal. La aplicación del principio de oportunidad responde a unos intereses y fines, si se quiere, paralelos, aunque distintos de los que se persigue con la realización de un juicio de naturaleza mixta con tendencia acusatoria.

Sin ánimo de generalizar, en el proceso ordinario, las audiencias preliminares que se adelantan para limitar los derechos fundamentales de los procesados carecen —por no decir que adolecen absolutamente— de consideraciones relativas a ello. Pocas veces se escucha en esos escenarios hacer alusión a los derechos fundamentales de los procesados, por el contrario, se fundamentan y soportan las medidas restrictivas de la libertad y la intimidad, por ejemplo, en razones relacionadas con los derechos de las víctimas e incluso de la sociedad en abstracto —en el mejor de los escenarios—, pues además se presentan con bastante frecuencia argumentos peligrosistas y de derecho penal de autor proscrito en nuestra reglamentación legal. Sobre este particular el balance de los 10 años del sistema penal acusatorio propuso:

> Con el fin de que los jueces no sigan concediendo medidas de detención preventiva que sean fomentadas y presionadas por los medios de comunicación y aplaudidas por la ciudadanía (lo cual sin lugar a dudas influye en el hacinamiento carcelario), se debe otorgar un papel más vigoroso a la pedagogía sobre el sistema, que permita influir en el conocimiento general, en el sentido de que el garantismo que inspira el sistema a favor del procesado implica una protección de los ciudadanos y fortalece sus derechos frente al actuar del Estado. (CEJ, 2015, p. 80).

Y no es que los derechos de las víctimas no sean importantes, es que el juicio de ponderación que debe hacerse en las audiencias que limitan derechos fundamentales de la persona procesada debe hacerse sobre los presupuestos fijados por el legislador, y limitados por la jurisprudencia de los máximos órganos de cierre de manera al margen de consideraciones adicionales. Así mismo ha de ocurrir con el proceso de impartir legalidad a la aplicación del principio de oportunidad, cualquiera sea su causal y la modalidad invocada —siempre que se cumplan los requisitos legales para ello, se insiste—, pero comprendiendo la naturaleza eminentemente procesal del instituto (que no dogmática) y los fines pragmáticos de su aplicación, avalado a nivel constitucional, legal y jurisprudencial.

En ese sentido, la Corte Constitucional en múltiples pronunciamientos se ha encargado de aclarar los fines y objetivos del principio de oportunidad,

> Del debate congresual que precedió a la expedición del acto legislativo se desprende que la **finalidad esencial** para la consagración del principio de oportunidad consiste principalmente en racionalizar la actividad investigativa del Estado en la labor de la persecución de los delitos, dada la imposibilidad fáctica de la justicia penal para satisfacer exigencias de aplicación irrestricta del principio de legalidad. Propósito general que podría ser alcanzado mediante la aplicación de criterios como: "(i) La ínfima importancia social de un hecho punible, idea que parte del reconocimiento de que existen numerosos conflictos sociales que no alcanzan a vulnerar materialmente bienes jurídicos, lo que haría innecesaria la intervención del Estado en tanto realmente no hay lesión, ni potencial afectación antijurídica; (ii) La reparación integral y la satisfacción plena de la víctima, especialmente en aquellos delitos de contenido económico; (iii) la culpabilidad disminuida; (iv) o la revaluación del interés público en la persecución de la conducta." De esta forma, (v) "se evitarían efectos criminógenos de las penas cortas de privación de libertad, estimula la pronta reparación a la víctima y se otorga otra oportunidad de inserción social al que cometió la conducta punible". (Corte Constitucional, Sentencia C-387 de 2014).

Por tanto, una correcta comprensión y aplicación de esta salida alterna exige también por parte del juez de Control de Garantías un conocimiento profundo sobre su contenido, pretensiones, modalidades y finalidades, con miras a evitar que el instituto carezca de eficacia. A este respecto Mestre Ordoñez (2017) resalta que:

> muchos Estados han adoptado total o parcialmente la obligatoriedad o han incorporado barreras normativas o interpretativas al principio de oportunidad, con lo cual las estructuras estatales encargadas institucionalmente de la gestión de la conflictividad han visto reducida su actividad, simplemente, a adelantar la persecución penal. (p. 112).

En Colombia es común escuchar a los fiscales argumentos relacionados con la no aplicación del principio de oportunidad, por el desgaste del proceso administrativo que deben adelantar al interior de la institución, y por las consideraciones de los Jueces de Control de Garantías que, a su modo de ver, no entienden la naturaleza del instituto procesal.

No basta entonces, con que el fiscal de turno considere que existen las condiciones fácticas, jurídicas y probatorias para su declaratoria, ni que el procesado o la defensa de este estén de acuerdo, ni tampoco que la víctima se sienta reparada integralmente. Todos estos aspectos serán valorados por el funcionario judicial, quien, a partir de un control formal y material del contenido de la solicitud decidirá si avala o no la aplicación de este mecanismo de terminación anticipada del proceso. El control judicial es automático y obligatorio y por tanto no existe excepción alguna —ni siquiera que este haya sido invocado por el Fiscal General de la Nación— para su realización en audiencia pública tal y como lo exige el sistema penal acusatorio colombiano.

En este sentido, la Corte Constitucional, en Sentencia C- 975 de 2005, aclaró:

> El control que ejerce el juez de garantías sobre la aplicación del principio de oportunidad, independientemente de sus consecuencias provisionales, precarias o definitivas (interrupción, suspensión o renuncia), debe estar orientado no solamente a emitir un dicta-

> men de adecuación a la ley de la causal aplicada, sino que debe extenderse al control material sobre las garantías constitucionales del imputado. (p. 38).

Como cualquier vista pública, la audiencia de control sobre la aplicación del principio de oportunidad deberá solicitarse por intermedio del centro de servicios judiciales, efectuando las citaciones de ley (Víctima y su representante, Ministerio Público, procesado y su defensor) —so pena de nulidad—. El fiscal deberá presentar verbalmente los aspectos fundamentales de la solicitud escrita, entre los que se destacan: la presentación del caso, la causal aplicada fundamentada sobre elementos cognoscitivos que deberán presentarse y controvertirse por las partes, la definición de competencia para decidir y/o presentar la solicitud, la entrega física de la orden mediante, la cual se aplicó el principio de oportunidad, y la modalidad de aplicación. Si se trata de interrupción o suspensión deberán mencionarse además las condiciones u obligaciones impuestas al beneficiado (Bedoya Sierra *et al.*, 2010).

Por tanto, los jueces de Control de Garantías deberán tener claro que:

> Esa visión según la cual el sistema penal debe fijar su centro de gravedad en el conflicto, en la afectación a la convivencia pacífica, y no en la escueta vulneración de la disposición normativa, implica una importante transformación de los métodos y de los objetos de análisis, que se refleja en la forma como se abordan los temas y como se proponen las respuestas. (Mestre Ordoñez, 2017, pp. 30-31).

2.5. CONCLUSIONES PARCIALES

1. El principio de oportunidad en Colombia es una de las especies de las salidas alternas reglada dentro del Procedimiento Penal colombiano. Su existencia constituye una excepción al principio de oficiosidad imperante desde la Constitución Política de 1991 hasta la expedición del Acto Legislativo 03

de 2002. Se encuentra contenido y reglamentado por el artículo 324 del Código de Procedimiento Penal (Ley 906 de 2004).

2. Como mecanismo de terminación anticipada reglado, contempla 17 casos de aplicabilidad que deberán estar debidamente soportados fáctica, probatoria y jurídicamente si lo pretendido es que tengan vocación de prosperidad. Lo anterior significa que, si en la conducta que se investiga existe causales de las contenidas en el artículo 32 del Código Penal, lo correcto es solicitar la preclusión de la acción penal.
3. Existen prohibiciones expresas para el uso del principio de oportunidad. Su aplicabilidad es potestad exclusiva de la Fiscalía General de la Nación con sujeción a control legalidad ante Juez de Control de Garantías (C.P.P., artículo 327).
4. La aplicación del principio de oportunidad parte de la base de la existencia de una conducta típica y de la inferencia razonable, basada en elementos materiales probatorios, evidencia física o información legalmente obtenida, de que el procesado que se beneficiará es autor o partícipe de ella.
5. El principio de oportunidad puede aplicarse bajo tres (3) modalidades: interrupción, suspensión y renuncia de la acción penal, desde la audiencia de formulación de imputación y hasta antes de iniciarse la audiencia de juzgamiento (C.P.P., artículo 323). La Fiscalía General de la Nación lo contempla desde la indagación preliminar y hasta la audiencia de individualización de la pena y sentencia de la que trata el artículo 447 del C.P.P. en la Resolución 4155 de 2016. Por estricta legalidad lo recomendable es cumplir con lo dispuesto en la Ley 906 de 2004.
6. La suspensión del procedimiento a prueba podrá pedirse en los casos en que se proponga un plan de reparación por parte del procesado, se cumplan condiciones contenidas en el artículo 326 del C.P.P. (una o varias) por un término no superior a tres (3) años y se avale por el procesado, de for-

ma expresa y libre, la vigilancia del ente acusador durante el periodo de prueba.

7. La interrupción de la acción penal operará cuando se presente, de forma individual o conjunta, cualquiera de las siguientes circunstancias:
   - La concreción de una situación que no dependa del procesado, es decir, que no le corresponda llevar a cabo;
   - El cumplimiento de una condición en cabeza del procesado de las que no estén consagradas en el artículo 326 del C.P.P.;
   - Se requiera de un espacio temporal-espacial para su materialización. En esta modalidad no existe término máximo de duración.
8. La modalidad de renuncia consiste en el desistimiento definitivo para continuar con la persecución penal y se concreta con la extinción de la acción penal.
9. Salvo las prohibiciones expresamente consagradas en el Código de Procedimiento Penal, en principio, las modalidades de principio de oportunidad operan para la totalidad de los casos existentes. No obstante, haciendo un análisis detallado de los 17 casos de aplicabilidad podría proponerse: para las causales 1,6,9,11,12,13,14 y 15 es perfectamente viable la aplicación del principio en cualquier de sus modalidades (suspensión, interrupción o renuncia), para las causales 4, 5 y 7 prevalentemente la modalidad de suspensión del procedimiento a prueba por recomendación de la Resolución 4155 de 2016, para las causales 2, 16 y 18 (17 para efectos prácticos), preferentemente la modalidad de interrupción siguiendo el concepto aquí expresado, y para las causales 8 y 10, la modalidad de renuncia como primera opción.

Recuérdese que la suspensión y la intermediación son figuras intermedias, lo que significa que una vez se den los presupuestos que las condicionan deberá efectuarse, sin excepciones, la modalidad de renuncia (artículo 329 C.P.P.).

10. La solicitud de aplicabilidad del principio de oportunidad al interior de la Fiscalía General de la Nación deberá ser estudiada, ajustada y avalada por el Grupo de Mecanismos de Terminación Anticipada y Justicia restaurativa.

11. Todo principio de oportunidad, en cualquiera de sus modalidades, deberá contar con un control judicial automático y obligatorio, desde el punto de vista formal y material, por parte de un Juez de Control de Garantías. Para ese efecto es indispensable que se prueben las condiciones jurídicas impuestas. Sin embargo, para que el mecanismo sea eficaz, es muy importante que los funcionarios judiciales comprendan la teleología de la figura y su uso en el sistema procesal colombiano.

Capítulo 3.

¿Exclusión de aplicación de principio de oportunidad a personas con discapacidad o sistema penal incapaz?

Si no lo hacemos por nosotros mismos, la sociedad se equivocará[1]

MIKE OLIVER[2]

3.1. ACLARACIONES INICIALES

Ya se ha decantado que la discapacidad y la inimputabilidad no son lo mismo. Aunque esto parezca obvio en su simple lectura, en el marco de un proceso penal la situación no es tan clara (véase diferencias entre discapacidad psíquica e inimputabilidad, Capítulo 1). La práctica evidencia que, a pesar de tener claros los postulados normativos para el reconocimiento de la inimputabilidad, el escenario pre y judicial, en casos en los que el procesado pareciera tener o demuestra la existencia de una discapacidad psíquica, la única vía para su resolución de situación jurídico-penal es la vía ordinaria contenida en los artículos 344, 420, 421, 452 del Código de Procedimiento Penal. En otras palabras, es excepcionalísimo (aunque existe), encontrar situaciones en las que una persona con discapacidad psíquica se vea inmersa en la aplicación

---

1 https://www.youtube.com/watch?v=NMfvoh-j9qw (visto el 10 de febrero de 2020).

2 M. J. Hoiles Oliver, activista y académico de la discapacidad, nacido el 3 de febrero de 1945; murió el 2 de marzo de 2019. https://www.theguardian.com/society/2019/mar/19/mike-oliver-obituary (visto el 26 de abril de 2020).

de una salida alterna. Sin embargo, de lo que sí no hay reportes (por lo menos oficiales) es de la aplicación del principio de oportunidad a personas con discapacidad psíquica.

En tanto que la inimputabilidad es un fenómeno de raigambre jurídico que corresponde al juez de conocimiento determinar en la decisión que pone fin al proceso de conformidad con el material probatorio existente, y que el principio de oportunidad es una salida alterna que opera hasta antes del inicio de la audiencia de juzgamiento (artículo 323 C.P.P.), el presente capítulo pretende realizar una aproximación a la discapacidad, para, a partir de allí, determinar las posibilidades reales de aplicar el principio de oportunidad, en cualquiera de sus modalidades y causales (ver Capítulo 2), o si, por el contrario, por la discapacidad misma o la reglamentación de la salida alterna y sus implicaciones no sería posible hacerlo.

En consecuencia, para guardar una lógica argumentativa y para los efectos del presente trabajo, se parte de la base de que en etapa de investigación y juzgamiento (hasta antes del fallo judicial), todos los procesados son personas con discapacidad y ninguno de ellos es inimputable.

3.2. CONCEPTO Y ALCANCE DE LA DISCAPACIDAD[3]

La discapacidad es un fenómeno que ha estado presente a lo largo de la historia en todas las latitudes. Su presencia no discrimi-

---

[3] Al respecto véase, Corte constitucional de Colombia, Sentencia T-427 de 1992 (M.P. Eduardo Cifuentes Muñoz), sentencia T-422 de 1992 (M.P. Eduardo Cifuentes Muñoz), sentencia C-221 de 1992 (M.P. Alejandro Martínez caballero), sentencia T-441 de 1993 (M.P. José Gregorio Hernández Galindo), sentencia C-040 de 1993 (M.P. Ciro Angarita Barón), sentencia T-530 de 1993 (M.P. Alejandro Martínez Caballero), sentencia C-105 de 1994 (M.P. Jorge Arango Mejía), sentencia T-290 de 1994 (M.P. Vladimiro Naranjo Mesa), sentencia T-067 de 1994 (M.P.

José Gregorio Hernández Galindo), sentencia T-124 de 1994 (M.P. Jorge Arango Mejía y Vladimiro Naranjo Mesa), sentencia T-204 de 1994 (M.P. Alejandro Martínez Caballero), sentencia T-098 de 1994 (M.P. Eduardo Cifuentes Muñoz), sentencia T-288 de 1995 (M.P. Eduardo Cifuentes Muñoz), sentencia T-292 de 1995 (M.P. Vladimiro Naranjo Mesa y Jorge Arango Mejía), sentencia T-117 de 1995 (M.P. José Gregorio Hernández Galindo), sentencia T-049 de 1995 (M.P. Alejandro Martínez Caballero), sentencia C-595 de 1996 (M.P. Jorge Rango Mejía), sentencia T-224 de 1996 (M.P. Vladimiro Naranjo Mesa), sentencia T-414 de 1996 (M.P. Eduardo Cifuentes Muñoz), sentencia C-320 de 1997 (M.P. Alejandro Martínez Caballero), sentencia T-378 de 1997 (M.P. Eduardo Cifuentes Muñoz), sentencia T-093 de 1997 (M.P. José Gregorio Hernández Galindo), sentencia T-352 de 1997 (M.P. Eduardo Cifuentes Muñoz), sentencia C-082 de 1999 (M.P. Carlos Gaviria Diaz), sentencia T-207 de 1999 (M.P: Eduardo Cifuentes Muñoz), Sentencia C-401 de 1999 (M.P. Fabio Morón Díaz), Sentencia T-823 de 1999 (M.P. Eduardo Cifuentes Muñoz), sentencia SU- 337 de 1999 (M.P. Alejandro Martínez Caballero), sentencia C-800 de 2000 (M.P. José Gregorio Hernández Galindo), sentencia C-531 de 2000, (M.P. Álvaro Tafur Galvis), Sentencia T-1639 de 2000 (M.P. Álvaro Tafur Galvis), sentencia T-813 de 2000 (M.P. José Gregorio Hernández Galindo), sentencia C-371 de 2000 (M.P. Carlos Gaviria Diaz), sentencia C-007 de 2001 (M.P. Eduardo Montealegre Lynett), sentencia C-410 de 2001 (M.P. Álvaro Tafur Galvis), sentencia C-559 de 2001 (M.P. Jaime Araujo Rentería), sentencia T-090 de 2001 (M.P. Carlos Gaviria Diaz), sentencia C 909 de 2001 (M.P. Jaime Araujo Rentería), sentencia T-608 de 2001 (M.P. Jaime Araujo Rentería), sentencia T-443 de 2001 (M.P. Jaime Araujo Rentería), sentencia C-185 de 2002 (M.P. Rodrigo Escobar Gil), sentencia T-500 de 2002, sentencia C-128 de 2002, (M.P. Eduardo Montealegre Lynett), Sentencia C-983 de 2002 (M.P. Jaime Córdoba Triviño), sentencia T-1118 de 2002 (M.P. Manuel José Cepeda Espinosa), sentencia T-595 de 2002 (M.P. Manuel José Cepeda Espinosa), sentencia T-321 de 2002 (M.P. Clara Inés Vargas Hernández), sentencia T-850 de 2002 (M.P. Rodrigo Escobar Gil), sentencia T-239 de 2002 (M.P. Rodrigo Escobar Gil), sentencia T-1083 de 2002 (M.P. Eduardo Montealegre Lynett), sentencia T-382 de 2002 (M.P. Álvaro Tafur Galvis), sentencia T-499 de 2002 (M.P. Eduardo Montealegre Lynett), sentencia C-478 de 2003 (M.P. Clara Inés Vargas Hernández), sentencia T-285 de 2003 (M.P. Clara Inés Vargas Hernández), Sentencia T-473 de 2003 (M.P. Jaime Araujo Rentería), Sentencia T-951 de 2003, sentencia T-276 de 2003 (M.P. Jaime Córdoba Triviño), sentencia T-117 de 2003 (M.P. Clara Inés Vargas Hernández), sentencia C-401 de 2003 (M.P. Álvaro Tafur Galvis), sentencia T-1103 de 2004, sentencia T-397 de 2004 (M.P: María Victoria Calle Correa), sentencia T-394 de 2004 (M.P. Manuel José Cepeda Espinosa), sentencia C-174 de 2004, sentencia T-826 de 2004 (M.P: Rodrigo Uprimmy Yepes), sentencia T-443 de 2004 (M.P. Clara Inés Vargas Hernández), sentencia T-440 de 2004 (M.P: Jaime Córdoba Triviño), sentencia T-097 de 2004 (M.P. Jaime Araujo Rentería, sentencia C-1088 de 2004 (M.P. Jaime Córdoba Triviño), sentencia C-1235 de 2005 (M.P. Rodrigo Escobar Gil), sentencia T-1031 de 2005 (M.P. Humberto Sierra Porto), sentencia SU-388 de 2005, sentencia SU-389 de 2005, Sentencia T-726 de 2005, sentencia T-003 de 2005 (M.P. Jaime Araujo Rentería), sentencia T-1015 de 2005 (M.P. Marco Gerardo Monroy cabra), sentencia T-602 de 2005 (M.P. Clara Inés Vargas Hernández), sentencia C-804 de 2006 (M.P. Humberto Sierra Porto), sentencia C-076 de 2006 (M.P. Jaime Córdoba Triviño), sentencia C-037 de 2006 (M.P. Vladimiro Naranjo Mesa), sentencia T-061 de 2006 (M.P. Álvaro Tafur Galvis), sentencia T-518 de 2006 (M.P. Marco Gerardo Monroy Cabra), sentencia T-593 de 2006, sentencia T-884 de 2006 (M.P. Humberto Sierra Porto), sentencia T-1070 de 2006 (M.P. Manuel José Cepeda Espinosa), sentencia C-989 de 2006 (M.P. Álvaro Tafur Galvis), sentencia T-661 de 2006 (M.P. Álvaro Tafur Galvis), sentencia T-282 de 2006 (M.P. Alfredo Beltrán Sierra), sentencia T-886 de 2006 (M.P. Marco Gerardo Monroy Cabra), sentencia T-492 de 2006 (M.P. Marco Gerardo Monroy Cabra), sentencia T-198 de 2006 (M.P. Marco Gerardo Monroy cabra), sentencia T-002 de 2006 (M.P. Jaime Córdoba Triviño), sentencia T-976 de 2006 (M.P. Humberto Antonio Sierra Porto), sentencia T-1043 de 2006 (M.P. Rodrigo Escobar Gil), sentencia C-075 de 2007 (M.P. Rodrigo escobar Gil), sentencia T-560 de 2007 (M.P: Jaime Araujo Rentería), sentencia T-816 de 2007 (M.P. Clara Inés Vargas Hernández), sentencia T-988 de 2007 (M.P. Antonio Sierra Porto), sentencia T-984 de 2007 (M.P. Humberto Sierra Porto), sentencia T-170 de 2007 (M.P. Jaime Córdoba Triviño), sentencia T-792 de 2007 (M.P. Marco Gerardo Monroy Cabra), sentencia T-1211 de 2008, sentencia T-090 de 2008 (M.P. Jaime Córdoba Triviño), sentencia T-1258 de 2008 (M.P. Mauricio González Cuervo), sentencia T-1253 de 2008 (M.P. Mauricio González Cuervo), sentencia T-650 de 2009, sentencia C-804 de 2009 (M.P. María Victoria Calle Correa), sentencia C-792 de 2009 (M.P. Gabriel Eduardo Mendoza), sentencia C-793 de 2009 (M.P: Mauricio González Cuervo), sentencia T-473 de 2009 (M.P. Jorge Iván Palacio Palacio), sentencia T-291 de 2009 (M.P. Clara Elena Reales Gutiérrez), sentencia C-293 de 2010 (M.P. Nilson Pinilla Pinilla), sentencia C-640 de 2010 (M.P. Mauricio González Cuervo), sentencia T-030 de 2010 (M.P. Luis Ernesto Vargas Silva), sentencia T-340 de 2010 (M.P: Juan Carlos Henao Pérez), sentencia T-281 de 2010 (M.P. Humberto Antonio Sierra Porto), sentencia T-176 de 2010 (M.P. Luis Ernesto Vargas Silva), sentencia T-636 de 2010 (M.P. Nilson Pinilla Pinilla), sentencia C-824 de 2011 (M.P. Luis Ernesto Vargas Silva), sentencia C-221 de 2011 (M.P. Luis Ernesto Vargas), sentencia C-824 de 2011 (M.P. Luis Ernesto Vargas Silva), sentencia T-563 de 2011 (M.P. Humberto Antonio Sierra Porto), sentencia T-010 de 2011 (M.P. María Victoria Calle Correa), sentencia T-492 de 2011 (M.P. Nilson Pinilla Pinilla), sentencia T-694 de 2011 (M.P. Humberto Antonio Sierra Porto), sentencia T-353 de 2011 (M.P. Juan Carlos Henao), sentencia T-231 de 2011 (M.P. Humberto Antonio Sierra Porto), sentencia T-610 de 2011 (M.P. Mauricio González Cuervo), sentencia T-233 de 2011 (M.P. Juan Carlos Henao Pérez), sentencia T-212 de 2011 (M.P. Juan Carlos Henao Pérez), sentencia T-992 de 2012 (M.P: María Victoria Calle Correa), sentencia C-765 de 2012 (M.P. Nilson Pinilla Pinilla), sentencia C-606 de 2012 (M.P. Adriana María Guillén), sentencia T-192 de 2012 (M.P. Mauricio González Cuervo), sentencia T-014 de 2012 (M.P: Juan Carlos Henao), sentencia T-731 de 2012 (M.P. Jorge Ignacio Pretelt Chalub), sentencia T-770 de 2012 (M.P. Jorge Ignacio Pretelt Chalub), sentencia C-066 de 2013 (M.P. Luis Ernesto Vargas Silva), sentencia C-935 de 2013 (M.P. Alberto Rojas Ríos), sentencia C-404 de 2013 (M.P. Luis Ernesto Vargas Silva), sentencia C-330 de 2013 (M.P. Luis Ernesto Vargas Silva), sentencia T-447 de 2013 (M.P. Luis Ernesto Vargas Silva), sentencia T-018 de 2013 (M.P. Luis Ernesto Vargas Silva), sentencia T-374 de 2013 (M.P. Jorge Iván Palacio Palacio), sentencia T-586 de 2013 (M.P. Nilson Pinilla Pinilla), sentencia T-116[a] del 2013 (M.P. Nilson Pinilla Pinilla), sentencia C-131 de 2014 (M.P. Mauricio González Cuervo), sentencia T-758 de 2014 (M.P. Martha Victoria Sáchica Méndez), sentencia T-101 de 2014 (M.P. Jorge Ignacio Pretelt Chaljub), sentencia C-767 de 2014 (M.P. Jorge Ignacio Pretelt Chaljub), sentencia C-458 de 2015 (M.P. Gloria Stella Ortiz Delgado), sentencia C-035 de 2015 (M.P. María Victoria Calle Correa), sentencia C-182 de 2016 (M.P. Gloria Stella Ortiz Delgado), sentencia C-258 de 2016 (M.P. María Victoria Calle Correa), sentencia na posiciones filosóficas, políticas, jurídicas, sociales, económicas, religiosas, culturales, familiares o sexuales. Cada uno de nosotros hemos tenido contacto con ella directa o indirectamente. Para algunos es una situación más bien habitual, mientras que para otros es excepcional. Lo cierto es que, como ocurre con otros fenómenos como la homosexualidad, por ejemplo, para la mayoría de las personas se trata de una figura ajena, extraña, anómala, en resumen, anormal.

Nos han enseñado que lo normal es lo común, lo generalizado y lo que vemos habitualmente; que lo normal se corresponde con las normas políticas, sociales, familiares y culturales imperantes en un contexto concreto. Una normalidad hegemónica que subestima, deslegitima e incluso elimina al que es diferente. Esa aparente "normalidad" ha sido la que, durante siglos, definió a la discapacidad, y, con algunas variaciones en cuanto a su etimología, su tratamiento (Foucault, 1998).

El reconocimiento de la discapacidad, así como los derechos de las mujeres y de las minorías, las reivindicaciones de los derechos laborales, educativos, políticos, sociales y culturales a nivel mundial, ha sido producto de una lucha histórica que hoy se aborda, desarrolla y exige desde el derecho internacional de los derechos humanos.

C-451 de 2016 (M.P. Luis Ernesto Vargas Silva), sentencia SU-049 de 2017 (M.P. María Victoria Calle Correa), sentencia C-042 de 2017 (M.P. Aquiles Arrieta Gómez), sentencia C-147 de 2017 (M.P. Gloria Stella Ortiz Delgado), sentencia C-190 de 2017 (M.P. Aquiles Arrieta Gómez), sentencia T-629 de 2017 (M.P. Gloria Stella Ortiz Delgado), sentencia C-149 de 2018 (M.P. Cristina Pardo Schlesinger), sentencia C-083 de 2018 (M.P. Luis Guillermo Guerrero Pérez), sentencia C-063 de 2018 (M.P. Gloria Stella Ortiz Delgado), sentencia C-46A de 2019 (M.P. Cristina Pardo Schlesinger), sentencia C-329 de 2019 (M.P. Carlos Bernal Pulido), sentencia C-296 de 2019 (M.P. Gloria Stella Ortiz Delgado), sentencia C-095 de 2019 (M.P. Gloria Stella Ortiz Delgado), sentencia T-525 de 2019 (M.P. Gloria Stella Ortiz Delgado).

3.3. EVOLUCIÓN DEL CONCEPTO DE DISCAPACIDAD

El término discapacidad ha tenido múltiples acepciones, y con ellas ha sido objeto de variados tratamientos. Aunque el abordaje profundo de su evolución excede las finalidades de este trabajo[4], se hará alusión a algunas de ellas con la única finalidad de ilustrar al lector sobre concepciones que, lamentablemente, aún existen en nuestros ordenamientos jurídicos y comportamientos políticos, sociales (en el que se incluye el ámbito judicial) e individuales, a pesar de haber sido superadas en el ámbito teleológico. La doctrina especializada ha identificado tres (3) modelos principales (no nos detendremos en sus ramificaciones particulares) que han existido, coexistido e incluso permanecen vigentes en torno al concepto y manejo de la discapacidad (Palacios, 2008).

El primer modelo es conocido como **PRESCINDENCIA,** en el que discapacidad se entiende como una situación desgraciada para quien la presenta. Según sus variaciones, esta se asienta, o en argumentos teológicos o mitológicos como, por ejemplo, "castigo divino", o en argumentos de marginalización y desprecio fincados sobre la inutilidad que representa una persona con discapacidad para la sociedad. En la primera, su tratamiento era eminentemente eugenésico y consistía básicamente en la eliminación de la persona. En la segunda, su tratamiento consistía en la exclusión, entendida esta como el abandono de la persona a manos de sus familiares y/o en la subsistencia a partir de la caridad (Palacios, 2008) (Cfr. Foucault, 1998).

En tanto que el individuo con discapacidad no tiene que aportar nada a la sociedad y, al contrario, constituye una carga para esta, lo correcto es prescindir de ella o ubicarla en un lugar en el

---

4 Para profundizar en los postulados y actuaciones concretos de los modelos de discapacidad, remítase a la bibliografía de este capítulo. Sobre el modelo social se profundizará en el aparatado dedicado a los elementos para el tratamiento de la discapacidad con enfoque social.

que no "estorbe" (ll respecto véase también, Corte Constitucional de Colombia, sentencias C-804 de 2009, C-458 de 2015).

Un segundo modelo, es el denominado **REHABILITADOR** o **MÉDICO**, fuertemente arraigado hasta nuestros días. Su fundamento es eminentemente científico y con él, la persona pasa de ser un desgraciado a ser un individuo que requiere tratamiento (paternalismo). Es decir, la persona que padece una discapacidad, bien sea física o mental, es sujeto de rehabilitación y, aunque puede no ser útil en un momento dado (mientras tiene la enfermedad), puede llegar a serlo una vez se cure. Véase que en el modelo médico la discapacidad constituye una afectación de la persona y, por tanto, es ella la que debe, con un tratamiento médico, lograr su recuperación (Palacios, 2008)

Este modelo se caracteriza por aspectos que identificamos hoy en día: la persona enferma (con discapacidad) debe someterse a procedimientos clínicos, que contribuirán a su recuperación o rehabilitación, para que, una vez "curado", en otras palabras, normalizado, pueda reintegrarse a la sociedad y aportar algo. Para lograrlo, se implementan mecanismos de asistencia social de raigambre científico: clínicas, medicamentos, terapias, especialistas, centro de internación etc., que le asistan en su proceso de recuperación (Palacios, 2008). Quienes no se puedan recuperar se les debe internar en lugares en los que no hagan daño a los demás ni a sí mismos. Esos lugares se conocen comúnmente como establecimiento o pabellones psiquiátricos.

Así las cosas,

> Si en el modelo de prescindencia la diversidad funcional se asimilaba al pecado, en este modelo se asimila a la enfermedad. Las personas pasan a ser consideradas normales o anormales, muchas veces según sean consideradas sanas o enfermas. El encargado de diagnosticar dicha normalidad o anormalidad en el anterior modelo era el cura, experto en lo sagrado. En el modelo bajo análisis, pasa a ser el médico. Si bien ya no es posible aniquilar la discapacidad —aunque ahora puede evitarse su nacimiento—, las personas con discapacidad son reducidas socialmente, son alineadas.

> Sus diferencias deben desaparecer —o al menos ser disimuladas, ocultadas—. (Palacios, 2008, pp. 91-92). [fin de cita]

Al respecto véase también, las sentencias C-804 de 2009, C-458 de 2015 de la Corte Constitucional de Colombia.

Finalmente, el modelo **SOCIAL** de la discapacidad es de creación más bien reciente (finales de la década de los años sesenta del siglo XX) en Estados Unidos e Inglaterra (Palacios, 2008). En contraste con los modelos anteriores, las premisas principales de este modelo se cimientan en dos (2) grandes cambios: i) la discapacidad como un asunto de la sociedad y no del individuo y ii) la comprensión de la discapacidad como una diversidad funcional que debe sincronizarse con las prácticas sociales existentes.

El giro de la comprensión del fenómeno de la discapacidad en este modelo es evidente. Se crea una nueva concepción y, por tanto, un nuevo tratamiento, a partir no del individuo con discapacidad, no de sus familiares, sino de la sociedad, a partir de una descripción muy sencilla: es la sociedad la que impide que las personas con deficiencias puedan participar activamente de las interacciones sociales en todos sus niveles y, por tanto, es ella la que debe realizar las actuaciones necesarias para que ello no sea así.

Así, se invierte el concepto: las personas con alguna condición particular en el cuerpo o en la salud, son personas con diversidad funcional, mientras que la opresión social y la existencia de barreras sociales que les impiden interactuar con las demás constituyen la discapacidad,

> Es decir, la deficiencia —o diversidad funcional— sería esa característica de la persona consistente en un órgano, una función o un mecanismo del cuerpo o de la mente que no funciona, o que no funciona de igual manera que en la mayoría de las personas. En cambio, la discapacidad estaría compuesta por los factores sociales que restringen, limitan o impiden a las personas con diversidad funcional, vivir una vida en sociedad. Esta distinción permitió la construcción de un modelo que fue denominado «social» o «de barreras sociales» de discapacidad. (Palacios, 2008, p. 123).

En el mismo sentido, la Corte Constitucional en Sentencia C-804 de 2009 esbozó:

> Bajo este modelo, la discapacidad no está signada tanto por la por la deficiencia funcional, como por las barreras del entorno —tanto físicas como sociales— que pueda enfrentar una persona. En la medida en que una persona tenga herramientas suficientes para enfrentar esas barreras, y en la medida en que dichos obstáculos se disminuyan, una persona con alguna deficiencia, como por ejemplo física, no necesariamente se encuentra en una condición de discapacidad. En este sentido, un punto central del modelo social, por oposición al modelo médico, es centrarse en el análisis de las capacidades de las personas más que en la evaluación exclusiva de sus deficiencias, o en otros términos, la mirada de la discapacidad debe superar el enfoque de enfermedad, y ser abordada desde una perspectiva holística que considere no sólo la deficiencia funcional sino su interacción con el entorno. (Corte Constitucional de Colombia, Sentencia C-804-09, pp. 36-37).

3.4. LA DISCAPACIDAD EN COLOMBIA

3.4.1. Articulado constitucional

> Todas las personas nacen libres e iguales ante la ley, recibirán la misma protección y trato de las autoridades y gozarán de los mismos derechos, libertades y oportunidades sin ninguna discriminación por razones de sexo, raza, origen nacional o familiar, lengua, religión, opinión política o filosófica (...) El Estado promoverá las condiciones para que la igualdad sea real y efectiva y adoptará medidas en favor de grupos discriminados o marginados (Constitución Política de Colombia, art. 13).

Así se encuentra definido el derecho fundamental a la igualdad en el artículo 13 de la Constitución Política de Colombia. No obstante, en materia de discapacidad, el constituyente dispuso de forma expresa que "el Estado protegerá especialmente a aquellas personas que, **por su condición** económica, **física o mental**, **se encuentren en circunstancia de debilidad manifiesta** y sancionará los abusos o maltratos que contra ellas se cometan" (Negrilla y subrayado propio).

Lo anterior significa que las personas con discapacidad en el Estado colombiano cuentan con un amparo constitucional reforzado que implica que las actuaciones del Estado y de la sociedad deberán estar en caminadas a garantizar sus derechos, libertades y oportunidades de forma preferente. En el mismo sentido, en materia de salud, el artículo 47 dispone,

> El Estado adelantará una política de previsión, rehabilitación e integración social para los disminuidos físicos, sensoriales y psíquicos, a quienes se prestará la atención especializada que requieran (...). En materia de laboral el artículo 54 reza, (...) El Estado debe propiciar la ubicación laboral de las personas en edad de trabajar y garantizar a los minusválidos el derecho a un trabajo acorde con sus condiciones de salud (...) y en temas de educación el artículo 68 consagra, (...) La erradicación del analfabetismo y la educación de personas con limitaciones físicas o mentales, o con capacidades excepcionales, son obligaciones especiales del Estado.

Véase que la redacción del texto constitucional parece asemejarse al modelo de rehabilitación. Esto, por supuesto, se corresponde con el momento histórico de su promulgación (1991). Esta conclusión puede extraerse del uso de expresiones como "debilidad manifiesta", "rehabilitación e integración social", "disminuidos", minusválidos". A pesar de las impresiones terminológicas, que con el paso de los años fueron excluidas del lenguaje en materia de discapacidad, el espíritu y contenido del texto constitucional dispuso que las personas con discapacidad gozan de especial protección y deben involucrarse en todas las esferas sociales en términos de igualdad.

Sobre este particular la Corte constitucional Colombia esbozó que:

> la voluntad constituyente que inspiró cada uno de estos artículos fue clara: eliminar, mediante actuaciones positivas del Estado y de la sociedad, la silenciosa y sutil marginación de las personas con cualquier tipo de discapacidad, que se encuentra arraigada en lo más profundo de las estructuras sociales, culturales y económicas predominantes en nuestro país, y es fundamentalmente con-

> traria al principio de dignidad humana sobre el que se construye el Estado Social de Derecho. (Corte Constitucional de Colombia, Sentencia T-397-04, p. 70) (Cfr. Corte Constitucional de Colombia, Sentencia C-804-09, p. 18; Sentencia C-042-17, p. 38; Sentencia T-397-04, pp. 69-71).

En resumen, el texto constitucional parte de reconocer a las personas con discapacidad como un grupo poblacional que merece especial reconocimiento y protección por parte de las autoridades estatales en razón a su condición física o mental, por encontrarse en situación de debilidad manifiesta respecto del resto de la población. De la misma manera, enfatiza su posición paternalista en materia de salud, educación y derechos laborales imponiendo una obligación estatal para garantizarlos con miras a su integración social.

3.4.2. Bloque de constitucionalidad

De conformidad con el artículo 93 de la Constitución Política de Colombia, todos los convenios y tratados internacionales suscritos en materia de derechos humanos, hacen parte de la normatividad nacional y sirven de parámetro interpretativo con fuerza vinculante a las autoridades nacionales. Su adopción y ratificación implican la inclusión de sus postulados en el ordenamiento interno, adquieren rango constitucional y por tanto debe garantizarse en todas las decisiones legislativas, administrativas y judiciales.

En materia de discapacidad, existen un sin número de instrumentos internacionales, entre los que se destacan: la Declaración Universidad de Derechos Humanos, el Pacto Internacional de Derechos Económicos Sociales y Culturales (1966), el Pacto Internacional de Derecho Civiles y Políticos (1966), la Convención Internacional sobre la Eliminación de todas las Formas de Discriminación Racial (1965), la Convención sobre la eliminación de todas las formas de discriminación contra la mujer (1982), la Convención contra la tortura y otros tratos o penas crueles, inhumanos o degradantes (1984), la Convención sobre los Derechos del Niño (1989), la Declaración de los Derechos del Retrasado Mental, la Declaración de los Derechos de las Personas con Limitación, la Declaración de Sund Berg de Torremolinos, Unesco 1981, la Declaración de las Naciones Unidas concerniente a las personas con limitación de 1983, la recomendación 168 de la OIT de 1983, el Convenio 159 de la OIT "sobre la readaptación profesional y el empleo de personas inválidas", aprobado mediante la Ley 82 de 1988; la Resolución 48/96 del 20 de diciembre de 1993 de la Asamblea General de Naciones Unidas, sobre "Normas Uniformes sobre la Igualdad de Oportunidades para las Personas con Discapacidad", las Declaraciones sobre el Progreso y Desarrollo en lo Social, el Programa de Acción Mundial para las Personas con Discapacidad, la Declaración de Copenhague, entre otros.

Por su incidencia en el cambio de paradigma sobre la discapacidad en Colombia, se destacan como instrumentos internacionales de derechos humanos:

i. Convención Interamericana Para La Eliminación De Todas Las Formas De Discriminación Contra Las Personas Con Discapacidad. Aprobada por la Asamblea General de la Organización de Estados Americanos, en ciudad de Guatemala el 7 de junio de 1999, incorporada al derecho interno mediante la Ley 762 de 2002, declarada exequible por la Corte Constitucional en sentencia C-401 de 2003 y ratificada por Colombia el 11 de febrero de 2014.

La convención se compone de XIV artículos. Su objetivo se dirige a la prevención y eliminación de todas las formas de discriminación contra las personas con discapacidad y propiciar su plena integración a la sociedad (artículo 2). Define la discapacidad como

> una deficiencia física, mental o sensorial, ya sea de naturaleza permanente o temporal, que limita la capacidad de ejercer una o más actividades esenciales de la vida diaria, que puede ser causada o agravada por el entorno económico y social. (OEA, 1999).

Como obligaciones de los estados parte, se destacan: a) la adopción de medidas legislativas, sociales, educativas, laborales o de cualquier naturaleza que garanticen la plena participación de las personas con discapacidad y su no discriminación; b) la adopción de medidas en infraestructura física que habilite el acceso y elimine los obstáculos existentes para las personas con discapacidad; c) la prevención, intervención y rehabilitación que garanticen en la mayor medida posible, la independencia y calidad de vida de las personas con discapacidad; d) La investigación científica y tecnológica en materia de discapacidad e integración social de las personas con discapacidad; e) las campañas de sensibilización social a través de las cuales se eliminen los estereotipos y se propenda por la inclusión social en términos de igualdad para las personas con discapacidad (artículos 3 y 4).

Se destaca de la convención, la definición de la discriminación contra las personas con discapacidad, entendida como,

> toda distinción, exclusión o restricción basada en una discapacidad, antecedente de discapacidad, consecuencia de discapacidad anterior o percepción de una discapacidad presente o pasada, que tenga el efecto o propósito de impedir o anular el reconocimiento, goce o ejercicio por parte de las personas con discapacidad, de sus derechos humanos y libertades fundamentales. (OEA, 1999, art. 1).

El mencionado instrumento internacional, parece circunscribirse en mayor medida a un modelo médico de discapacidad. Comprende actuaciones enfocadas en aspectos científicos y tecnológicos que contribuyan a la prevención, intervención y rehabilitación e integración social de las personas con discapacidad. Sin embargo, realiza unas aproximaciones al modelo social en la medida que contempla figuras como la vida independiente y autosuficiente y el acceso irrestricto, en términos de igualdad al suministro de bienes, servicios, instalaciones, programas y actividades.

ii. Convención sobre los derechos de las personas con discapacidad. Aprobada por la Asamblea General de las Naciones Unidas el 13 de diciembre de 2006, incorporada al derecho interno mediante la Ley 1346 de 2009 y declarada exequible por la Corte Constitucional en Sentencia C-293 de 2010.

La Convención sobre los derechos de las personas con discapacidad es el primer instrumento internacional en materia de derechos humanos, en lo que respecta exclusivamente a la discapacidad. Se trata de una convención que tiene como objetivo fundamental la definición y comprensión de la discapacidad en todos los niveles. No se limita a ofrecer una definición, ni a identificar escenarios de discriminación (que es lo que ocurre con los demás instrumentos de derecho internacional que la mencionan). Se trata de una herramienta especialmente definida, construida sobre criterios diferenciales (entendidos estos como las particularidades comunes a la discapacidad), mediante la inclusión de principios y mecanismos concretos de materialización de derechos y con una mirada transversal a todos los espacios de interacción social.

Es producto del reconocimiento de que, aunque, los derechos de las personas con discapacidad han sido regulados por los organismos internacional y nacionales, han sido consignados en múltiples instrumentos de derechos humanos y también, en multiplicidad de normas de alcances nacionales, estos, han resultado insuficientes para generar cambios reales y concetos para la población con discapacidad (Naciones Unidas, 2006, preámbulo, numeral h). Así que no se limita a ser una declaración de buenas intenciones o de recomendaciones de buenas prácticas, sino que desarrolla todos los componentes de la vida en sociedad desde el enfoque de la discapacidad. A este respecto:

> a diferencia, por ejemplo, de la Convención Interamericana para la eliminación de todas las formas de discriminación contra las personas con discapacidad, cuyo lenguaje parece expresar una serie de consejos sobre políticas de desarrollo social a seguir, la Convención Internacional adopta claramente un lenguaje de derechos, establece obligaciones a los Estados Parte, e instituye garantías para su cumplimiento. (Palacios, 2008, p. 260).

Introduce fenómenos impensables en materia de discapacidad como la libertad, la autonomía, la capacidad jurídica en todos los escenarios administrativos y judiciales, y reitera principios inherentes a la condición humana sin distinción como la vida, la dignidad, la igualdad, la diversidad y la no discriminación enfocados a las personas con discapacidad, lo cual implica, la implementación de actuaciones concretas que las garanticen.

La convención se compone de 50 artículos y se finca sobre los siguientes postulados generales:

1. La discapacidad es un concepto que evoluciona y que resulta de la interacción entre las personas con deficiencias y las barreras que evitan su participación plena y efectiva en la sociedad, en igualdad de condiciones con las demás (Naciones Unidas, 2006, preámbulo, numeral e); su existencia constituye una especie diversidad (Naciones Unidas, 2006, preámbulo, numeral i); la discapacidad en mujeres, niños y niñas se presenta de forma autónoma (Naciones Unidas, 2006, artículos 6 y7); las personas con discapacidad son libres de tomar sus propias decisiones en el marco de su autonomía e independencia individual (Naciones Unidas, 2006, preámbulo, numeral n); su participación en los ámbitos civil, político, económico, social y cultural debe garantizarse en igualdad de oportunidades que las demás personas (Naciones Unidas, 2006, preámbulo, numeral y, artículos 10, 12, 13, 14, 15, 16, 17, 18, 19, 20, 21, 22, 23, 24, 25, 28, 29, 30); las personas con discapacidad tienen derecho al reconocimiento de su personalidad jurídica —reconocimiento como persona ante la ley— y por tanto son autónomos para efectuar negocios jurídicos, ser propietarios, heredar y administrar bienes; controlar sus asuntos económicos (Naciones Unidas, 2006, artículo 12); las personas con discapacidad tienen derecho a tomar decisiones en temas del hogar y la familia (Naciones Unidas, 2006, artículo 23).

2. El Estado deberá —con miras a lograr un diseño universal— realizar "ajustes razonables" (entendidos como modificación o adaptaciones necesarias para garantizar el goce o ejercicio de los derechos y libertades fundamentales de personas con discapacidad), para que la igualdad sea real y efectiva (Naciones Unidas, 2006, artículo 5), particularmente en aspectos como: la accesibilidad a entornos físicos, transporte, información, comunicaciones, servicios a través de la creación o eliminación de barreras de ac-

ceso (Naciones Unidas, 2006, artículo 9); la adopción de medidas legislativas, administrativas o de cualquier otra índole (Naciones Unidas, 2006, artículo 4 numeral a); la protección y promoción en todas las políticas y programas (Naciones Unidas, 2006, artículo 4, numeral c); emprendimiento y promoción de la investigación y el desarrollo de nuevas tecnologías (dispositivos, comunicación, movilidad, instalaciones, servicios), además de garantizar su información y acceso (Naciones Unidas, 2006, artículo 4 numerales g y h); derechos económicos, sociales y culturales de manera progresiva y hasta el máximo de recursos disponibles, incluyendo cooperación internacional (Naciones Unidas, 2006, artículo 4 numeral 2); la inclusión de personas con discapacidad en la toma de decisiones (Naciones Unidas, 2006, artículo 4 numeral 3); suministro de apoyos necesarios para el ejercicio de la capacidad jurídica (Naciones Unidas, 2006, artículo 12); asegurar el acceso a la justicia como participantes directos e indirectos (Naciones Unidas, 2006, artículo 13); privar de la libertad sólo por causas contenidas en la ley y dar tratamiento adecuado (Naciones Unidas, 2006, artículos 14 y 15); asegurar la educación inclusiva en todos los niveles y la educación formal y no formal a la población con discapacidad (Naciones Unidas, 2006, artículo 24); acceso al sistema de salud en etapas de prevención, habilitación, tratamiento y rehabilitación (Naciones Unidas, 2006, artículos 25 y 26); políticas públicas y cumplimiento de condiciones para el ejercicio del derecho al trabajo (Naciones Unidas, 2006, artículo 27); políticas públicas soportadas en datos y estadísticas (Naciones Unidas, 2006, artículo 31); cooperación internacional y con organizaciones de personas con discapacidad para la toma e implementación de decisiones (Naciones Unidas, 2006, artículo 32).

3. Se prohíbe cualquier forma de discriminación de las personas con discapacidad (Naciones Unidas, 2006, artículo 5). Para cumplir con este mandato se imponen, entre otras, las siguientes obligaciones: el uso de un lenguaje ordinario y jurídico acorde con la dignidad humana y en reconocimiento de la diversidad de las personas con discapacidad, la modificación o eliminación de normas, regla-

mentos, costumbres y prácticas que constituyan discriminación contra las personas con discapacidad (Naciones Unidas, 2006, artículo 4 numeral b); la obligación de no hacer, para las autoridades e instituciones públicas consistente en actos o prácticas contrarias a la convención (Naciones Unidas, 2006, artículo 4 numeral e); formar a los profesionales y personal que trabaja con personas con discapacidad, así como, a todos los funcionarios (entre estos, médicos, administración de justicia, personal penitenciario) que tengan relación directa e indirecta con población con discapacidad (Naciones Unidas, 2006, artículo 4 numeral i y artículo 13 numeral 2); tomar medidas inmediatas, efectivas y pertinentes para que la sociedad tome conciencia sobre las personas con discapacidad y en ese sentido, se erradiquen los estereotipos, perjuicios y prácticas nocivas respecto de estas (Naciones Unidas, 2006, artículo 8).

En suma,

> Ello significa que no se queda en la mera cláusula de no discriminación para el ejercicio de los derechos de las personas con discapacidad, sino que ahonda más allá, y se propone asegurar el ejercicio de dichos derechos, que en determinadas circunstancias requieren de un plus, y promover el valor inherente de las personas con discapacidad. De este modo, sumado a la cláusula de no discriminación, y a los fines de garantizar la igualdad de oportunidades, se ha entrado en la sustancia de los derechos. (Palacios, 2008, p. 269).

Derivado de lo anterior, pareciere que la convención se afilia al modelo social de discapacidad. No es difícil arribar a esa conclusión si se tiene en cuenta la definición de discapacidad contenida en su artículo 1:

> Las personas con discapacidad incluyen a aquellas que tengan deficiencias físicas, mentales, intelectuales o sensoriales a largo plazo que, al interactuar con diversas barreras, puedan impedir su participación plena y efectiva en la sociedad, en igualdad de condiciones con las demás, [fin de cita]

así como el plexo de los derechos de las personas con discapacidad, entre los que se destacan como novedosos y altamente dignificantes, el derecho a la capacidad jurídica, a la autonomía en las decisiones que le involucran (medicas, jurídicas, familiares) y a la libertad de decisión en sus relaciones íntimas y sociales, las obligaciones a los Estados para garantizar y asegurar los derechos y garantías fundamentales fincados en la diversidad de las personas con discapacidad y la prohibición y sanción de cualquier forma de discriminación en todos los estamentos de la sociedad.

En consonancia con ello, la Corte Constitucional, en Sentencia C-329 de 2019, sostuvo que

> Tras la ratificación de la Convención sobre los Derechos de las Personas con Discapacidad, la Corte ha reconocido "la adopción normativa del modelo social de la discapacidad"; en otros términos, que "el modelo social de discapacidad ha sido asumido por el ordenamiento jurídico colombiano [y] los derechos fundamentales de la población en situación de discapacidad deben ser garantizados a la luz de esta perspectiva". De acuerdo con este modelo, "la discapacidad se genera por las barreras propias del contexto en donde se desenvuelve la persona, por lo que resulta necesario asegurar adecuadamente sus necesidades dentro de la organización social (...) [este modelo, además,] pretende aminorar dichos límites sociales de modo que se puedan prestar servicios apropiados que aseguren que las necesidades de las personas con discapacidad sean tomadas en consideración". En tales términos, este modelo implica "una nueva forma de entender este concepto, que busca tanto igualar las condiciones de las personas con discapacidad como fortalecer su participación plena, eliminando barreras". (p. 22).

Para la convención, y tras su implementación en el ordenamiento interno para Colombia, las personas con discapacidad son iguales a las demás, aunque, en el marco de su diversidad, deben existir normativas, procedimientos, actuaciones y herramientas que sirvan de apoyo a la materialización de sus derechos y garantías fundamentales.

3.5. IMPLEMENTACIÓN DEL MODELO SOCIAL DE DISCAPACIDAD

Fruto de la adopción de la Convención sobre personas con discapacidad y de la línea jurisprudencial fijada por la corte constitucional, el Estado colombiano, así como las autoridades, las empresas privadas y la sociedad en general, deberán asumir un nuevo modelo de discapacidad que revolucionó, sin lugar a duda, los conceptos tradicionalmente arraigados.

Lo primero que debe interiorizarse es que las personas con discapacidad gozan de los mismos derechos, garantías y oportunidades que el resto de la población. Así que, no sólo no es viable, sino que resulta abiertamente discriminatorio, expresarse en relación con las personas con discapacidad en términos peyorativos. Hay que eliminar del léxico, en todos los niveles, palabras como minusválido, incapaz, enfermo, discapacitado, incapacitado, debilitado y/o cualquier otra que los describa en términos de inferioridad. Adiós debilidad manifiesta.

En segundo lugar, ninguna autoridad judicial y/o administrativa puede sustentar sus actuaciones en argumentos y/o fundamentos fincados exclusivamente en las deficiencias física, mentales o sensoriales de las personas. Esto significa que los asuntos relacionados con decisiones médicas, familiares, patrimoniales, judiciales y/o que se refieran a la forma de vida de las personas con discapacidad, deben obedecer a decisiones autónomas de la misma persona con discapacidad. Nadie puede decidir por ésta en ningún escenario. Adiós curaduría.

En tercer lugar, si de lo que se trata es de predicar la igualdad real y efectiva de las personas con discapacidad, esto implicará que el Estado implemente lo que se ha denominado "ajustes razonables", entendidos como las actuaciones que, por acción o por omisión, garanticen la participación plena de las personas con discapacidad. Por acción, por ejemplo, la implementación de apoyos físicos, humanos, tecnológicos, técnicos, en infraestructura, comunicativos, e incluso normativos, entre otros; por omisión, por ejemplo, la eliminación de barreras físicas y sociales de interacción, la eliminación de requisitos adicionales para reconocimiento de derechos, entre otros. Adiós interdicción.

Sobre este último, el nuevo modelo no creó nuevos derechos para la población con discapacidad, sino que adaptó los ya existentes a su contexto. Lo que sí hizo abiertamente fue implementar protección integral de los derechos existentes a partir de medios instrumentales necesarios para su efectivo ejercicio, como, por ejemplo, la accesibilidad universal y la movilidad personal.

Lo anterior implica que las personas con discapacidad no son diferentes de las personas sin discapacidad, sólo que, en su diversidad, requieren una serie de instrumentos tangibles e intangibles que les garanticen su participación plena en la sociedad. Esta aclaración es muy importante en la medida que **la sola deficiencia no es una razón, ni para reconocer privilegios ni para negar derechos, sólo para realizar ajustes razonables que progresivamente consoliden un diseño universal,** definido por la convención de personas con discapacidad en los siguientes términos:

> diseño de productos, entornos, programas y servicios que puedan utilizar todas las personas, en la mayor medida posible, sin necesidad de adaptación ni diseño especializado. El "diseño universal" no excluirá las ayudas técnicas para grupos particulares de personas con discapacidad, cuando se necesiten. (Naciones Unidas, 2006, artículo 2).

En ese contexto, el pasado 26 de agosto de 2019 el Congreso de la República expidió la Ley 1996 de 2019 "por medio de la cual se establece el régimen para el ejercicio de la capacidad legal de las personas con discapacidad mayores de edad" (Ley 1996 de 2019).

El objeto de la ley consiste en establecer medidas específicas para la garantía del derecho a la capacidad legal plena de las personas con discapacidad (artículo 1). Para lograrlo, introduce aspectos desarrollados por la convención sobre los de las personas con discapacidad, tal y como lo son los ajustes razonables (artículo 3 numeral 6) y la accesibilidad (artículo 4 numeral 5), entre muchos otros, a través de lo que denomina "apoyos", que reglamenta en sus artículos 4 y 5 como facilitadores del ejercicio de la capacidad legal de la persona con discapacidad en aspectos relacionados con la información, la comprensión de actos jurídicos y sus consecuencias, y la manifestación de la voluntad y preferencias personales en la toma de decisiones que le involucran.

Los apoyos serán personas naturales mayores de edad o personas jurídicas (artículo 44). Su asignación podrá efectuarse a través de tres (3) vías principales: i) mediante escritura pública suscrita ante notario (artículo 16), ii) a través de acuerdo de apoyo suscrito ante conciliadores extrajudiciales en derecho (artículo 17), iii) como consecuencia de un proceso judicial adelantado ante el juez de familia del domicilio de la persona titular del acto —entiéndase persona con discapacidad— (Capítulo V).

La Ley 1996 presume la capacidad legal de la persona con discapacidad (artículo 6) e incluye a los niños, niñas y adolescentes dentro de los apoyos para garantizar su autonomía progresiva (artículo 7); igualmente, contempla la posibilidad de emitir directivas anticipadas, a través de las cuales, las personas con discapacidad pueden tomar decisiones con antelación sobre aspectos que le involucren y que impliquen efectos jurídicos (Capítulo IV). Se contemplan inhabilidades, obligaciones y acciones concretas, que deben adelantar las personas que funjan como apoyos (artículos 45, 46 y 47). Prohíbe de forma expresa la iniciación de procesos de interdicción o inhabilitación (artículo 53), ordena la suspensión inmediata de procesos de interdicción e inhabilitación en curso (artículo 55), y la revisión de procesos de interdicción e inhabilitación (en curso o finalizados), con la finalidad de determinar la necesidad y adjudicación judicial de apoyos y con ello, reemplazar la protección (artículo 56).

En tanto que la norma introduce régimen de transición para algunos artículos —veinticuatro (24) meses para la organización de la adjudicación judicial de apoyos, treinta y seis (36) meses para la revisión de interdicción o inhabilitación, entre otros—, el artículo 54 consagra la posibilidad de realizar procesos de adjudicación judicial de apoyos transitorios.

De esta manera, se busca la realización real y efectiva del derecho a la capacidad legal de las personas con discapacidad y con ello, la materialización de sus derechos a la dignidad humana, el libre desarrollo de la personalidad (autonomía), la igualdad de oportunidades y la garantía de no discriminación (artículo 4).

3.6. ELEMENTOS PARA EL TRATAMIENTO DE LA DISCAPACIDAD CON ENFOQUE SOCIAL

Una vez definida la discapacidad, a partir del enfoque social y considerando las prerrogativas fijadas en la convención de los derechos de las personas con discapacidad, la normatividad nacional vigente en la materia y la línea jurisprudencial emanada por la Corte Constitucional, se identificarán los derechos de las personas con discapacidad que merecen especial consideración en el marco de un proceso con connotación penal. En ese sentido, los postulados generales, aplicables a todos los espacios de interacción social, serán aterrizados al sistema jurídico penal con la pretensión de identificar las formas y mecanismos a través de los cuales se garantice el derecho de las personas con discapacidad en estos escenarios.

Es menester resaltar que son pocas las consideraciones normativas que se refieren exclusivamente a los derechos de las personas con discapacidad en los procesos, en especial, en los procesos penales, y que las observaciones generales aplicadas específicamente a esta materia la abordan tangencialmente. No obstante, una mirada holística de los postulados permite identificar cinco (5) de los elementos del modelo social con plena vigencia en el ordenamiento interno, que agrupan los derechos y garantías de las personas objeto de un proceso penal cuando estas son personas con discapacidad.

3.6.1. Igualdad ante la ley y en virtud de la ley

El artículo 5 de la Convención sobre los derechos de las personas con discapacidad (y de la Ley 1346 de 2009), define la igualdad como el derecho de toda persona a **gozar de igual protección legal y a beneficiarse de la ley en igual medida**. También ordena la adopción de ajustes razonables para asegurar la igualdad y eliminar la discriminación. En el mismo sentido, el artículo 12 regula expresamente el igual reconocimiento como personas ante la ley a través de reconocimiento de su personalidad jurídica. El acceso a la justicia fue consignado en el artículo 13 en los siguientes términos

> acceso a la justicia **en igualdad de condiciones con las demás**, incluso mediante ajustes de procedimiento y adecuados a la edad, para facilitar **el desempeño de las funciones efectivas de esas personas** como participantes directos e indirectos, incluida la declaración como testigos, **en todos los procedimientos judiciales, con inclusión de la etapa de investigación y otras etapas preliminares** (...) (Naciones Unidas, 2006, Pág. 12).

En materia penal, el artículo 14 de la Convención dispone que la privación de la libertad únicamente procederá por las causas expresamente consagradas en la ley y que en ningún caso ésta procederá tomando como única razón, la existencia de una discapacidad. En caso de privación de libertad por proceso judicial, tendrá derecho, en igualdad de condiciones con las demás personas, a las garantías contenidas en instrumentos internacionales y a la realización de apoyos en ese sentido.

Sobre este asunto particular, el Comité sobre los derechos de personas con discapacidad de las Naciones Unidas, a través de su observación general No. 6 se refirió a la igualdad en virtud de la ley en los siguientes términos

> La "igualdad en virtud de la ley" es un concepto exclusivo de la Convención. Hace referencia a la posibilidad de entablar relaciones jurídicas. Si bien la igualdad ante la ley **se refiere al derecho a recibir protección de la ley, la igualdad en virtud de la ley se refiere al derecho a utilizar la ley en beneficio personal**. Las personas con discapacidad tienen derecho a recibir protección de manera efec-

tiva y a intervenir de manera positiva. La propia ley garantizará la igualdad sustantiva de todas las personas de una jurisdicción determinada. Por lo tanto, el reconocimiento de que todas las personas con discapacidad son iguales en virtud de la ley significa que **no deben existir leyes que permitan denegar, restringir o limitar específicamente los derechos de las personas con discapacidad**, y que deben incorporarse las consideraciones relativas a la discapacidad en todas las leyes y políticas. (...)(Comité sobre los derechos de las personas con Discapacidad, 2018, página 4).

Lo anterior significa que, en el marco de la ley, existe dos (2) formas de garantizar la participación plena de las personas con discapacidad, una conocida como "igualdad ante la ley", en virtud de la cual las personas con discapacidad deben recibir el mismo tratamiento por parte de las autoridades sin limitaciones o imposición de cargas excepcionales; y dos, "igualdad en virtud de la ley" entendida como la posibilidad de intervenir de forma autónoma y efectiva en los aspectos que le involucran y que se aplican sin consideraciones a factores adicionales.

Por ejemplo, de conformidad con el artículo 13 de la Constitución Política de Colombia, el artículo 7 del Código Penal y el artículo 4 del Código de Procedimiento Penal, todas las personas son iguales (igualdad ante la ley). No obstante, cuando se trata de fenómenos como la aceptación de cargos, las personas con discapacidad encuentran múltiples obstáculos para hacerla efectiva, en tanto que, no existen los ajustes razonables para garantizar el cumplimiento de su decisión individual. En este último escenario se vulnera la igualdad en virtud de la ley a través de argumentos y/o decisiones referidos a la discapacidad del procesado.

Sobre el particular,

a fin de garantizar la igualdad de oportunidades para todas las personas con discapacidad, se emplea la expresión "beneficiarse de la ley en igual medida", lo que significa que **los Estados partes deben eliminar las barreras** que obstaculizan el acceso a todos los tipos de protección de la ley y a los beneficios de la igualdad de acceso a la ley y la justicia para hacer valer sus derechos. (Comité sobre los derechos de las personas con Discapacidad, 2018).

En el ejemplo propuesto, si el procesado desea aceptar unilateralmente los cargos, entendidos estos como

> una terminación anticipada del proceso a través de la cual el imputado o acusado asiente (C-458-15 Corte Constitucional de Colombia, s. f.) de manera libre, consciente, voluntaria, informada y con la debida asesoría del defensor, la autoría o participación en la conducta o conductas punibles endilgadas de modo acertado por la Fiscalía; a cambio, recibe una rebaja de la pena a imponer, (Aristizábal et al., 2017, p. 81).

la persona se encontrará con un sin número de barreras para hacer efectiva su decisión, porque el sistema no cuenta, hasta el día de hoy, con los ajustes razonables y los apoyos que le permitan manifestar y exigir su decisión autónoma.

Sobre la existencia de barreras que limiten el derecho a la igualdad, la corte constitucional ha esbozado que

> La protección de estos derechos depende de la remoción de barreras estructurales, a través de diversas medidas, una de ellas la toma de conciencia sobre la discapacidad, que sustituye la marginación de los individuos por su reconocimiento como sujetos de derecho que afrontan día a día obstáculos impuestos por la sociedad. Esta exclusión y configuración de barreras sociales, se presenta más aún, cuando: (i) existe una conducta, actitud o trato, consciente o inconsciente, dirigido a anular o restringir derechos, libertades u oportunidades, sin justificación objetiva y razonable, o (ii) cuando se presente una omisión injustificada en el trato especial a que tienen derecho estos sujetos y tiene como consecuencia directa la exclusión de un beneficio, ventaja u oportunidad (Corte Constitucional de Colombia, Sentencia C-458-15, pp. 51-52) (Cfr. Corte Constitucional de Colombia, Sentencia T-288-95).

3.6.2. Ajustes razonables

En términos simples, los ajustes razonables son aquellas adaptaciones tangibles e intangibles que debe realizar el Estado para que las personas con discapacidad puedan materializar sus derechos en todos los escenarios de la vida política, jurídica, social, cultural, familiar, educativa, laboral, deportiva, etc. Implica obligaciones de hacer y de no hacer para las autoridades, para las empresas privadas y para la sociedad en general. Estos ajustes comprenden medidas de orden normativo, administrativo, operativo, técnico y tecnológico, y busca asegurar el pleno goce de los derechos de las personas con discapacidad en todos los niveles en términos de igualdad.

El artículo 2 de la Convención sobre los derechos de las personas con discapacidad los define de la siguiente manera:

> se entenderán las modificaciones y adaptaciones necesarias y adecuadas que no impongan una carga desproporcionada o indebida, cuando se requieran en un caso particular, para garantizar a las personas con discapacidad el goce o ejercicio, en igualdad de condiciones con las demás, de todos los derechos humanos y libertades fundamentales.

El Comité sobre los derechos de personas con discapacidad de las Naciones Unidas, a través de su *Observación general No. 6*, definió los ajustes razonables como una obligación *ex nunc* (desde ahora), lo que implica que

> deben realizarse desde el momento en que una persona con discapacidad requiera acceder a situaciones o entornos no accesibles, o quiera ejercer sus derechos. Los ajustes razonables son solicitados a menudo, aunque no necesariamente, por la persona que requiere el acceso o los representantes de una persona o un grupo de personas facultados para hacerlo. Los ajustes razonables deben negociarse con el solicitante o los solicitantes. En determinadas circunstancias, los ajustes razonables realizados pasan a ser un bien público o colectivo. En otros casos, solo beneficiarán a quienes los solicitan. La obligación de realizar ajustes razonables es una obligación reactiva individualizada, que debe atenderse desde el momento en que se recibe una solicitud de ajustes. Los ajustes razonables exigen que el garante de los derechos entable un diálogo con la persona con discapacidad (...) También se aplica cuando el posible garante de los derechos debería haberse dado cuenta de que la persona en cuestión tenía una discapacidad que tal vez obligara a realizar ajustes para que esta pudiera superar obstáculos al ejercicio de sus derechos. (Comité sobre los derechos de las personas con Discapacidad, 2018, p. 7).

Es importante aclarar que los ajustes razonables no son lo mismo que, i) la accesibilidad, en tanto que esta es una obligación ex ante que opera de manera anticipada y se construye sobre la base de la generalidad de las personas con discapacidad, sin que exista siquiera una necesidad concreta para que ello ocurra. Este mecanismo, opera en temas como el transporte, la infraestructura, la información y las tecnologías, etc. Mientras que los ajustes se activan una vez se identifique la necesidad de una persona o grupo de personas con discapacidad que los requieran; ii) medidas específicas, en tanto que estas lo que conllevan son acciones afirmativas consistentes en un trato preferente respecto de las demás, con miras a atender la exclusión histórica, sistemática o sistémica de los beneficios derivados del ejercicio de los derechos, mientras que los ajustes constituyen una obligación de no discriminación; iii) los ajustes de procedimiento, dado que éstos se limitan exclusivamente al contexto de acceso a la justicia mientras que los razonables aplican a todos los escenarios (Comité sobre los derechos de las personas con Discapacidad, 2018).

Sobre este último, el Comité sobre los derechos de las personas con discapacidad ilustró

> Un ejemplo de ajustes procesales es el reconocimiento de los distintos métodos de comunicación de las personas con discapacidad en los juzgados y tribunales. Los ajustes adecuados a la edad pueden consistir en divulgar información sobre los mecanismos disponibles para presentar denuncias y acceder a la justicia utilizando un lenguaje sencillo y adecuado a la edad. (Comité sobre los derechos de las personas con discapacidad, 2018, p. 14).

En ese orden de ideas, el sistema judicial en general, y el penal en especial, son uno de los escenarios en donde más se requiere de ajustes razonables para garantizar el ejercicio de los derechos de las personas con discapacidad. La existencia de funcionarios que manejen lenguajes acordes con las necesidades de las personas con discapacidad (lenguaje de señas, por ejemplo), la existencia de profesionales de la salud que presten sus servicios de forma permanente a la administración de justicia, la capacitación a defensores públicos, fiscales, procuradores y jueces en materia de discapacidad, entre muchos otros.

3.6.3. Apoyos

Si los ajustes razonables consisten en las adecuaciones que el Estado debe realizar para garantizar el pleno goce de las personas con discapacidad en igualdad de condiciones, los apoyos comprenden las herramientas a través de las cuales cada persona con discapacidad, según sus necesidades, puede hacerlo. En otras palabras, los ajustes razonables constituyen una obligación del entorno, mientras que los apoyos implican la forma en la que esa persona con capacidad en concreto se introduce y participa en él.

La Convención sobre las personas con discapacidad ordena la garantía de apoyos en aspectos relacionados con dispositivos tecnológicos y tecnologías para la movilidad, la habilitación y rehabilitación (artículos 4 y 27), información accesible, ejercicio de la capacidad jurídica (artículo 12), asistencia personal (artículo 19), formación efectiva en el sistema de educación (artículo 24), entre otros.

Debe entenderse que los apoyos en ningún caso reemplazan la autonomía de la persona con discapacidad. Al contrario, su existencia se legitima en la medida que, están construidos precisamente para garantizar el derecho a vivir de forma independiente de las personas con discapacidad. Los apoyos son "ayudas "—despojando el término de cualquier consideración altruista o caritativa— para que las personas con discapacidad puedan hacer uso de sus derechos de forma individual. En esa lógica, la Ley 1996 de 2019 clasificó los apoyos como:

> tipos de asistencia que se prestan a la persona con discapacidad para facilitar el ejercicio de su capacidad legal. Esto puede incluir la asistencia en la comunicación, la asistencia para la comprensión de actos jurídicos y sus consecuencias, y la asistencia en la manifestación de la voluntad y preferencias personales. (Ley 1996 de 2019, artículo 3, numeral 4).

Y definió su alcance formal, "por medio de los cuales se facilita y garantiza el proceso de toma de decisiones o el reconocimiento de una voluntad expresada de manera anticipada, por parte del titular del acto jurídico determinado" (Ley 1996 de 2019, artículo 3, numeral 5).

En el ejemplo propuesto en el numeral 1 de este acápite, se identificó que la persona con discapacidad no puede aceptar cargos porque el sistema jurídico-penal no cuenta, hoy en día, con los ajustes necesarios para su decisión sea efectiva. Argumentos como, no se puede comprobar que esta persona esté actuando de manera libre, o de manera consciente o de manera voluntaria tal y como lo exige la norma imperan en esta situación. Esa aceptación de cargos podría llevarse a cabo por intermedio de una persona, o por intermedio de un intérprete, o a través de un dispositivo electrónico de comunicación. Estos últimos son los apoyos.

En situaciones ordinarias, un apoyo puede ser, por ejemplo, un perro de asistencia para personas con discapacidad visual o una silla de ruedas, un bastón, un cuidador, una enfermera, etc.

Sobre este particular, el Comité sobre los derechos de personas con discapacidad de las Naciones Unidas, a través de su *Observación general No. 6,* esbozó:

> Los criterios y procedimientos de admisibilidad para recibir servicios de apoyo deben establecerse de forma objetiva y no discriminatoria, y **han de centrarse en los requerimientos de la persona, en lugar de en la deficiencia**, siguiendo un enfoque basado en los derechos humanos. La creación de servicios de apoyo debería centrarse en las personas, tener en cuenta la edad y las diferencias de género, y ser apropiada desde el punto de vista cultural (…) (Comité sobre los derechos de las personas con Discapacidad, 2018, p. 16).

Esta aclaración es de suma importancia porque no se trata de definir los apoyos en consonancia con las deficiencias de la persona con discapacidad a decisión de quienes los asignan (médicos, trabajadores sociales, etc.), sino a decisión de quien los recibe. Volvemos a la autonomía. Así las cosas, si se trata de una persona con discapacidad visual, ella estará en la absoluta libertad de decidir si el apoyo que requiere es un perro lazarillo o un bastón. Esta es una de las diferencias fundamentales de enfoque entre el modelo médico y el modelo social.

En ese sentido, la *Observación general No. 1* del Comité sobre los derechos de las personas con discapacidad insiste que

> El tipo y la intensidad del apoyo que se ha de prestar variará notablemente de una persona a otra debido a la diversidad de las personas con discapacidad. Esto es acorde con lo dispuesto en el artículo 3 d), en el que se mencionan, entre los principios generales de la Convención, "el respeto por la diferencia y la aceptación de las personas con discapacidad como parte de la diversidad y la condición humanas". En todo momento, incluso en situaciones de crisis, deben respetarse la autonomía individual y la capacidad de las personas con discapacidad de adoptar decisiones. (Comité sobre los derechos de las personas con Discapacidad, 2014, p. 5).

En casos límite, la misma disposición, concluye

> Cuando, pese a haberse hecho un esfuerzo considerable, no sea posible determinar la voluntad y las preferencias de una persona, la determinación del "interés superior" debe ser sustituida por la "mejor interpretación posible de la voluntad y las preferencias". Ello respeta los derechos, la voluntad y las preferencias de la persona, de conformidad con el artículo 12, párrafo 4. El principio del "interés superior" no es una salvaguardia que cumpla con el artículo 12 en relación con los adultos. El paradigma de "la voluntad y las preferencias" debe reemplazar al del "interés superior" para que las personas con discapacidad disfruten del derecho a la capacidad jurídica en condiciones de igualdad con los demás. (Comité sobre los derechos de las personas con Discapacidad, 2014, p. 6).

En la misma línea, la Corte Constitucional en Sentencia T-525 de 2019 expuso:

> Así las cosas, los diversos mecanismos de apoyo tienen como objetivo que las personas con discapacidad y sus apoyos puedan generan un sistema de ayuda "en la toma de decisiones que se ajusten a sus necesidades y preserven la autonomía y dignidad de las personas con discapacidad, al tiempo que [garanticen] los

> apoyos necesarios para el ejercicio de la capacidad legal. (Corte Constitucional, Sentencia T-525-19, p. 23).

3.6.4. Capacidad jurídica de las personas con discapacidad

Una vez definido que las personas con discapacidad son iguales ante y en virtud de la ley, que el Estado está en la obligación de efectuar ajustes razonables para garantizar la accesibilidad, suministrar y/o generar las condiciones para la utilización de apoyos en todos los escenarios de interacción social, es procedente profundizar en su capacidad jurídica. No solo porque constituye un requisito *sine qua non* en el marco de un proceso penal, sino porque la procedencia misma y algunas de las causales del principio de oportunidad se fundamentan en la decisión y/o compromisos del procesado. Sea lo primero aclarar que la convención sobre personas con discapacidad (artículo 12), la Ley 1346 de 2009 (artículo 12) y la Ley 1996 de 2019 (artículo 6) **presumen** la capacidad jurídica de las personas con discapacidad. Esto significa que no hay que probarla ni hay que declararla para ejercerla.

El Comité sobre los derechos de personas con discapacidad de las Naciones Unidas, a través de su *Observación general No. 1*, definió el alcance de la capacidad jurídica en los siguientes términos

> La capacidad jurídica incluye la capacidad de ser titular de derechos y la de actuar en derecho. La capacidad jurídica de ser titular de derechos concede a la persona la protección plena de sus derechos por el ordenamiento jurídico. La capacidad jurídica de actuar en derecho reconoce a esa persona como actor facultado para realizar transacciones y para crear relaciones jurídicas, modificarlas o ponerles fin. (Comité sobre los derechos de las personas con Discapacidad, 2014, p. 3).

Así las cosas, la capacidad de ser titular de derechos refrenda la igualdad ante la ley y la capacidad de actuar en derecho concreta la igualdad en virtud de la ley.

Podría decirse que en Colombia, hasta antes de la expedición de la Ley 1996 de 2019, esa capacidad jurídica que pregonan los tratados internacionales y la jurisprudencia constitucional no existía. En materia civil existía el proceso de interdicción, en materia de seguridad social para la adjudicación de la pensión se requería sentencia de interdicción, en materia de salud primaba, y aún prima, la decisión de los especialistas en las ciencias de la salud, y en materia penal impera el modelo médico o rehabilitador a través de lo que se conoce como medidas de seguridad. Sin embargo, en este último escenario el reconocimiento de la capacidad jurídica de la persona con discapacidad, sobre todo de la discapacidad psíquica, es prácticamente nulo hasta hoy.

¿Por qué si todos los demás escenarios empiezan a realizar ajustes razonables en materia de discapacidad, el derecho penal no lo hace?

En su *Observación general No. 1* el Comité identificó una situación que pueda responder a la pregunta

> En la mayoría de los informes de los Estados partes que el Comité ha examinado hasta la fecha **se mezclan los conceptos de capacidad mental y capacidad jurídica**, de modo que, cuando se considera que una persona tiene una aptitud deficiente para adoptar decisiones, a menudo a causa de una discapacidad cognitiva o psicosocial, se le retira en consecuencia su capacidad jurídica para adoptar una decisión concreta. Esto se decide simplemente en función del diagnóstico de una deficiencia (criterio basado en la condición), o cuando la persona adopta una decisión que tiene consecuencias que se consideran negativas (criterio basado en los resultados), o cuando se considera que la aptitud de la persona para adoptar decisiones es deficiente (criterio funcional). El criterio funcional supone evaluar la capacidad mental y denegar la capacidad jurídica si la evaluación lo justifica. A menudo se basa en si la persona puede o no entender la naturaleza y las consecuencias de una decisión y/o en si puede utilizar o sopesar la información pertinente (…) y concluye, (…) **El artículo 12 no permite negar la capacidad jurídica de ese modo discriminatorio, sino que exige que se proporcione apoyo en su ejercicio**. (Comité sobre los derechos de las personas con Discapacidad, 2014, pp. 4-5).

De esta manera, la confusión entre la capacidad mental y la capacidad jurídica queda zanjada. Si el argumento para negar la capacidad jurídica de la persona con discapacidad es la existencia de una discapacidad mental, el camino correcto consiste, no en negar la capacidad jurídica (que es lo que pasa en el proceso penal), sino en garantizar los apoyos que sean necesarios para materializarla.

Esto, por supuesto, implica un cambio de paradigma del sistema penal y quizás por esa razón es que éste se resiste a implementarla. El reconocimiento de la capacidad jurídica de las personas con discapacidad en el proceso penal es una novedad que pone en jaque la esencia de una institución que en términos de práctica se ha fincado sobre el modelo rehabilitador, por lo menos desde la primera mitad del siglo XX. La premisa general consiste en que la persona con discapacidad: no es consciente, no actúa voluntariamente y por tanto no es libre, presupuestos sobre el que se cimienta el procedimiento penal en Colombia en todas sus dimensiones.

Sin embargo, más que un rediseño estructural del proceso lo que se percibe fácilmente es una falta de toma de conciencia en la materia.

Por ello, el literal b) del artículo 8 de la convención exige que los Estados adopten medidas inmediatas, efectivas y pertinentes en la lucha contra los estereotipos, los prejuicios y las prácticas nocivas respecto de las personas con discapacidad en todos los ámbitos de la vida.

En este punto es menester reiterar que las personas con discapacidad no tienen más derechos que las demás personas; no deben tener privilegios ni se les debe reconocer un trato distinto. Lo que se les debe garantizar son ajustes razonables, accesibilidad y apoyo en su interacción social. Es por esta razón que, si la persona procesada debe ser sometida a una medida de aseguramiento privativa de la libertad por cumplirse las condiciones legales y probatorias para ello, el juez ordenará su detención preventiva en establecimiento de reclusión sea o no sea persona con discapacidad.

En el mismo sentido, si en la decisión que pone fin al proceso el juez ordena alguna de las situaciones contenidas en el artículo 43 del Código Penal e impone, por ejemplo, una pena de inhabilitación para el ejercicio de derechos y funciones pública, o la inhabilitación para el ejercicio de la patria potestad, ésta deberá cumplirse con independencia de que la persona tenga o no una discapacidad.

El Comité sobre los derechos de personas con discapacidad de las Naciones Unidas, a través de su *Observación general No. 1,* se refirió a este asunto en los siguientes términos

> Los Estados pueden limitar la capacidad jurídica de una persona en determinadas circunstancias, como la quiebra o una condena penal. Sin embargo, el derecho al igual reconocimiento como persona ante la ley y a no sufrir discriminación exige que **cuando el Estado niegue la capacidad jurídica, lo haga aplicando los mismos motivos a todas las personas.** La **negación de la capacidad jurídica** no debe basarse en un rasgo personal como el género, la raza o la discapacidad, **ni tener el propósito o el efecto de tratar a esas personas de manera diferente.** (Negrilla y subrayado propias) (Comité sobre los derechos de las personas con Discapacidad, 2014, p. 9).

3.6.5. No discriminación

Pártase de la base de que cualquier negación, exigencia, interferencia o tratamiento hacia las personas con discapacidad fincado en la discapacidad constituye un acto de discriminación sancionable por las normas internacionales (artículo 2 de la Convención sobre personas con discapacidad), las normas internas (artículo 2 de la Ley 1346 de 2009, Ley 1752 de 2015), en materia penal, las disposiciones reglamentarias (entre las que se incluye el Manual de atención al usuario de la Fiscalía General de la Nación (2019)) y particularmente por el Código Penal Colombiano (Capítulo IX, Título I).

La discriminación se puede manifestar de distintas manera, i) a través de la creación de leyes que obstaculicen o impidan el ejercicio de derechos de las personas con discapacidad, ii) mediante la creación de procedimientos engorrosos o que implique una carga desproporcionada para la persona con discapacidad, iii) con un trato o actitud, consciente o inconsciente dirigido a anular o restringir los derechos y oportunidades de las personas con discapacidad, iv) omitiendo la realización de ajustes razonables que de facto deniegue la accesibilidad y los apoyos requeridos por la población con discapacidad, v) Cualquier circunstancia que implique pérdida de derechos, garantías, oportunidades o beneficios en razón y con ocasión de la discapacidad.

En Sentencia C 329 de 2019, el máximo órgano de la jurisdicción constitucional dispuso,

> La Corte ha identificado, en términos generales, dos situaciones que "constituyen **actos discriminatorios contra las personas con limitaciones o con discapacidad**". Primera, **"la conducta, actitud o trato, consciente o inconsciente, dirigido a anular o restringir sus derechos, libertades y oportunidades, sin justificación alguna"**, es decir, los actos discriminatorios como consecuencia del desconocimiento del inciso 1 del artículo 13 de la Constitución Política. Segunda, **"toda omisión injustificada del Estado de ofrecer un trato especial" respecto de las "obligaciones de adoptar medidas afirmativas para garantizar los derechos de estas personas, lo cual apareja como consecuencia, la exclusión de un beneficio, ventaja u oportunidad, y, por tanto, constituye una discriminación"**; en otros términos, los actos discriminatorios como consecuencia del desconocimiento de los incisos 2 y 3 del artículo 13 ibidem. En todo caso, tales actos discriminatorios "no solo se reducen a actuaciones materiales, sino que también incorporan la discriminación derivada por el tratamiento que las normas jurídicas otorgan a las personas con discapacidad". Tras constatar cualquiera de tales actos discriminatorios, la Corte ha amparado el derecho a la igualdad de la referida población, en tanto "la Constitución proscribe que se presente cualquier tipo de discriminación (directa o indirecta) que conlleve a marginar e impedir la integración de los sujetos en condición de discapacidad". (Negrilla y subrayado propio) (Corte Constitucional de Colombia, Sentencia C-329-19, p. 17).

El Comité sobre los derechos de personas con discapacidad de las Naciones Unidas, a través de su *Observación general No. 6*, aclaró que la obligación de prohibir "toda forma de discriminación" involucraba las cuatro (4) formas de discriminación existente: la directa, la indirecta, la denegación de ajustes razonables y el acoso. Y destacó, igualmente, que existen fenómenos complejos como la discriminación interseccional, entendida como la suma de la discapacidad con otro criterio diferencial como la edad, el sexo, la religión, el origen étnico, el género o cualquier otra en una situación concreta, la discriminación múltiple, definida como constantes respuestas discriminatorias, bien por la discapacidad, bien por cualquier otro criterio diferencial, y la discriminación por asociación, entendida como la discriminación a personas asociadas con personas con discapacidad. De la misma manera aclaró que la "discriminación por motivos de discapacidad" no solamente cobija a las personas que para el momento exacto de la discriminación tenga una discapacidad, sino también, a personas que tuvieron una discapacidad, que pueden tener una predisposición a tener una discapacidad futura o que tienen una discapacidad presunta (Comité sobre los derechos de las personas con Discapacidad, 2018).

3.7. BALANCE DEL CUMPLIMIENTO DE LA CONVENCIÓN EN COLOMBIA

Tal y como se ha puesto de presente en acápites anteriores, el sistema penal presenta una complejidad que merece ser resaltada con miras a buscar una respuesta acorde con la Convención, que en la práctica no resulte discriminatoria; en palabras coloquiales, "que no sea peor el remedio que la enfermedad". En ese sentido, hay que partir de la base que los procesos jurídico-penales en el mundo, tienen consecuencias devastadoras para las personas procesadas y condenadas desde todo punto de vista: se limitan los derechos fundamentales a la libertad, la intimidad y la autonomía del individuo —en Colombia se suma el derecho a la salud, a la integridad personal, a la vida misma por las condiciones de hacinamiento en las que se encuentra nuestro sistema penitenciario y carcelario desde hace décadas—, se afecta el núcleo familiar, las relaciones personales y la interacción social, se limitan los derechos a la educación y al empleo, se suspenden derechos individuales con connotaciones personales y/o políticas. También se reducen los espacios de distracción como las actividades recreativas y culturales. Estas son las implicaciones que tiene el cometer un delito.

Y estas implicaciones, por la esencia misma del sistema punitivo, se harán presentes con independencia de que la persona tenga o no una discapacidad.

Lo que se quiere resaltar es que, aunque la finalidad y regulaciones del modelo social de discapacidad contenido en las disposiciones internacionales e internas constituyen un modelo perfecto de integración de las personas con discapacidad, la realidad colombiana, especialmente la realidad penal y penitenciaria, debe ajustarse primero en todos los aspectos indispensables como la accesibilidad, los ajustes razonables, los apoyos e incluso la toma de conciencia, para, una vez realizado ello, hacer prácticos sus postulados.

Vuélvase al supuesto de las medidas de aseguramiento (ver capacidad jurídica de las personas con discapacidad). Tal y como está construido el sistema penal en estos momentos, si una persona con discapacidad psíquica, acusada de cometer un delito sexual contra un niño, niña o adolescente, es sometida a una medida de aseguramiento —regla general—, la consecuencia práctica es que esa persona es privada de la libertad en un establecimiento carcelario. Allí permanecerá por un tiempo prolongado sin apoyos, sin ajustes razonables y sin garantías de accesibilidad, mientras se discute en los estrados judiciales si su responsabilidad, o, eventualmente, la inimputabilidad (según sea el caso). Si esta condición en una persona sin discapacidad es insostenible, ¿cómo no lo será en una persona con discapacidad? Y es que aquí no se puede pregonar el derecho a la igualdad, porque la diversidad de las personas con discapacidad exige que, primero, se realicen procesos legislativos, administrativos, operativos, en infraestructura, tangibles e intangibles **que no dependen de ellas**, para materializarla.

Véase que lo que se identifica en estos supuestos es que lo que se requiere para materializar esa igualdad no existe, y las consecuencias del sistema sí recaerán sobre las personas con discapacidad sin ninguna clase de distinción de trato, porque ésta tampoco se ha generado.

En suma, a diferencia de demás escenarios (médico, civil, familiar, patrimonial, cultural, social, etc.), los efectos del sistema penal no pueden aplicarse, hasta tanto no estén garantizados los instrumentos que respondan a la diversidad de las personas con discapacidad. Si ello ocurriera, la expresión "nada sobre nosotros sin nosotros", acuñada al movimiento de vida independiente en el siglo XX, se traduciría en "nada sobre nosotros con nosotros". En el sistema penal, la limitación de derechos, téngase o no discapacidad, es una realidad.

Hecha esta precisión, y como evidencia de dicha realidad, en junio de 2013, Colombia presentó ante el Comité de derechos de las Personas con Discapacidad – CRPD (por sus siglas en inglés), el informe inicial sobre la implementación de esta en el Estado colombiano en el periodo comprendido entre el 1 de agosto de 2009 y el 30 de abril de 2013, en cumplimiento de lo pregonado por el artículo 35 de la Convención sobre personas con discapacidad. En materia de acceso a la justicia penal el mencionado informe, esbozó que

> La Fiscalía General de la Nación-FGN delinea dos áreas de trabajo con el fin de avanzar en el acceso a la justicia de las PcD. La primera es la judicial, que busca optimizar resultados en casos de violencia contra sujetos con protección constitucionalmente reforzada, como lo son las PcD. La segunda es la "atención a usuarias y usuarios con enfoque diferencial", ya sea en su condición de víctimas, testigos o **vinculados a las investigaciones**. (Negrilla y subrayado propios) (República de Colombia, 2013, p. 6).

En el mismo documento, se consignó la posición de los representantes de las personas con discapacidad, quienes, frente a ese punto, manifestaron que

> no existe el acompañamiento de intérpretes o personal especializado en la atención de PcD en el acceso a la justicia o la norma no se cumple en algunos casos. También, reportan la **necesidad de realizar campañas de sensibilización** dirigida a los servidores públicos y personal administrativo de los Complejos Judiciales del país. (Negrilla y subrayado propio) (República de Colombia, 2013, p. 6).

En el mismo sentido, el reporte regional indicó "hay una **ausencia de acción del Estado** en términos del acceso directo a la justicia, en el entendido de la **accesibilidad física y la relación directa** con los funcionarios de la rama judicial" (Negrilla y subrayado propio) (República de Colombia, 2013, p. 6).

El 30 de septiembre de 2016, el Comité sobre derechos de las personas con discapacidad, remitió al Estado colombiano las observaciones finales sobre el informe inicial presentado.

Sobre el asunto concreto del acceso a la administración de justicia, identificó que "preocupa al Comité 'que los ajustes de procedimiento para personas con discapacidad que intervienen en los distintos procesos judiciales no se ponen en práctica y que no se cuentan con los apoyos para la accesibilidad'" (Comité sobre los derechos de las personas con Discapacidad, 2016, p. 6). Así las cosas, podría concluirse que la implementación de la Convención para el año 2013 en materia de administración de justicia fue prácticamente nula. Se destacan dos (2) fenómenos que son transversales y que se mantienen hasta el día de hoy.

El primero de ellos relacionado con la falta de accesibilidad, entendida esta como

> asegurar el acceso de las personas con discapacidad, en igualdad de condiciones con las demás, al entorno físico, el transporte, la información y las comunicaciones, incluidos los sistemas y las tecnologías de la información y las comunicaciones, y a otros servicios e instalaciones abiertos al público o de uso público, tanto en zonas urbanas como rurales. (Naciones Unidas, 2006, artículo 9).

En materia penal, esta falta de accesibilidad se traduce en la infraestructura donde se alojan los órganos de investigación y juzgamiento, la falta de mecanismos de comunicación efectivos para el seguimiento de procesos, inexistencia de información en formatos ajustados para las personas con discapacidad (braille, por ejemplo), ausencia total de asistencia humana o animal en instalaciones de naturaleza penal, entre otros.

Entre otros asuntos, el comité recomendó que Colombia

> modifique su legislación penal en concordancia con la Convención y que asegure los ajustes de procedimiento y razonables para las personas con discapacidad involucradas en procedimientos penales y que garantice, en igualdad de condiciones con los demás, su derecho al debido proceso, a la presunción de inocencia y a contar con asistencia letrada y defensoría calificada (...) b) Adopte los ajustes de procedimiento judiciales que garanticen el desempeño de personas con discapacidad en cualquiera de las funciones y etapas de los procesos; c) Asegure la accesibilidad de instalaciones físicas, materiales, información y comunicación en todo el sistema de justicia, incluyendo la disponibilidad de guías intérpretes e intérpretes de lengua de señas, material en Braille, de lectura fácil y en formatos electrónicos; d) Fortalezca programas de formación en derechos de las personas con discapacidad dirigidos a magistrados, jueces y personal judicial, policía y personal de seguridad, penitenciario y defensores públicos. (Comité sobre los derechos de las personas con discapacidad, 2016, pp. 6-7).

El segundo es la falta de conciencia de los funcionarios públicos, entendidos como jueces, fiscales, defensores, procuradores, peritos, personal del sistema penitenciario, de salud, policía judicial y, en general, todas las personas que intervienen en el sistema penal. Tradicionalmente, las personas con discapacidad han estado despojadas de toda capacidad jurídica. El modelo rehabilitador o médico ha permeado profundamente las prácticas del sistema jurídico. Ello implica que el cambio de modelo debe ser un punto de partida esencial en las prácticas judiciales. Para lograrlo no sólo se requieren ajustes normativos o mandatos contenidos en la jurisprudencia, que, dicho sea de paso, han incrementado considerablemente en la última década, sino capacitaciones constantes, efectivas y ejemplarizantes, jornadas de sensibilización, manuales operativos con enfoque diferencial, inserción laboral de personas con discapacidad en estos escenarios, en general, pedagogía extrema en materia de discapacidad.

Sobre el particular,

> El Comité recomienda al Estado parte que promueva programas permanentes de toma de conciencia y capacitación acerca de los derechos y la dignidad de las personas con discapacidad dirigidos a funcionarios públicos en todos los niveles, operadores de justicia, personal policial y defensa civil, medios de comunicación y sociedad colombiana en general, en consulta estrecha con organizaciones de personas con discapacidad. (Comité sobre los derechos de las personas con discapacidad, 2016, p. 4).

En el año 2020, Colombia remitió información sobre las observaciones finales del comité, y en punto de la toma de conciencia, informó que:

> Dentro de las líneas de acción de la política referida5 se encuentra, en primer lugar, la apropiación del modelo social de la discapacidad por quienes integran el Sistema de Justicia, que se centra especialmente en acciones deformación (sic) a los operadores de justicia respecto al modelo social de la discapacidad, y a la obligación de que las decisiones judiciales contribuyan a la garantía de los derechos humanos consagrados en la Convención, no solo empleando un lenguaje respetuoso sino eliminando la recurrencia a instituciones "protectorias" cuando estas no reconozcan la capacidad legal de las personas con discapacidad.(Comité sobre los derechos de las personas con discapacidad, 2020, p. 7).

Las personas con discapacidad, así como todas las demás, en la decisión que pone fin al proceso penal, pueden tener una de dos (2) formas de tratamiento: imputables, lo que implica que en el proceso se probó su responsabilidad y por tanto se hace merecedor de una pena que —pártase del peor de los escenarios—, consiste en privación de la libertad en establecimiento penitenciario y carcelario; o, inimputable, lo que implica que en el proceso se probó que,

---

[5] Alude al Plan Decenal de Justicia 2017-2027 del Ministerio de Justicia y del Derecho (Decreto 979 de 2017).

para el momento de los hechos, no pudo comprender la ilicitud de su comportamiento y/o determinarse según dicha comprensión, caso en el cual se le impone una medida de seguridad (para profundizar en este tema remítase al Capítulo 1 de este documento). Con independencia de ambos resultados, durante el proceso la persona puede estar privada de la libertad o no, dependiendo de los aspectos normativos, fácticos y probatorios de su proceso en particular, y esa privación de la libertad no tiene distinción, siempre será en establecimiento carcelario —regla general—.

Sin embargo, y aunque excede la finalidad de este trabajo, es importante mencionar que la lógica de las medidas de seguridad varía en cuanto a su finalidad y extensión a la lógica de las penas. Su desarrollo se corresponde con el modelo social o rehabilitador.

El informe presentado por Colombia se refirió al sistema penitenciario y carcelario en materia de discapacidad en los siguientes términos:

> En Colombia, la situación carcelaria de las personas que son privadas de la libertad vulnera su derecho a la vida digna, en consecuencia, **la población carcelaria con discapacidad, que asciende a 2015 internos**, también es afectada por este hecho, agravada por su condición. Adicionalmente, se tienen dificultades con la accesibilidad en la infraestructura carcelaria. En las **proyecciones** del plan operativo del Instituto Nacional Penitenciario y Carcelario-INPEC, se propone la articulación intersectorial para mejorar las condiciones de las PcD privadas de la libertad, su derecho a la salud y los ajustes razonables necesarios (Negrilla y subrayado propio) (República de Colombia, 2013, p. 5).

Al respecto,

> El Programa de Acción por la Igualdad y la Inclusión Social – PAIIS de la Universidad de los Andes, como miembro de la sociedad civil reporta que en Colombia (...) se evidencia una **débil implementación de ajustes razonables** en las **acciones del proceso penal** y la detención de PcD privadas de la libertad. (Negrilla y subrayado propio) (República de Colombia, 2013, p. 6).

En este punto es importante llamar la atención sobre una de las implicaciones de la privación de la libertad en establecimientos de reclusión, que es evidentemente discriminatoria para las personas con discapacidad hasta el día de hoy. Si bien, como ya se anotó, algunos derechos se ven limitados o restringidos por el derecho penal, otros cuentan con un manejo especial que implica beneficios punitivos (redención de pena), como lo son el estudio y/o el trabajo.

En tanto que no existen ajustes razonables ni apoyos ni siquiera para la permanencia de las personas con discapacidad en estos establecimientos, mucho menos para el desempeño de actividades formativas y/o de empleabilidad acordes con las necesidades de éstas. Eso significa, que, a pesar de estar recluidas formalmente, no pueden acceder a los beneficios existentes, que, a duras penas, se consiguen en personas sin discapacidad.

Así lo hizo saber PAIIS en el informe inicial: "las PcD privadas de la libertad no tienen acceso a actividades educativas que además ayuden a redimir y descontar la pena, por la carencia de ajustes razonables y desarrollo de programas dirigidos a esta población" (República de Colombia, 2013, p. 12).

Por su parte, la coalición colombiana por la implementación de la Convención sobre los derechos de las personas con discapacidad, entendida como una agrupación de personas naturales y jurídicas de la sociedad civil, emitió el informe alterno sobre el cumplimiento de la convención. En este asunto en concreto, identificó las deficiencias del pabellón para personas con discapacidad del Establecimiento Carcelario la Modelo: no hay suficientes sillas de ruedas, no hay ajustes para la discapacidad sensorial, los espacios comunes como la capilla o el desarrollo de actividades educativas y de trabajo no son accesibles y su habilitación de estas áreas en el mismo pabellón genera segregación poblacional (Coalición colombiana por la implementación de la Convención sobre los derechos de las personas con discapacidad, 2016).

Al respecto el comité en sus observaciones esbozó:

> El Comité nota con preocupación que los centros de privación de libertad para personas sentenciadas no son accesibles ni cuentan con los servicios de salud y rehabilitación específicos para personas con discapacidad. Le preocupa además que las personas con discapacidad detenidas no tienen acceso a prestaciones administrativas en igualdad de condiciones con los demás, por ejemplo, para participar en actividades vocacionales (...) y por tanto recomendó que Colombia, (...) adopte un plan de accesibilidad para los centros de privación de libertad para personas sujetas a procesos penales, así como la provisión de ajustes razonables, servicios de salud y rehabilitación, capacitación laboral y vocacional para personas con discapacidad. También le recomienda que en la implementación de estas recomendaciones el Estado parte se guíe por las directrices sobre libertad y seguridad de la persona (art. 14 de la Convención) (...) (Comité sobre los derechos de las personas con Discapacidad, 2016, p. 7).

Por otro lado,

> Colombia no cuenta con un sistema de recolección de información estadística relativa a la discapacidad confiable. En ese sentido, muchas de las entidades del Estado que prestan servicios a la comunidad registran la variable de discapacidad conforme a criterios propios y endógenos a la Entidad, sin que exista una homologación de los mismos (sic), lo que hace que las cifras relativas a la situación de las personas con discapacidad sean confusas, inciertas, poco confiables y se presenten amplias divergencias entre los diferentes sistemas de registro. (Coalición colombiana por la implementación de la Convención sobre los derechos de las personas con discapacidad, 2016).

Así lo hizo saber la Coalición colombiana por la implementación de la Convención sobre los derechos de las personas con discapacidad en su informe alternativo.

Con la misma transversalidad invocada para el proceso de toma de conciencia, la información clara, veraz y completa de las personas con discapacidad y de las formas de discapacidad existentes en la población colombiano, constituyen uno insumo esencial para la implementación de ajustes razonables. Si no se tienen claras cuáles son las necesidades que se van a proteger, ¿cómo se hace? Por supuesto, en materia penal y penitenciaria tampoco se cuenta con el reporte de las personas con discapacidad recluidas.

El Comité sobre los derechos de las personas con discapacidad llamó la atención sobre este aspecto e instó al Estado Colombiano a que

> revise los criterios para el registro único para la localización y caracterización y los actualice en línea con el modelo de derechos humanos de la discapacidad. Asimismo, le recomienda redoblar sus esfuerzos para ampliar el registro de personas con discapacidad, particularmente en las zonas rurales y más remotas. Le recomienda también que adopte medidas para garantizar la fiabilidad de los datos y para actualizar la información de manera periódica. (Comité sobre los derechos de las personas con discapacidad, 2016, p. 3).

A pesar de todo lo anterior, es importante destacar que, desde la presentación del informe en 2013 hasta hoy, se han generado cambios importantes en algunas de las materias de la convención. Se han derogado y modificado normas que implicaban discriminación de las personas con discapacidad como, por ejemplo: servir de testigo en procesos; se crearon normas y procedimientos tendientes a materializar la capacidad jurídica de las personas con discapacidad a través de la adjudicación de apoyos vía notarial o judicial, eliminado de esa manera, figuras como la interdicción; se han suprimido de la normatividad algunas expresiones peyorativas e impulsado a través de la jurisprudencia la interiorización pública e individual del modelo social de discapacidad; y el incremento de las jornadas de capacitación y sensibilización a los funcionarios públicos, entre otros (Comité sobre los derechos de las personas con discapacidad, 2020).

3.8. PRINCIPIO DE OPORTUNIDAD EN CLAVE PERSONAS CON DISCAPACIDAD PSÍQUICA

Habiendo acotado la reglamentación nacional e internacional de los derechos de las personas con discapacidad y determinado la incidencia práctica de los postulados normativos y jurisprudenciales en la materia, corresponde aterrizar el asunto al principio de oportunidad como salida alterna contenida en el Título IV del Código de Procedimiento Penal (para profundizar en este aspecto véase el Capítulo 2 de este documento).

Recuérdese que el artículo 250 de la Constitución Política de Colombia consagra la posibilidad de interrumpir, suspender o renunciar a la acción penal, únicamente para dar aplicación al principio de oportunidad en el marco de la política criminal del Estado.

El balance de los 10 años de funcionamiento del sistema penal acusatorio en Colombia (2004-2014) identificó que en durante ese periodo, la Fiscalía General de la Nación reportó 891.013 noticias criminales con salida efectiva (de un total de 2.607.160). Lo curioso de la cifra (sumado a que ni siquiera alcanza a ser la mitad del total), es que, de esas salidas, solamente el 0.06 % corresponde a la aplicación del principio de oportunidad.

Sobre las causas para que esta salida alterna no alcance siquiera al 1 % de las salidas del sistema penal, el balance esbozó,

> Varias son las posibles explicaciones que pueden darse, (i) la falta de una regulación clara sobre su aplicación; (ii) la complejidad técnica que requiere su uso para la interpretación de las causales aplicables definidas en la ley; (iii) los excesivos trámites al interior del ente acusador para su procedencia[45]; (iv) la cultura legal vigente en los funcionarios de la Fiscalía, según la cual el éxito de la investigación es la sentencia condenatoria —únicamente y sin diferenciación del delito del que se trate—; y (v), la carencia de una política criminal clara que guíe su aplicación. (CEJ, 2015, p. 43).

Como consecuencia de ello, el sistema judicial también presenta una congestión en tanto que,

> en teoría, estructura procesos judiciales cuya duración promedio no debe superar los noventa días calendario, para atender solo al 10 % de los casos que no hubieren sido resueltos por los sistemas de negociación (...) hoy atiende más del 80 % de los procesos que ingresan al sistema penal, por cuenta de la deficiente regulación y práctica del principio de oportunidad. (CEJ, 2015, p. 215).

Ante ese escenario, el ente acusador colombiano profirió la Resolución 4155 de 2016 con el objetivo de actualizar y unificar la regulación del trámite del principio de oportunidad y promover su aplicación (para profundizar sobre este aspecto remítase al Capítulo 2 de este documento). En punto de la discapacidad, la mencionada resolución no realiza ninguna discriminación, positiva ni negativa, sobre la aplicación del principio de oportunidad a personas con discapacidad.

Para dilucidar el panorama, el pasado 11 de agosto de 2020 se radicó un derecho de petición (Anexo 2) ante la Fiscalía General de la Nación a través del cual se buscó respuesta concreta sobre la regulación del principio de oportunidad y su aplicación concreta en personas con discapacidad.

El 10 de septiembre de 2020, la Dirección de Atención al Usuario, Intervención Temprana y Asignaciones informó que la entidad pregona el modelo social de discapacidad y ha atendido las disposiciones de la convención internacional sobre los derechos de las personas con discapacidad y la jurisprudencia constitucional a través del

> fortalecimiento y desarrollo de lineamientos en atención para las personas en situación de discapacidad, los cuales han sido consignados en el **Manual de Atención al Usuario de la Fiscalía General de la Nación**, contentivo de todo el desarrollo sobre los diferentes tipos de discapacidad y la manera como se deben abordar cada una de ellas para garantizar un trato libre, igualitario y sin discriminación. Sobre estos lineamientos se han realizado diversas sensibilizaciones con el personal destacado para la recepción de denuncias (...) Adicionalmente, la Fiscalía General de la Nación desde el año 2016 ha venido desarrollando la estrategia para el abordaje a las víctimas con discapacidad auditiva, para ello de manera articulada con el Instituto Nacional para Sordos–INSOR

> se han realizado talleres de lenguaje de señas con la participación de los servidores que realizan actividades de atención al usuario, actualmente está en construcción la Guía de Atención para Personas en Situación de Discapacidad (Negrilla y subrayado propio) (Fiscalía General de la Nación, 2020b, p. 2).

A la pregunta sobre el reconocimiento de la capacidad legal de las personas con discapacidad, mayores de edad, dispuesta en la Ley 1996 de 2019, informó que, en el manual mencionado, se incluyeron los elementos para la atención de personas en situación de discapacidad

> Dentro de estos lineamientos se destacan la atención preferencial y prioritaria para los adultos mayores y las personas en situación de discapacidad, la utilización de un lenguaje claro garantizando la comprensión del usuario, y en caso que se requiera solicitar apoyos de personal capacitado para la atención de personas con discapacidad auditiva o del habla. (Fiscalía General de la Nación, 2020b, p. 2).

El manual de atención al usuario de la Fiscalía general de la Nación fue emitido el 19 de diciembre de 2019 como instrumentos del proceso de gestión de denuncias y análisis de información. Define los derechos y deberes de los usuarios que acceden a los servicios de la entidad, fija los principios, valores, competencias y procedimiento y modalidades para atender a las personas que requieran de sus servicios. El numeral 9 define la atención de usuarios con enfoque diferencial incluyendo criterios como la edad, la étnica, la orientación sexual e identidad de género y la discapacidad. Este manual no se encuentra visible en la página principal de la web oficial ni en el apartado de políticas, lineamientos y manuales. Parece que sólo está disponible para los funcionarios de la entidad, lo que limita el acceso a la información por parte de los usuarios a que está dirigido (Fiscalía General de la Nación, 2019).

En los lineamientos en atención para el enfoque diferencial por discapacidad (numeral 9.2. del Manual), se clasifican los tipos de discapacidad en discapacidad sensorial, física o motora, la talla baja, la discapacidad cognitiva o intelectual, la discapacidad mental y se agrega la discapacidad múltiple como la coexistencia de más de una deficiencia en una misma persona.

Como su descripción lo indica, se trata de unos recordatorios en la relación que el funcionario tenga con la persona con discapacidad: no usar expresiones peyorativas, no usar la palabra discapacidad ni hacer alusión a ella durante la conversación, permita el acompañamiento de otras personas que conocen la deficiencia de la persona, identificar la necesidad de contar con interprete y acudir al Ministerios de las TICS para que suministre el servicio de interpretación en línea, entre otros.

Por su parte, el grupo de Mecanismos de Terminación Anticipada y Justicia Restaurativa–G. MTA Y JR, adscrito al Despacho del Fiscal General, dio respuesta al derecho de petición el 25 de agosto de 2020 y resolvió las inquietudes relacionadas con el principio de oportunidad.

A la pregunta No 5, ¿Cuáles son los **presupuestos que exige la fiscalía** considerar a sus funcionarios para la solicitud de aplicación de principio de oportunidad ante juez de control de garantías?, el G. MTA Y JR. respondió

> los presupuestos exigidos son los plasmados en la Ley 906 de 2004, modificada por la Ley 1312 de 2009 —artículos 321 al 330—, y la Resolución 4155 de diciembre de 23016, por medio de la cual se reglamentó la aplicación del principio de oportunidad, dentro del marco de la política criminal del estado. (Fiscalía General de la Nación, 2020a, p. 1).

A la pregunta No 6, ¿Cuáles son los **presupuestos legales** para que se dé aplicación del principio de oportunidad por parte del juez de control de garantías?, se dijo:

> en armonía con la respuesta anterior, los presupuestos legales para la aplicación del instituto jurídico del principio de oportunidad exigidos son los plasmados en la Ley 906 de 2004, modificada por la Ley 1312 de 2009 —artículos 321 al 330—. (Fiscalía General de la Nación, 2020a, p. 1)

Lo anterior significa entonces que, para que proceda la aplicación del principio de oportunidad ante la Fiscalía General de la Nación, no se exigen requisitos adicionales a los contenidos en el Código de Procedimiento Penal (para profundar en este tema, véase el Capítulo 2 de este documento).

Una vez constatado lo anterior, se proyectó la pregunta No. 7. Esta pregunta tenía 2 posibilidades de respuesta: "sí" o "no" y dependiendo de ello se responderían preguntas adicionales. La pregunta No. 7 con sus respectivas derivaciones fue la siguiente,

> 7. ¿Se ha impulsado[6] la aplicación del principio de oportunidad a personas con discapacidad por parte de la Fiscalía?
> *Si la respuesta es positiva responda las preguntas a), b), c), d), e), f), g) y h).*
> a) ¿Bajo qué causales (relacionar número de casos por causal) del artículo 324 del Código de procedimiento penal se han impulsado?
> b) ¿En qué modalidades (suspensión, interrupción, renuncia) se ha impulsado la aplicación del principio de oportunidad para personas procesadas con discapacidad (relacionar número de casos por modalidad)?
> c) ¿En qué etapa procesal (investigación-juzgamiento) se ha impulsado la aplicación del principio de oportunidad para personas procesadas con discapacidad (relacionar número de casos por etapa procesal)?
> d) ¿La Fiscalía diferencia la discapacidad según tipos (por ejemplo, física, mental o sensorial)? En caso afirmativo, por favor diferencie sobre la aplicación del principio de oportunidad en función de dichas tipologías.
> e) Para el cumplimiento de las condiciones para la aplicación del principio de oportunidad en la modalidad de suspensión a favor de personas con discapacidad, ¿la Fiscalía ha desarrollado figuras como apoyos, ajustes u otras que aseguren que la persona con discapacidad podrá cumplir las condiciones?
> f) Para el cumplimiento de las condiciones para la aplicación del principio de oportunidad en la modalidad de interrupción a favor

---

6 Entiéndase solicitadas por el fiscal del caso y autorizadas por el Grupo de Mecanismos de terminación anticipada y justicia restaurativa de la Fiscalía General de la Nación. Sin tener en cuenta el proceso ante Juez de Control de Garantías.

> de personas con discapacidad, ¿la Fiscalía ha desarrollado figuras como apoyos, ajustes u otras que aseguren que la persona con discapacidad podrá cumplir las condiciones?
> g) ¿Cuáles son los inconvenientes que ha tenido la solicitud de aplicación del principio de oportunidad a personas con discapacidad ante los jueces de control de garantías? (relacione motivos con número de casos).
> h) ¿Se han impulsado principios de oportunidad con posterioridad a que, en el caso concreto, la defensa alegue inimputabilidad de su representado? (relacione número de casos y argumente la respuesta, aunque esta sea positiva o negativa).
> *Si la respuesta es negativa responda las preguntas i) y j).*
> i) ¿Existe una prohibición legal que impida que la Fiscalía General de la Nación impulse la aplicación del principio de oportunidad a personas con discapacidad? En caso de respuesta positiva favor mencionarla.
> j) ¿Existe una directriz o resolución interna de la Fiscalía General de la Nación que impida a un fiscal impulsar la aplicación del principio de oportunidad a personas con discapacidad? En caso de respuesta positiva favor mencionarla.
> La respuesta allegada por el G.MTA Y JR fue la siguiente,
> en cuanto al trámite interno impartido a las solicitudes de aplicación del principio de oportunidad, recibidas por el Grupo de Trabajo de Terminación Anticipada y Justicia Restaurativa, la Resolución No. 0-4155 del 29 de diciembre de 2016, en sus artículos 29 y 31, estableció los procedimientos en caso de competencia exclusiva del Señor Fiscal General de la Nación y delegación especial, **no puede evidenciar si el aspirante tiene dicha condición para poder dar respuesta positiva o negativa a su interrogante.** (negrillas y subrayado propio) (Fiscalía General de la Nación, 2020a, p. 1).

No obstante lo anterior, se dio respuesta a los numerales i) y j), referidas a las prohibiciones legales y reglamentarias del ente acusador para impulsar el principio de oportunidad en personas con discapacidad.

En relación con las prohibiciones legales, aludió a las contenidas en los parágrafos del artículo 324 de la ley 906 de 2004, las que, agregó, son de carácter general (para profundizar en este aspecto véase el capítulo 2 de este documento). En cuanto a las prohibiciones contenidas en directrices o resoluciones internas respondió "revisada la reglamentación y única resolución que regulan la figura del principio de oportunidad vigentes, no se observa que se haga alusión al tema" (Fiscalía General de la Nación, 2020a, p. 2)

Así las cosas, si no existen presupuestos personales para la aplicación del principio de oportunidad, y si no existen prohibiciones legales ni reglamentarlas expresas para su impulso, en procesos en los que el procesado es una persona con discapacidad, la lógica nos permite inferir que es lícita, legal y válida la aplicación de la salida alterna a personas con discapacidad, sea esta de la especie que sea.

Recuérdese que los presupuestos legales para la viabilidad del principio de oportunidad se encuentran definidos en el artículo 327 del Código de Procedimiento Penal. El juez de control de garantías efectuará el control de legalidad, **sólo si hay un mínimo de prueba que permita inferir la autoría o participación en la conducta y su tipicidad.**

En ese orden de ideas, si una persona con discapacidad se encuentra inmersa en un proceso penal, el fiscal solamente deberá identificar desde el punto de vista fáctico, probatorio y jurídico, si esa persona puede ser autora o partícipe de la conducta que se investiga y que ésta sea típica, para impulsar la aplicación del principio de oportunidad en cualquiera de sus modalidades y de sus causales. Nada más.

La respuesta a la pregunta 7 parece darle la razón a la Coalición colombiana por la implementación de la Convención sobre los derechos de las personas con discapacidad, quien en su informe alternativo expuso que

> Colombia no cuenta con un sistema de recolección de información estadística relativa a la discapacidad confiable. En ese sentido, muchas de las entidades del Estado que prestan servicios a la comunidad registran la variable de discapacidad conforme a criterios propios y endógenos a la Entidad, sin que exista una homologación de los mismos, lo que hace que las cifras relativas a la situación de las personas con discapacidad sean confusas, inciertas, poco confiables y se presenten amplias divergencias entre los diferentes sistemas de registro. (Coalición colombiana por la implementación de la convención sobre los derechos de las personas con discapacidad, 2016, p. 11).

En materia jurisprudencial, existen dos sentencias que se han aproximado a abordar el tema de la discapacidad y las salidas alternas, en concreto, i) los preacuerdos y negociaciones, es la C-330 de 2013. En dicha oportunidad, la Corte Constitucional se declaró inhibida para pronunciarse. No obstante, las consideraciones de la Universidad de los Andes a través del Programa de Acción por la Igualdad y la Inclusión Social – PAIIS en su calidad de interviniente, así como la aclaración de voto del Magistrado Luis Ernesto Vargas Silva, definen y ejemplifican de forma acertada la relación existente entre discapacidad, proceso penal, inimputabilidad y salidas alternas.

En la aclaración, se ejemplifica el contraste entre dos (2) personas con diversidad funcional (una con diagnóstico médico-psiquiátrico de cleptomanía y otro diagnóstico de trastorno afectivo bipolar (TAB)) inmersas en un proceso penal, así

> en el desarrollo del procedimiento penal no es claro cuál de los dos enfrentará dificultades para comprender las principales actuaciones del mismo (sic), si es que alguno las afronta. No parece que la cleptomanía o la ansiedad crónica afecten ese conocimiento, de manera que la diversidad funcional puede ir de la mano de la plena comprensión de ciertas actuaciones jurídicas, lo que explica que en el evento supuesto no exista razón para evitar o limitar la participación de estas personas en el proceso penal (...) y concluye, (...) Pero, finalmente, es viable imaginar que la persona que padece el TAB se encuentra en mayores dificultades para manifestar su voluntad en caso de que así se le solicite en el proceso penal. Tal vez el apremio de los funcionarios haga más intenso su desasosiego y, por lo tanto, desde el punto de vista social, ella sería la persona que enfrenta la discapacidad y que requiere los ajustes razonables. Con todo, en la medida en que es poco probable que el hurto haya sido condicionado por una situación de ansiedad, **su aceptación de la imputación, allanamiento a cargos o los acuerdos que suscriba a la Ficalía (sic) tendrían, en principio, pleno sentido**. (Negrilla y subrayado fuera del texto) (Corte Constitucional de Colombia, C-330-13, p. 47).

La segunda fue proferida por la Sala de Casación Penal de la Corte Suprema de justicia el pasado 25 de noviembre de 2020. Se trató de un recurso extraordinario de casación en el que se consignó con claridad que las personas con discapacidad tienen los mismos derechos y garantías que las personas sin discapacidad con fundamento en la convención internacional de los derechos de las personas con discapacidad, la ley 1618 de 2013 y la ley 1996 de 2019. Se enfatiza en la posibilidad que tienen personas con esta diversidad funcional para aceptar cargos y ejercer todos los derechos reconocidos en la ley, reiterando su capacidad legal para hacer parte de proceso penal y se insiste en la necesidad de que todos los actores del sistema actúen en consonancia con ello. Por esta razón, en el caso concreto, se decretó la nulidad de todo lo actuado a partir de la audiencia de formulación de imputación y se instó al Congreso de la República y al Ministerio de Justicia a adoptar las decisiones legislativas y reglamentarias, respectivamente, necesarias para garantizar la igualdad material.

3.9. OTRAS CUESTIONES RELACIONADAS

3.9.1. Omisión relativa

Algunas demandas de constitucionalidad en torno a la discapacidad se fincan sobre el argumento de que el legislador incurre en omisión relativa al no consagrar expresamente la población con discapacidad como beneficiaria de la norma. Al respecto véase sentencia 329 de 2019. Recuérdese que, aunque la corte constitucional no tiene competencia para pronunciarse sobre las omisiones absolutas, si la tiene competencia en relación con las omisiones relativas,

> porque allí se está ante una actuación del Legislador susceptible de ser comparada con el texto constitucional. En efecto, es relativa la omisión cuando, no obstante existir normatividad sobre un tema en particular, aquella incurre en un **déficit de protección constitucional** al desconocer situaciones que también debieron ser reguladas si se pretendía mantener una debida concordancia con la Norma Superior". (Corte Constitucional de Colombia, Sentencia C-329-19, p. 25).

En la misma decisión, la Corte reiteró las condiciones que deben presentarse para poder configurar una omisión relativa del legislador,

> (i) Exista una norma sobre la cual se predique necesariamente el cargo y que "(a) excluya de sus consecuencias jurídicas aquellos casos equivalentes o asimilables o, en su defecto, (b) que no incluya determinado elemento o ingrediente normativo. (ii) Exista un deber específico impuesto directamente por el Constituyente al legislador que resulta omitido, "por (a) los casos excluidos o (b) por la no inclusión del elemento o ingrediente normativo del que carece la norma". Esto, por cuanto solo se configura la omisión legislativa relativa siempre que el legislador desconozca una concreta "obligación de hacer" prevista por la Constitución Política. (iii) La exclusión o la no inclusión de los casos o ingredientes carezca de un principio de razón suficiente. Esto implica verificar "si el Legislador, cuando desconoció el deber, contó con una razón suficiente, esto es, que el hecho de omitir algún elemento al momento de proferir la norma no hizo parte de un ejercicio caprichoso, sino, por el contrario, ello estuvo fundado en causas claras y precisas que lo llevaron a considerar la necesidad de obviar el aspecto echado de menos por los demandantes. (iv) En los casos de exclusión o no inclusión, la falta de justificación y objetividad **genere una desigualdad negativa frente a los que se encuentran amparados por las consecuencias de la norma**. Este presupuesto es aplicable solo en aquellos casos en que se afecte el principio de igualdad, es decir, "cuando la norma incompleta se evidencia discriminatoria al no contemplar todas las situaciones idénticas a la regulada, o, dicho en otras palabras, cuando no se extiende un determinado régimen legal a una hipótesis material semejante a la que termina por ser única beneficiaria del mismo. Para estos efectos, según la jurisprudencia constitucional, es necesario verificar la razonabilidad de la diferencia de trato, esto es, valorar "a) si los supuestos de hecho en que se encuentran los sujetos excluidos del contenido normativo son asimilables a aquellos en que se hallan quienes sí fueron incluidos, y, b) **si adoptar ese tratamiento distinto deviene necesario y proporcionado con miras a obtener un fin legítimo**. (Corte Constitucional de Colombia, Sentencia C-329-19, p. 26-27).

Y señaló las consecuencias de su reconocimiento,

> el remedio judicial idóneo frente a omisiones legislativas relativas es **"una sentencia que extienda sus consecuencias a los supues-**

> **tos excluidos de manera injustificada"**. Esto, de tal manera que se "mantenga en el ordenamiento el contenido que, en sí mismo, no resulta contrario a la Carta, pero incorporando al mismo aquel aspecto omitido, sin el cual la disposición es incompatible con la Constitución. (Corte Constitucional de Colombia, Sentencia C-329-19, p. 27).

En relación con el tema que nos ocupa, pareciere que el legislador no incurrió en una omisión legislativa relativa. El principio de oportunidad, como salida alterna tanto en la constitución como en la ley, no excluye, por ninguna razón, a las personas con discapacidad de sus efectos. Se dice pareciere, en tanto que no se cuenta con situaciones (cifras reportadas) en donde se haya negado el impulso de aplicación del principio de oportunidad en razón y con fundamento exclusivo en argumentos de discapacidad.

Si esto ocurriere, es decir, si se presenta un trato discriminatorio hacia las personas con discapacidad en razón de su discapacidad para negar la aplicación del principio de oportunidad, bien por parte de la Fiscalía General de la Nación, bien por parte del Juez de Control de garantías como encargado de impartir legalidad a la actuación, podría considerarse que se generaría una desigualdad negativa frente a la población con discapacidad y en ese sentido, tendría validez la petición de extender los efectos de la salida alterna, de forma expresa, en sede de demanda de constitucionalidad.

Por demás, estas circunstancias de tener que pedirle al máximo órgano de la jurisdicción constitucional que por favor exprese abiertamente algo que pertenece a la teleología de las normas en el marco de un modelo social de discapacidad, atenta contra los principios consignados en la convención de personas con discapacidad. En la práctica se traduce en "diga en voz alta lo que todos sabemos". No obstante, se entiende que en el proceso que vive Colombia en el que se está en tránsito del modelo médico o rehabilitador al modelo social estos ajustes son necesarios y oportunos.

3.9.2. Mecanismos para la protección de los derechos de las personas con discapacidad en caso de negativa para el impulso y/o aplicación del principio de oportunidad y otras salidas alternas en razón y con ocasión de la discapacidad

Desarrollar en detalle los mecanismos existentes para la defensa de los derechos y garantías de las personas con discapacidad exceden las pretensiones de este trabajo. Sin embargo, se considera necesario hacer una enunciación de ellas para que la población con discapacidad haga uso de los mecanismos jurídicos, nacionales e internacionales, que les permitan materializarlos.

a) Nulidad por violación de garantías fundamentales contenida en el artículo 457 del código de procedimiento penal.

b) Recurso extraordinario de casación con fundamento en el numeral 1 del artículo 189 del Código de Procedimiento Penal por violación directa de la ley sustancial.

c) Recurso extraordinario de casación con fundamento en el numeral 2 del artículo 189 del Código de Procedimiento Penal en caso de ausencia de defensa material y/o técnica.

d) Derecho de petición.

e) Acción de Tutela.

f) Denuncia por discriminación ante la Fiscalía General de la Nación.

g) Petición ante la Comisión Interamericana de Derechos Humanos.

h) Comunicación a los mecanismos convencionales de Naciones Unidas, en concreto el comité de Derechos Humanos de las Naciones Unidas.

En este punto concreto es importante mencionar que el Comité de personas con discapacidad de las Naciones Unidas adoptó un protocolo facultativo para

> recibir y considerar las comunicaciones presentadas por personas o grupos de personas sujetos a su jurisdicción que aleguen ser víctimas de una violación por ese Estado Parte de cualquiera de las disposiciones de la Convención, o en nombre de esas personas o grupos de personas.

Sin embargo, Colombia no lo ha ratificado y, por tanto, hasta ahora no es posible acudir a ese mecanismo convencional para la presentación de denuncias individuales.

Sobre ese particular, el Comité en sus recomendaciones al informe inicial de Colombia esbozó: "Al Comité le preocupa que el Estado parte aún no haya ratificado el Protocolo Facultativo de la Convención. (...) El Comité alienta al Estado parte a que ratifique el Protocolo Facultativo de la Convención" (Comité sobre los derechos de las personas con Discapacidad, 2016, p. 2).

En la aclaración de voto de la Sentencia C-330 de 2013, el Magistrado Luis Ernesto Vargas Silva expuso:

> En el procedimiento penal, las obligaciones de toma de conciencia, ajustes razonables, eliminación de barreras de acceso; así como los principios de propiciar al máximo la autonomía y la participación de las personas con discapacidad en los asuntos que les conciernen deben guiar las actuaciones de todos los operadores jurídicos, sin perjuicio de las medidas legislativas que el Congreso de la República adopte para lograr un eficaz cumplimiento de los compromisos adquiridos, al suscribir la Convención mencionada (aludiendo a la convención internacional de derechos de personas con discapacidad de las Naciones Unidas) (...) En el marco de cada caso concreto, deberán respetarse los derechos de las personas con discapacidad, tomando en consideración lo dispuesto en la Convención, la Constitución Política, la Ley y la jurisprudencia constitucional, obligación derivada del principio de legalidad, cuyo incumplimiento, puede dar lugar a la procedencia de la acción de tutela, si comporta la afectación de los derechos fundamentales de las personas con discapacidad, sujetos de especial protección constitucional. (Corte Constitucional de Colombia, Sentencia C-330-13, pp. 47-48).

3.10. CONCLUSIONES PARCIALES

- El modelo de discapacidad vigente en el ordenamiento jurídico colombiano es el Modelo social de discapacidad, aprobado por la Asamblea General de las Naciones Unidas el 13 de diciembre de 2006, a través de la Convención internacional sobre los derechos de las personas con discapacidad, incorporada al derecho interno mediante la Ley 1346 de 2009 y declarada exequible por la Corte Constitucional en Sentencia C-293 de 2010.
- El modelo social de discapacidad se cimienta sobre la concepción de que las personas con discapacidad hacen parte de la diversidad de los seres humanos y por tanto la discapacidad deviene de las barreras sociales que impiden su interacción en igualdad de condiciones con las demás personas. Es por ello, que la eliminación de dichos obstáculos debe realizarse mediante la garantía de accesibilidad, ajustes razonables y apoyos que le permitan a la persona con discapacidad hacer uso de sus derechos fundamentales de forma autónoma, libre e independiente. La pretensión final del modelo consiste en lograr el diseño universal.
- Para el modelo social, una cosa es la deficiencia, entendida como la condición del cuerpo y de la mente y a la que se alude en términos de diversidad funcional, y otra cosa es la discapacidad que se traduce en las restricciones sociales que se experimentan.
- Colombia ha recorrido un camino corto en la implementación de la Convención internacional sobre discapacidad. Los mayores cambios se evidencian en materia legislativa y jurisprudencial. Sin embargo, es importante que se imprima velocidad a la garantía de accesibilidad, ajustes razonables y toma de conciencia, dado que estos constituyen el músculo sobre el que se materializan los derechos de las personas con discapacidad.

- Existe una falta de coordinación evidente entre las disposiciones legales y las prácticas sociales, en especial las del sistema de justicia. A pesar de que las normas introducen los presupuestos para la efectiva realización de los derechos de las personas con discapacidad, las fuertes y arraigadas prácticas —fincadas sobre el modelo rehabilitador o médico de la discapacidad— continúan imperando en la realidad sustancial y procesal.
- Se presume la capacidad jurídica de las personas con discapacidad en todos los niveles. Su reconocimiento permea todas las prácticas jurídicas y sociales y debe ser garantizada por las autoridades.
- Cualquier obstaculización o negación de derechos, garantías oportunidades o actuaciones fundadas en razón y con ocasión de la discapacidad, constituye una discriminación sancionada por las normas penales y constitucionales.
- En materia penal, es importante que se elimine la discapacidad para implementar los efectos prácticos de los derechos de las personas con discapacidad en igualdad de condiciones. Sin ellos, la vulneración de sus derechos reconocidos será una consecuencia segura y fatal.
- Las organizaciones de personas con discapacidad deben estar presentes en todos los escenarios de regulación.
- No existe prohibición legal ni reglamentaria para que las personas con discapacidad puedan beneficiarse de la aplicación del principio de oportunidad en cualquiera de sus modalidades y causales.
- La discapacidad no es lo mismo que la inimputabilidad. La primera corresponde a una diversidad que puede ser física, sensorial, mental o de cualquier otro orden, mientras que la segunda es una categorización jurídica relacionada con imposibilidad de comprensión y determinación del com-

portamiento en el momento de comisión de la conducta punible. Por tanto, no son equiparables.

- Las personas con discapacidad cuentan con mecanismos de orden nacional e internacional para exigir el respeto de sus derechos fundamentales.
- En Colombia las cifras sobre personas y clases de discapacidad no se encuentran consolidadas. Es indispensable que se actualice esta información de cara a la proyección de políticas y campañas de sensibilización que permeen al total del conglomerado social.

Consideraciones finales

Parece ser que tanto nuestro sistema social, como nuestro sistema penal, están lejos de lograr la plena igualdad. Quizás, los aspectos sociales más relevantes como el hambre, la corrupción, la falta de oportunidades en educación y trabajo, la baja calidad de vida del común de la población, las guerras, la inexistencia de salud y seguridad social dignas y el conflicto armado en nuestro país, han fincado el estado de descomposición social en que nos encontramos. La cotidianidad en el mundo, con excepción de algunos países nórdicos, vive entre la pobreza, la delincuencia ordinaria y organizada y la lucha diaria por sostener a los suyos. Los sentimientos y sensaciones que está realidad generan actúan en una doble vía extrema. Por un lado, se construye un imaginario colectivo desenfocado, visceral e irracional que se cimienta sobre la necesidad de privar de la libertad a todo el que atente de forma directa o indirecta contra nosotros. Esto se conoce comúnmente como populismo punitivo. Por otro lado, se somatizan los problemas personales, trayendo consigo un sin número de enfermedades de orden mental y/o físico que afecta seriamente la autonomía e integridad individual. Ambas consecuencias permanecen latentes en nuestra sociedad.

Las prácticas sociales se reproducen aceleradamente y sus efectos en los ámbitos educativos, laborales, de salud, culturales, políticos, recreativos y jurídicos también lo hacen. Es quizás por esta razón que el sistema penal se ha valido de ellas para construir lo que es hoy en día. Un sistema penal discriminatorio, deshumanizado y punitivista. Así como la gente piensa que todo lo puede solucionar el proceso penal, el sistema responde de la única manera en la que sabe hacerlo, privando de la libertad.

Por responder al clamor social, el sistema penal actúa sin un punto de partida claro. Se afirma por quienes interactúan en él que, por lo menos en Colombia, no existe una política criminal clara, coherente y efectiva, lo que agudiza la falta de garantías en el procedimiento.

Según la Organización Mundial de la Salud, en el mundo hay más de dos mil millones de personas con alguna forma de discapacidad y casi doscientos millones experimentan dificultades considerables en su funcionamiento. La cifra referida corresponde al *Informe mundial sobre la discapacidad* presentado en 2011. Han pasado casi 12 años desde entonces, así que con seguridad esa cifra hoy es aún mayor (OMS & Banco Mundial, 2011). En Colombia, de casi cuarenta y tres millones de personas, alrededor de tres millones cien mil habitantes padecen una discapacidad, lo que corresponde al 7.1 % de la población total (El Tiempo, 2019).

Hasta el año 2019 Colombia profirió una ley integral en materia de discapacidad, la ley 1996, que en algunas disposiciones aún no ha entrado en vigor. La protección de los derechos de las personas con discapacidad se encuentra en mayor medida en las sentencias de tutela, en las sentencias de constitucionalidad y en algunas personas o colectivos de la sociedad civil.

Por supuesto, el sistema penal aún no se pone a la vanguardia de las necesidades de la población con discapacidad por la sencilla razón de que, para él, estas personas siempre han sido invisibles. No obstante, la figura jurídica (que no psiquiátrica, aunque se valga de ella para su reconocimiento) de la inimputabilidad constituye el talón de Aquiles del sistema penal, porque ésta sí evidencia temas relacionados con la discapacidad. Y no porque todas las personas con discapacidad sean inimputables, como ya se decantó, sino porque algunas de esas personas con discapacidad pudieran llegar a ser inimputables. En ese orden de ideas, la discapacidad de la persona procesada tiene incidencia sólo cuando se ventilan aspectos relacionados con la inimputabilidad, y ahí se hace visible.

Quizás por esta razón es que se asemeje la discapacidad con la inimputabilidad, y quizás por esta razón es que el procesado con discapacidad no tiene voz ni voto en su causa en ningún momento procesal, y quizás por esta razón es que el derecho internacional de los derechos humanos aún no llega al impactar al sistema penal, y quizás por esta razón es que este último debería desaparecer.

Al margen de la utopía, el sistema penal existe y sus consecuencias son devastadoras para quien sea objeto de él. Así que, mientras se logra que el sistema penal atienda las disposiciones internacionales en materia de derechos humanos, que, dicho sea de paso, hacen parte del ordenamiento interno, es menester dotar de sentido los aspectos sustanciales y procesales que lo rigen para las personas con discapacidad.

Colombia maneja un sistema procesal penal mixto con tendencia acusatoria. Uno de sus rasgos principales lo constituye la oralidad y la existencia de salidas alternas que contribuya con los criterios de eficacia y eficiencia propios de los sistemas de justicia anglosajones. El Código de Procedimiento Penal contempla, por lo menos, tres terminaciones alternativas (aunque como se decantó en Colombia son excepcionales) del proceso penal: la aceptación de cargos, los preacuerdos y las negociaciones, y el principio de oportunidad.

Este último comprende causales y modalidades que permiten terminar el proceso penal a través de sustitutos más benignos y generosos con los derechos de las víctimas, como la reparación individual y colectiva y la justicia restaurativa. También permite, a través de ejercicios de ponderación, combatir la criminalidad organizada y transnacional y los delitos que afectan a la sociedad en general. Incluye aspectos de la conducta que no tienen mayores implicaciones en el colectivo y, por tanto, puede resolverse de manera menos invasiva, como, por ejemplo, disposiciones relacionadas con los delitos culposos, bagatela y al límite de causales de justificación.

También incluye prohibiciones expresas para su aplicación, como lo son la exclusión de delitos que atentan gravemente contra la seguridad pública, los delitos dolosos cometidos contra niños, niñas y adolescentes, las graves infracciones al Derecho Internacional Humanitario, los delitos de lesa humanidad, crímenes de guerra y genocidio, entre otros.

Para la procedencia del principio de oportunidad, tanto la norma como la reglamentación interna de la Fiscalía General de la Nación, contemplan dos (2) exigencias que deben acreditarse fáctica, probatoria y jurídicamente. La primera, relacionada con la existencia de una inferencia razonable de autoría o participación del procesado en la conducta investigada. Y la segunda, la tipicidad objetiva y subjetiva de dicha conducta. Como se ve, para aplicar la salida alterna primero tuvo que haberse constatado por el fiscal respectivo, que la persona no se encuentra amparada por una causal de atipicidad. De ser así, lo correcto ha de ser la solicitud de preclusión de la acción penal.

Importante mencionar en ese aspecto que las personas con discapacidad también pueden actuar amparadas en cualquiera de las causales de ausencia de responsabilidad contenidas en el artículo 32 del Código Penal.

En ese orden de ideas, si para la aplicación del principio de oportunidad no se incluyen aspectos personales del procesado, no existe razón alguna para denegarla a personas con discapacidad. En caso de que el operador jurídico manifieste su negativa a la aplicación de la salida alterna con argumentos referidos a la discapacidad, sea la que sea, el procesado podrá iniciar las actuaciones legales (tutela), penales (denuncia por discriminación) e incluso internacionales (Comisión Interamericana de Derechos Humanos) para que se respete su derecho a la igualdad. Se recuerda que todas las personas con discapacidad gozan de capacidad jurídica y que es el Estado quien debe proveer los ajustes razonables y garantizar los apoyos necesarios para que esta se materialice.

Por otro lado, si de lo que se trata es de determinar que la persona para el momento de los hechos no contaba con la capacidad de comprensión y/o de determinación o volición libre, sea o no persona con discapacidad, habrá de seguirse el rito procesal y probatorio fijado para la inimputabilidad, porque así está dispuesto en la normatividad penal.

A este respecto es importante reiterar que no toda discapacidad psíquica es constitutiva de inimputabilidad, que no todas las personas con discapacidad se encuentran inmersas en las figuras forenses para deprecar la inimputabilidad y que no todas las personas sin discapacidad son imputables.

Debe dejarse claro que la aplicación de la salida alterna del principio de oportunidad y la figura jurídica de la inimputabilidad no son excluyentes. Esta aclaración es de suma importancia en tanto que: i) la primera alude a una salida alterna contemplada, salvo por las prohibiciones expresas, para todas las personas en situaciones semejantes y la segunda aplica para todas las personas, tengan una discapacidad o no en las condiciones anotadas; ii) La primera se genera en el marco del proceso desde la formulación de imputación y hasta antes de la audiencia de juzgamiento (artículo 323 C.P.P.), mientras que la segunda se define en la sentencia que ponga fin al proceso; iii) la primera propende por renunciar, interrumpir o suspender la acción penal en tanto que la segunda se invoca para determinar el tipo de consecuencia jurídica aplicable.

Así las cosas, si la estrategia de la defensa se orienta hacia la consecución de la aplicación del principio de oportunidad y, en caso de fracaso, posteriormente a la determinación de la inimputabilidad en el marco del proceso penal, puede hacerlo sin ningún problema. De la misma manera, si la fiscalía invoca la aplicación del principio de oportunidad y este fracasa porque el Juez de Control de Garantías no lo avala, podría inclinar su teoría del caso a la declaratoria de responsabilidad de la persona procesada. Recuérdese que la solicitud de aplicación del principio de oportunidad no tiene límite ni en relación con las causales invocadas, ni con las modalidades, ni tiene un máximo de intentos. Se puede solicitar la aplicación del principio de oportunidad cuantas veces se quiera por las mismas o diferentes causales y modalidades. Esta consideración se corresponde con el Código de Procedimiento Penal. La Fiscalía General de la Nación dispone en su Resolución

4155 de 2016, que no procederá su aplicación a quienes se haya beneficiado de la salida alterna dentro de los cinco (5) años anteriores por la misma conducta (artículo 16). Sin embargo, se recuerda que esta entidad no tiene facultades legislativas y, por tanto, aunque sus postulados rigen a sus funcionarios no tienen efectos *erga omnes.*

De lo que se trata es de ajustar los derechos y garantías de las personas al modelo sustancial y procesal existente. Sin lugar a duda, algunas de las categorías aquí analizadas son susceptibles de un análisis autónomo y crítico en cuanto a su existencia, procedimiento y consecuencias, como la concepción de la inimputabilidad misma o las medidas de seguridad, pero ello ha de ser objeto de otras investigaciones.

Finalmente, y con la pretensión de que este documento sirva de insumo a todas las personas que intervienen en procesos penales, es indispensable que se trabaje en la toma de conciencia. No sólo en lo que atañe a la discapacidad, el proceso penal o la inimputabilidad en el sistema jurídico penal, sino, en general, en la eliminación de los estereotipos y las barreras existentes para convivir en un Estado libre de violencias y de cualquier clase de discriminación en todos los escenarios de interacción social.

Bibliografía

BIBLIOGRAFÍA GENERAL

Aristizábal, D. M. B., Jaramillo, A. G., Gallego, M. M., & Vargas, V. H. O. (2017). Diagnóstico del Sistema Penal Acusatorio en Colombia. *Acta Sociológica, 72,* 71-94. https://doi.org/10.1016/j.acso.2016.11.002

ASALE, R.-, & RAE. (s. f.). *Semejante | Diccionario de la lengua española.* «Diccionario de la lengua española»–Edición del Tricentenario. Recuperado 7 de agosto de 2020, de https://dle.rae.es/semejante

Asociación Americana de Psiquiatría. (2014). *Guía de consulta de los criterios diagnósticos del DSM 5.* American Psychiatric Publishing.

Bedoya Sierra, L. F., Guzmán Díaz, C. A., & Vanegas Peña, C. P. (2010). *Principio de oportunidad bases conceptuales para su aplicación.* Fiscalía General de la Nación, Colombia.

Betancur, N. A. (1983). La Problemática de la inimputabilidad en la vieja y en la nueva jurisprudencia. *Nuevo Foro Penal, (18),* 245-271.

Coalición colombiana por la implementación de la convención sobre los derechos de las personas con discapacidad (2016). *Informe alternativo de la coalición colombiana para la implementación de la convención sobre los derechos de las personas con discapacidad.* Ginebra: Comité sobre los derechos de las personas con discapacidad–ONU. Recuperado de: https://discapacidadcolombia.com/index.php/colombia-se-raja-en-informe-presentado-a-la-onu

Comité sobre los derechos de las personas con discapacidad. (2016, septiembre 30). *Observaciones finales sobre el informe inicial de Colombia.* Recuperado de: http://docstore.ohchr.org/SelfServices/FilesHandler.ashx?enc=6QkG1d%2fPPRiCAqhKb7yhsiZZNrtQsqIapJ5RB16sOGbABEB1GCpx OsNgAjGfi%2b3bz9dSJDuD%2bhgnRmlwPeMHtZbhHsj3D4FpJ8Xvrov NgznRYIGHiqFZ5xI4wQSBsKCy

Comité sobre los derechos de las personas con discapacidad. (2020, junio 9). *Información recibida de Colombia sobre el seguimiento de las observaciones finales sobre el informe inicial.* Recuperado de: http://docstore.ohchr.org/SelfServices/FilesHandler.ashx?enc=6QkG1d%2FPPRiCAqhKb7yhsiZZ

NrtQsqIapJ5RB16sOGbZWzWddg%2FknLF2MzGMWvdck6jsys4V5UFriWeX4YdnYKrEqn%2BC3kcK888OG1E72FezrSCbGAKgmrfScJgZLR2M

Comité sobre los derechos de las personas con discapacidad, N. U. (2014). *Observación General No. 1—Artículo 12: Igual reconocimiento como persona ante la ley.* https://documents-dds-ny.un.org/doc/UNDOC/GEN/G14/031/23/PDF/G1403123.pdf?OpenElement

Comité sobre los derechos de las personas con Discapacidad, N. U. (2018, abril 26). *Observación General No. 6 Sobre la igualdad y la no discriminación.* Recuperado de: http://docstore.ohchr.org/SelfServices/FilesHandler.ashx?enc=6QkG1d%2fPPRiCAqhKb7yhsnbHatvuFkZ%2bt93Y3D%2baa2qtJucAYDOCLUtyUf%2brfiOZ88SbKi18LECUG89QSdTKcQfnbxosDFSIVZSIPGGT7aQ9xSV9ZM3t763zmWeZKYHI

Congreso de Colombia. (2019, 26 de agosto). *Ley 1996 de 2019 (agosto 26) por medio de la cual se establece el régimen para el ejercicio de la capacidad legal de las personas con discapacidad mayores de edad.* Diario Oficial No. 51.057 de 26 de agosto 2019. Recuperado de: http://www.secretariasenado.gov.co/senado/basedoc/ley_1996_2019.html

Congreso de Colombia. (2009, 31 de julio). *Ley 1346 de 2009 (julio 31) Por medio de la cual se aprueba la "Convención sobre los Derechos de las personas con Discapacidad", adoptada por la Asamblea General de la Naciones Unidas el 13 de diciembre de 2006.* Diario Oficial No. 47.427 de 31 de julio de 2009. Recuperado de: http://www.secretariasenado.gov.co/senado/basedoc/ley_1346_2009.html

Congreso de Colombia. (2004, 31 de agosto). *Ley 906 de 2004 (agosto 31) por la cual se expide el Código de Procedimiento Penal.* Diario Oficial No. 45.657, de 31 de agosto de 2004. Recuperado de http://www.secretariasenado.gov.co/senado/basedoc/ley_09060_204a.html

Congreso de Colombia. (2000, 24 de julio). *Ley 599 de 2000 (julio 24) por la cual se expide el Código Penal.* Diario Oficial No. 44.097 de 24 de julio de 2000. Recuperado de: http://www.secretariasenado.gov.co/senado/basedoc/ley_0599_2000.html

Constitución Política de Colombia. (1991). Recuperado de: http://www.secretariasenado.gov.co/senado/basedoc/constitucion_politica_1991.html

Corcoy Bidasolo, M. (2013). *El Delito Imprudente-Criterios de imputación del resultado.* (2da edición). Euros Editores S.R.L.

Corporación Excelencia en la Justicia–CEJ. (2015). *Balance diez años de funcionamiento del Sistema Penal Acusatorio en Colombia (2004-2014): Análisis de su funcionamiento y propuestas para su mejoramiento.* Bogotá: USAID del Pueblo de los Estados Unidos de América–Legis.

Corvelli, J. L., Monchablón Espinoza, A., Pinto, R., & Rofrano, G. J. (2009). *Imputabilidad y capacidad de culpabilidad: Perspectivas médicas y jurídico-penales/* (1a ed.). Ciudadela: Dosyuna Ediciones Argentinas.

Courtis, C. (2009). *Ecos cercanos. Estudios sobre derechos humanos y justicia.* Bogotá: Siglo del Hombre Editores–Universidad de los Andes.

El Tiempo. (2019, mayo 30). Discapacitados: 3 de cada 10 han recibido pago por un trabajo. *El Tiempo, Sección Economía.* Recuperado de: https://www.eltiempo.com/economia/sectores/censo-de-poblacion-los-discapacitados-en-colombia-son-el-7-1-y-pocos-tienen-empleo-fijo-369348

El Tiempo. (2020a, febrero 5). El 29 % de denunciadas por aborto han sido víctimas de algún delito. *El Tiempo, Sección Justicia.* Recuperado de: https://www.eltiempo.com/justicia/cortes/balance-que-la-fiscalia-general-le-presento-a-la-corte-constitucional-sobre-delitos-de-aborto-458982

El Tiempo. (2020b, agosto 12). El extenso prontuario de ladrón que falleció en medio de atraco. *El Tiempo, Sección Bogotá.* Recuperado de: https://www.eltiempo.com/bogota/bogota-victima-de-atraco-le-dispara-a-ladron-en-el-barrio-rincon-de-molinos-528416

Fiscalía General de la Nación. (2019). *Manual de atención al usuario de la Fiscalía General de la Nación.*

Fiscalía General de la Nación. (2020a). *Respuesta Derecho de petición—GMTAJR.*

Fiscalía General de la Nación. (2020b). *Respuesta derecho de petición—Dirección de atención al usuario, intervención temprana y asignaciones.*

Fiscalía General de la Nación. (2016). Resolución 4155 de 29 diciembre de 2016. Recuperado 22 de septiembre de 2018, de http://www.suin-juriscol.gov.co/clp/contenidos.dll/Resolucion/30034013?fn=document-frame.htm$f=templates$3.0

Forero Ramírez, J. C. (2013). *Aproximación al estudio del principio de oportunidad* (Segunda edición). Bogotá: Grupo Editorial Ibáñez.

Foucault, M. (1998). *Historia de la locura en la época clásica.* Fondo de cultura de Colombia.

Gaitán Mahecha, B. (1982). La inimputabilidad. *Nuevo Foro Penal, 13,* 518-534.

García Márquez, G. (1994). *Del amor y otros demonios.* Bogotá: Editorial Norma.

Gómez Pavajeau, C. A. (2005). *Estudio de dogmática en el Nuevo Código Penal* (Vol. 1). Giro Editores LTDA.

Gutiérrez Ramírez, J. A. (2001). *La Inimputabilidad Penal.* Bogotá: Leyer.

Luís Callegari, A., Melo Reghelin Allegari, E., & Zaffari Cavedon, B. (2016). *Psicopatías e imputabilidad—Un análisis sobre la peligrosidad criminal y los delitos sexuales.* Euros Editores S.R.L.

Martínez Uzeta, C. (2020). *La imputabilidad disminuida como categoría necesaria para la intervención diferenciada por el operador judicial en la aplicación y seguimiento de medidas de seguridad.* [Trabajo de grado para optar al título de Magíster en Derecho Penal] Universidad Santo Tomás, Colombia. Disponible en: http://repository.usta.edu.co/handle/11634/21975

Mestre Ordoñez, J. F. (2017). *La adopción del Principio de Oportunidad.* Bogotá: Grupo Editorial Ibáñez.

Mir Puig, S. (2011). *Derecho Penal—Parte General* (9a Edición). Barcelona: Editorial Reppertor.

Mora Izquierdo. (s. f.). *Psiquiatría Forense y Nuevo Código Penal Colombiano—La Imputabilidad,* 25.

Mora Izquierdo, R. (2015). *Seminario de Psiquiatría Forense* [Material de clase].

Mora Izquierdo, R. (1982). Psiquiatría Forense y nuevo Código Penal Colombiano. *Revista Colombiana de Psiquiatría, XI,* 15.

Mora Izquierdo, R. (2001). *Seminario de Psiquiatría Forense* [Presentación de PowerPoint]. Seminario de psiquiatría forense, Universidad Externado de Colombia.

Mora Izquierdo, R. (2011). Construcción de la prueba pericial sobre inimputabilidad en el nuevo procedimiento penal acusatorio en Colombia. *Psimonart, 3,* 39-52.

Mora Izquierdo, R. (2020a). *Aspectos Psiquiátrico-Forenses de la Inimputabilidad.*

Mora Izquierdo, R. (2020b). *Comentarios a tesis «de la inimputabilidad y otros demonios».*

Moya Vargas, M. F. (s.f.). *El Derecho Penal frente a la Convención de 2006 sobre Derechos de las personas con discapacidad* [En proceso de publicación].

Naciones Unidas. (2006). *Convención sobre los derechos de las personas con discapacidad.* https://www.ohchr.org/SP/HRBodies/CRPD/Pages/disabilitiesconvention.aspx

OEA. (1999). *Convención interamericana para la eliminación de todas las formas de discriminación contra las personas con discapacidad.* Recuperado 16 de noviembre de 2020, de https://www.oas.org/juridico/spanish/tratados/a-65.html

OMS & Banco Mundial. (2011). I*nforme mundial sobre la discapacidad.* Malta: Organización Mundial de la Salud. Recuperado de: https://www.minsalud.gov.co/sites/rid/Lists/ BibliotecaDigital/RIDE/INEC/INTOR/informe-mundial-discapacidad-oms.pdf.

Ospina Vargas, V. H. (2018a). La interrupción como variante del principio de oportunidad en Colombia. *Revista la Defensa No. 19.*

Ospina Vargas, V. H. (2018b). *La Suspensión del Procedimiento a Prueba como modalidad del Principio de Oportunidad en Colombia. Recomendaciones a los defensores para su utilización*. Bogotá: Imprenta Nacional de Colombia.

Palacios, A. (2008). *El modelo social de discapacidad: Orígenes, caracterización y plasmación en la Convención Internacional sobre los Derechos de las Personas con Discapacidad* (I). Madrid: Grupos Editorial CINCA.

Quirós, F. H. (2016). La imputabilidad disminuida: Una categoría problemática del Derecho Penal. *Revista de Estudios de la Justicia, 25*, 33-50.

República de Colombia. (2013). *Informe inicial sobre la implementación de la Convención sobre los Derechos de las PcD en Colombia.* Recuperado 20 de noviembre de 2020, de: https://discapacidadcolombia.com/phocadownloadpap/PUBLICACIONES_ARTICULOS/Informe%20Estado%20Colombiano%20Implementacion%20CDPD.pdf

Roxin, C. (1997). *Derecho Penal, Parte General, Fundamentos: La estructura de la teoría del delito.: Vol. Tomo I* (D. M. Luzón Peña, M. Diaz y García Conlledo, & J. de V. Remesal, Trads.; primera edición, 2da edición alemana). España: Editorial Civitas.

Salgado López, C. L. (2016). *Doble enjuiciamiento disciplinario a los abogados-servidores públicos y la garantía del non bis in ídem en el sistema jurídico colombiano* [Trabajo de Grado Maestría en Derecho Penal, Universidad Santo Tomás]

Trespalacios Gaviria, J. & Escobar Córdoba, F. (2015). Comentarios de la Psiquiatría forense al concepto de inimputabilidad en Colombia. *Asociación Costarricense de Medicina Legal y Disciplinas Afines, 32(1)*, 85-95.

Vega Arrieta, H. (2015). Aspectos dogmáticos y político criminales de la estructura general del delito en el sistema penal colombiano. *Justicia, 20(27)*, 42-72.

Zaffaroni, E. R. (1981). *Tratado de Derecho Penal—Parte General: Vol. III.* EDIAR.

JURISPRUDENCIA

Corte Constitucional de Colombia. (2019). Sentencia C-329-19. Recuperado de: https://www.corteconstitucional.gov.co/relatoria/2019/C-329-19.htm

Corte Constitucional de Colombia. (2017). Sentencia C-042-17. Recuperado de: https://www.corteconstitucional.gov.co/relatoria/2017/C-042-17.htm

Corte Constitucional de Colombia. (2017). Sentencia C-147-17. Recuperado de: https://www.corteconstitucional.gov.co/relatoria/2017/C-147-17.htm

Corte Constitucional de Colombia (2015). Sentencia C-458-15. Recuperado de: https://www.corteconstitucional.gov.co/RELATORIA/2015/C-458-15.htm

Corte Constitucional de Colombia. (2014). Sentencia C-387-14. Recuperado de: http://www.corteconstitucional.gov.co/relatoria/2014/C-387-14.htm

Corte Constitucional de Colombia. (2013). Sentencia C-330-13. Recuperado de: https://www.corteconstitucional.gov.co/relatoria/2013/C-330-13.htm

Corte Constitucional de Colombia. (2010). Sentencia C-936-10. Recuperado de: http://www.corteconstitucional.gov.co/relatoria/2010/C-936-10.htm

Corte Constitucional de Colombia. (2009). Sentencia C-804-09. Recuperado de: http://www.corteconstitucional.gov.co/relatoria/2009/c-804-09.htm#_ftnref11

Corte Constitucional de Colombia. (2008). Sentencia C-738-08. Recuperado de: http://www.corteconstitucional.gov.co/relatoria/2008/C-738-08.htm

Corte Constitucional de Colombia. (2007). Sentencia C-209-07. Recuperado de: http://www.corteconstitucional.gov.co/relatoria/2007/c-209-07.htm

Corte Constitucional de Colombia. (2007). Sentencia C-095-07. Recuperado de: http://www.corteconstitucional.gov.co/relatoria/2007/C-095-07.htm

Corte Constitucional de Colombia. (2007). Sentencia C-516-07. Recuperado de: https://www.corteconstitucional.gov.co/relatoria/2007/C-516-07.htm

Corte Constitucional de Colombia. (2005). Sentencia C-591-05. Recuperado de: https://www.corteconstitucional.gov.co/relatoria/2005/C-591-05.htm

Corte Constitucional de Colombia. (2005). Sentencia C-799-05. Recuperado de: http://www.corteconstitucional.gov.co/relatoria/2005/C-799-05.htm

Corte Constitucional de Colombia. (2005). Sentencia C-979-05. Recuperado de: https://www.corteconstitucional.gov.co/relatoria/2005/C-979-05.htm

Corte Constitucional de Colombia. (2003). Sentencia C-252-03. Recuperado de: http://www.corteconstitucional.gov.co/RELATORIA/2003/C-252-03.htm

Corte Constitucional de Colombia. (2019). Sentencia T-525-19. Recuperado de: https://www.corteconstitucional.gov.co/relatoria/2019/t-525-19.htm

Corte Constitucional de Colombia. (2004). Sentencia T-397-04. Recuperado de: https://www.corteconstitucional.gov.co/relatoria/2004/T-397-04.htm

Corte Constitucional de Colombia. (1995). Sentencia T-288-95. Recuperado de: https://www.corteconstitucional.gov.co/relatoria/1995/T-288-95.htm

Corte Suprema de Justicia, Sala de Casación Penal. (25 de noviembre de 2020). Sentencia SP4760-2020, Radicación No. 52671, Aprobado Mediante Acta No. 253. M.P.: P. Salazar Cuéllar.

Corte Suprema de Justicia, Sala de Casación Penal. (24 de junio de 2020). Sentencia SP2073, No. 52227.

Corte Suprema de Justicia, Sala de Casación Penal. (17 de junio de 2020). Sentencia SP1475, No. 48861.

Corte Suprema de Justicia, Sala de Casación Penal. (2015). Sentencia 43972, 380.

Corte Suprema de Justicia, Sala de Casación Penal. (2014). Sentencia SP1459, N.° 36312.

Corte Suprema de Justicia, Sala de Casación Penal. (2013). Sentencia 34867, 174.

Corte Suprema de Justicia, Sala de Casación Penal. (2012). Sentencia 38039, 093.

Corte Suprema de Justicia, Sala de Casación Penal. (2012). Sentencia 32882, 239.

Corte Suprema de Justicia, Sala de Casación Penal. (2011). Sentencia 34412, 101.

Corte Suprema de Justicia, Sala de Casación Penal. (25 de mayo de 2011). Sentencia 33660, No. 33660.

Corte Suprema de Justicia, Sala de Casación Penal. (30 de enero de 2008). Sentencia 27192, No. 27192.

Corte Suprema de Justicia, Sala de Casación Penal. (2009). Sentencia 22019, 295.

Corte Suprema de Justicia, Sala de Casación Penal. (2008). Sentencia 29118, 98.

Corte Suprema de Justicia, Sala de Casación Penal. (2002). Sentencia 11188, 017.

Corte Suprema de Justicia, Sala de Casación Penal. (2000). Sentencia 12565, 95.

Corte Suprema de Justicia, Sala de Casación Penal. (1992). Sentencia 407733, 044.

Corte Suprema de Justicia, Sala de Casación Penal. (1992). Sentencia 6714, 134.

Corte Suprema de Justicia, Sala de Casación Penal. (1988). Sentencia 407015, 54.

Corte Suprema de Justicia, Sala de Casación Penal. (1987). Sentencia 406787, 2428.

Corte Suprema de Justicia, Sala de Casación Penal. (1987). Sentencia 406727, 19.

Corte Suprema de Justicia, Sala de Casación Penal. (1986). Sentencia 406659, 104.

Corte Suprema de Justicia, Sala de Casación Penal. (1984). Sentencia 406413, 98.

Corte Suprema de Justicia, Sala de Casación Penal. (1982). Sentencia 406224, 77.

Corte Suprema de Justicia, Sala de Casación Penal (19 de febrero de 2009). Concepto proceso extradición 30374, N.o 30374.

Anexos

ANEXO 1. TRÁMITE ADMINISTRATIVO: FISCALÍA GENERAL DE LA NACIÓN. RESOLUCIÓN 4155 DE 2016

Competencia.

No todas las causales del principio de oportunidad pueden aplicarse indistintamente por el fiscal del caso. Para determinar la competencia en materia de esta salida alterna, la Fiscalía General de la Nación mediante resolución 4155 de 2016 ha dispuesto lo siguiente,

COMPETENCIA				
	Fiscal general de la Nación	Vice- Fiscal general de la nación	Delegados especiales[1]:	Fiscal del caso – Fiscal de conocimiento
APLICACIÓN DEL PRINCIPIO DE OPORTUNIDAD	Exclusivamente: causales 2,3,4,5,8,9,14,18 del artículo 324 de la ley 906 de 2004	Exclusivamente: causales 9, 14.	Causales 2,3,4,5,8,9,14,18 del artículo 324 de la ley 906 de 2004	Delitos con pena de prisión no superior a 6 años.
	Delitos con pena de prisión superior a 6 años (Parágrafo 2 artículo 324 C.P.P.)		Delitos con pena de prisión superior a 6 años (Parágrafo 2 artículo 324 C.P.P.)	

1 Serán delegados especiales, i) Los Fiscales Locales, Seccionales, Especializados, Delegados ante Tribunal y Delegados ante la Corte Suprema de Justicia, ii) El director de articulación de Fiscalías Nacionales Especiales, iii) las Fiscalías delegadas para infancia y adolescencia. Resolución 4155 de 2016, artículo 25.

Trámite administrativo.

Determinada la competencia en el caso concreto, corresponderá adelantar los trámites correspondientes al interior de la Fiscalía General de la Nación para la aprobación y consolidación de la solicitud del principio de oportunidad ante las instancias judiciales.

La Resolución 4155 del 2016, vigente en la materia, considera como trámite interno los siguientes escenarios,

---

[2] Creado mediante Resolución 0001 de 2014, proferido por la Fiscalía General de la Nación.

	COMPETENCIA		
PROCEDIMIENTO ADMINISTRATIVO – FISCALÍA GENERAL DE LA NACIÓN	Fiscal General de la Nación – Vice – Fiscal General de la Nación.	Delegados especiales:	Fiscal del caso – Fiscal de conocimiento
	1. El fiscal del caso deberá remitir el formato de aplicación del principio de oportunidad junto a los anexos correspondientes al G. de MTA Y JR.[26]	1. Emisión de la orden de principio de oportunidad de manera completa y organizada que deberá contener, 1.1. nombre del funcionario que la emite, 1.2. lugar, fecha y hora de suscripción, 1.3. radicado del proceso, 1.4. Competencia, 1.5. identificación del o los beneficiado(s), 1.6. Descripción de los hechos jurídicamente relevantes, 1.7. adecuación típica y medios de conocimiento, 1.8. Inferencia razonable de autoría o participación del o los beneficiario(s), 1.9. Causal a aplicar, 1.10. Acreditación de garantía de los derechos de las víctimas y de su participación y opinión en el principio de oportunidad, 1.11. Modalidad del principio. 1.12. en casos de interrupción y suspensión, las obligaciones o condiciones que deberá cumplir el o los beneficiado(s).	
	2. El G. de MTA Y JR. Revisará el formato (5 días hábiles) Si falta información se solicitará al fiscal del caso quien deberá remitirla dentro de los 4 días hábiles siguientes al requerimiento. Si no se responde el complemento de la información la solicitud será devuelta.	2. Remisión del formato diligenciado al G. de MTA Y JR. Y simultáneamente informar a quien desempeñe funciones de jefe o coordinador de la unidad o dirección a la que se encuentre adscrito.	
	3. El G. de MTA Y JR. Analiza y ajusta el formato en término de 10 días hábiles y envía al Fiscal General o Delegado Especial para su revisión y suscripción.	3. Si el G. de MTA Y JR. Considera que se trata de un caso de relevancia, solicitará al fiscal del caso información adicional y comunicará al Fiscal General de la Nación con miras a determinar el ejercicio del poder preferente (resolución 4155 del 2016, artículo 20).	

	COMPETENCIA		
ROCEDIMIENTO ADMINISTRATIVO – FISCALÍA GENERAL DE LA NACIÓN	4. Suscrito el formato el G. de MTA Y JR. Comunica al fiscal del caso y envía copia para el control de legalidad.	4. El G. de MTA Y JR. Analizará y ajustará el formato (5 días hábiles) y lo enviará de regreso al fiscal de turno para su validación.	
	5. El fiscal del caso solicita audiencia de control de legalidad ante Juez de Control de Garantías (5 días siguientes) – Artículo 327 del C.P.P.	5. El fiscal del caso solicita audiencia de control de legalidad ante Juez de Control de Garantías (5 días siguientes) – Artículo 327 del C.P.P.	
	6. El fiscal del caso remite copia del acta de control de legalización al G. de MTA Y JR. (5 días hábiles siguientes).	6. El fiscal del caso remite copia del acta de control de legalización al G. de MTA Y JR. (5 días hábiles siguientes).	
OTROS ASPECTOS	El término puede prorrogarse siempre que la solicitud ante G. de MTA Y JR. Se haga 30 días antes del vencimiento. La carpeta y la investigación han de permanecer bajo la custodia del fiscal del caso.	En casos de interrupción o suspensión del principio de oportunidad, El G. de MTA Y JR. Deberá velar por el cumplimiento de las obligaciones y condiciones impuestas al beneficiado.	

ANEXO 2. RESPUESTA DE PETICIÓN FISCALÍA GENERAL DE LA NACIÓN

Radicado No. 20207920014481
Oficio No. DAUITA-20310-
10/09/2020
Página 1 de 3

Bogotá, D.C.

Doctora
MAITE BAYONA ARISTIZABAL
Calle 71 No. 10-40 Oficina 202
Bogotá D.C.
maitebayona28@gmail.com

ASUNTO: respuesta petición Rad. No. 20205660001931 - 20202000002583

Respetada doctora,

De manera atenta a continuación se relaciona respuesta sobre los interrogantes expuestos en los numerales 2, 3 y 4 de la petición remitida a la Fiscalía General de la Nación el pasado 14 de agosto de 2020, en lo que corresponde a las acciones adelantadas por la Dirección de Atención al Usuario, Intervención Temprana y Asignaciones en el siguiente orden:

Pregunta No. 2::

"¿Cómo ha implementado la Fiscalía General de la Nación la Convención internacional sobre los derechos de personas con discapacidad? ¿Se han construido políticas, lineamientos, procedimientos, directrices o manuales sobre la materia? En caso de que la respuesta sea afirmativa por favor relaciónelos."

Respuesta:

En cumplimiento de la Convención Internacional sobre los Derechos de las Personas con Discapacidad, la Dirección de Atención al Usuario, Intervención Temprana y Asignaciones ha trabajado en el fortalecimiento y desarrollo de lineamientos en atención para las personas en situación de discapacidad, los cuales han sido consignados en el Manual de Atención al Usuario de la Fiscalía General de la Nación, contentivo de todo el desarrollo sobre los diferentes tipos de discapacidad y la manera como se deben abordar cada una de ellas para

DIRECCIÓN DE ATENCIÓN AL USUARIO, INTERVENCIÓN TEMPRANA Y ASIGNACIONES.

Radicado No. 20207920014481
Oficio No. DAUITA-20310-
10/09/2020
Página 2 de 3

garantizar una trato libre, igualitario y sin discriminación. Sobre estos lineamientos se han realizado diversas sensibilizaciones con el personal destacado para la recepción de denuncias.

Adicionalmente, la Fiscalía General de la Nación desde el año 2016 ha venido desarrollando la estrategia para el abordaje a las víctimas con discapacidad auditiva, para ello de manera articulada con el Instituto Nacional para Sordos -INSOR se han realizado talleres de lenguaje de señas con la participación de los servidores que realizan actividades de atención al usuario, actualmente está en construcción la Guía de Atención para Personas en Situación de Discapacidad.

Pregunta No. 3:

"¿Cómo ha implementado la Fiscalía General de la Nación la ley 1996 de 2019 en materia de capacidad legal de las personas con discapacidad, mayores de edad? ¿Se han construido políticas, lineamientos, procedimientos, directrices o manuales sobre la materia? En caso de que la respuesta sea afirmativa por favor relaciónelos."

Respuesta:

Los lineamientos de la Fiscalía General de la Nación para la atención con enfoque diferencial consignados en el Manual de Atención al Usuario, incluyen los elementos para la atención con personas en situación de discapacidad, así como la atención diferenciada de acuerdo al grupo etario y ciclo de vida. Dentro de estos lineamientos se destacan la atención preferencial y prioritaria para los adultos mayores y las personas en situación de discapacidad, la utilización de una lenguaje claro garantizando la comprensión del usuario, y en caso que se requiera solicitar apoyos de personal capacitado para la atención de personas con discapacidad auditiva o del habla. De esta manera responde a disposiciones de la ley 1996 de 2019.

Radicado No. 20207920014481
Oficio No. DAUITA-20310-
10/09/2020
Página 2 de 3

garantizar una trato libre, igualitario y sin discriminación. Sobre estos lineamientos se han realizado diversas sensibilizaciones con el personal destacado para la recepción de denuncias.

Adicionalmente, la Fiscalía General de la Nación desde el año 2016 ha venido desarrollando la estrategia para el abordaje a las víctimas con discapacidad auditiva, para ello de manera articulada con el Instituto Nacional para Sordos -INSOR se han realizado talleres de lenguaje de señas con la participación de los servidores que realizan actividades de atención al usuario, actualmente está en construcción la Guía de Atención para Personas en Situación de Discapacidad.

Pregunta No. 3:

"¿Cómo ha implementado la Fiscalía General de la Nación la ley 1996 de 2019 en materia de capacidad legal de las personas con discapacidad, mayores de edad? ¿Se han construido políticas, lineamientos, procedimientos, directrices o manuales sobre la materia? En caso de que la respuesta sea afirmativa por favor relaciónelos."

Respuesta:

Los lineamientos de la Fiscalía General de la Nación para la atención con enfoque diferencial consignados en el Manual de Atención al Usuario, incluyen los elementos para la atención con personas en situación de discapacidad, así como la atención diferenciada de acuerdo al grupo etario y ciclo de vida. Dentro de estos lineamientos se destacan la atención preferencial y prioritaria para los adultos mayores y las personas en situación de discapacidad, la utilización de una lenguaje claro garantizando la comprensión del usuario, y en caso que se requiera solicitar apoyos de personal capacitado para la atención de personas con discapacidad auditiva o del habla. De esta manera responde a disposiciones de la ley 1996 de 2019.

Radicado No. 20207920014481
Oficio No. DAUITA-20310-
10/09/2020
Página 2 de 3

garantizar una trato libre, igualitario y sin discriminación. Sobre estos lineamientos se han realizado diversas sensibilizaciones con el personal destacado para la recepción de denuncias.

Adicionalmente, la Fiscalía General de la Nación desde el año 2016 ha venido desarrollando la estrategia para el abordaje a las víctimas con discapacidad auditiva, para ello de manera articulada con el Instituto Nacional para Sordos -INSOR se han realizado talleres de lenguaje de señas con la participación de los servidores que realizan actividades de atención al usuario, actualmente está en construcción la Guía de Atención para Personas en Situación de Discapacidad.

Pregunta No. 3:

"¿Cómo ha implementado la Fiscalía General de la Nación la ley 1996 de 2019 en materia de capacidad legal de las personas con discapacidad, mayores de edad? ¿Se han construido políticas, lineamientos, procedimientos, directrices o manuales sobre la materia? En caso de que la respuesta sea afirmativa por favor relaciónelos."

Respuesta:

Los lineamientos de la Fiscalía General de la Nación para la atención con enfoque diferencial consignados en el Manual de Atención al Usuario, incluyen los elementos para la atención con personas en situación de discapacidad, así como la atención diferenciada de acuerdo al grupo etario y ciclo de vida. Dentro de estos lineamientos se destacan la atención preferencial y prioritaria para los adultos mayores y las personas en situación de discapacidad, la utilización de una lenguaje claro garantizando la comprensión del usuario, y en caso que se requiera solicitar apoyos de personal capacitado para la atención de personas con discapacidad auditiva o del habla. De esta manera responde a disposiciones de la ley 1996 de 2019.

DIRECCIÓN DE ATENCIÓN AL USUARIO, INTERVENCIÓN TEMPRANA Y ASIGNACIONES.

FISCALÍA
GENERAL DE LA NACIÓN
En la calle y en los territorios

Radicado No. 20205660001921
25/08/2020
Página 2 de 2

i) ¿Existe una prohibición legal que impida que la Fiscalía General de la Nación impulse la aplicación del principio de oportunidad a personas con discapacidad?

Respuesta: las prohibiciones legales para la aplicación del principio de oportunidad son las previstas en los parágrafos del artículo 324 de la Ley 906 de 2004, las que son de carácter general.

Además de las prohibiciones previstas en la ley, se presenta la restricción de no aplicación del principio de oportunidad para el procesado que, dentro de los cinco (5) años anteriores a la solicitud, hubiere sido beneficiado con esta herramienta jurídica y sea reincidente en la misma conducta punible, ello conforme a lo dispuesto en el artículo 16 de la Resolución 4155 del 29 de diciembre de 2016.

j) ¿Existe una directriz o resolución interna de la Fiscalía General de la Nación que impida a un fiscal impulsar la aplicación del principio de oportunidad a personas con discapacidad?

Respuesta: revisada la reglamentación y única resolución que regulan la figura del principio de oportunidad vigentes, no se observar que se haga alusión al tema.

Para efectos de colaborar con los fines académicos, por los cuales se elevó el derecho de petición se adjunta archivo contentivo de la Resolución n.° 4155 del 29 de diciembre de 2016.

No sobra advertir, que frente a los demás interrogantes que solicitó información se da traslado a la Dirección de Políticas Públicas y Estrategias de esta institución, por ser de su competencia.

Cordialmente,

SONIA DEL PILAR MENDOZA BAUTISTA
Fiscal Grupo de Mecanismos de Terminación Anticipada y Justicia Restaurativa
Despacho Fiscal General de la Nación

Orfeo: 20206600002583

GRUPO DE MECANISMOS DE TERMINACIÓN ANTICIPADA Y JUSTICIA RESTAURATIVA
AVENIDA CALLE 24 No. 52-01 BLOQUE H PISO 4 BOGOTÁ D.C. CÓDIGO POSTAL 111321
CONMUTADOR: 5702000 EXT. 13050
www.fiscalia.gov.co

FISCALÍA
En la calle y en los territorios